Kranemann, Makrides, Schulte (Hgg.)
Religion – Kultur – Bildung

Religion – Kultur – Bildung

Religiöse Kulturen im Spannungsfeld
von Ideen und Prozessen der Bildung

herausgegeben von

Benedikt Kranemann
Vasilios N. Makrides
Andrea Schulte

ASCHENDORFF MÜNSTER

Vorlesungen
des Interdisziplinären Forums Religion
der Universität Erfurt

Band 5

© 2008 Aschendorff Verlag GmbH & Co. KG, Münster

Das Werk ist urheberrechtlich geschützt. Die dadurch begründeten Rechte, insbesondere die der Übersetzung, des Nachdrucks, der Entnahme von Abbildungen, der Funksendung, der Wiedergabe auf fotomechanischem oder ähnlichem Wege und der Speicherung in Datenverarbeitungsanlagen bleiben, auch bei nur auszugsweiser Verwertung, vorbehalten.
Die Vergütungsansprüche des § 54, Abs. 2, UrhG werden durch die Verwertungsgesellschaft Wort wahrgenommen.

Druck: Aschendorff Medien GmbH & Co. KG,
Druckhaus Aschendorff, Münster

ISBN 978-3-402-15845-6

Inhalt

Einleitung:
Religion – Kultur – Bildung 7

DIE HISTORISCHEN DIMENSIONEN

Jörg Rüpke
Transformation von Religion in Wissen im alten Rom 13

Josef Pilvousek
Bildung als Weg zu grenzüberschreitender Kommunikation.
Kirchen und Klöster
als Orte interdisziplinärer Bildung im Mittelalter 29

Christoph Bultmann
Hermeneutische Kompetenz als religiöse Bildung.
Impulse für die Bibelauslegung
aus der reformatorischen Tradition 45

Hellmut Seemann
Religion oder Bildung – das Weimarer Modell 63

Christian Albrecht
Zur Vernunft gekommene Individualität.
Das Bildungsprogramm der humboldtschen Universität 75

Andreas Gotzmann
Jüdische Bildung in Deutschland.
Charakteristiken und Problemlagen in zwei Jahrhunderten 87

Bildungs- und religionstheoretische Zugänge

Manfred Eckert
Geisteswissenschaftliche Pädagogik
und ihre religiösen Bezüge 121

Detlef Zöllner
Zusammenhang und Differenz
von Meinung, Glaube und Wissen 135

Jürgen Manemann
„In Geschichten verstrickt" (W. Schapp) –
Religion und Menschenbildung 153

Fragestellungen der Gegenwart

Myriam Wijlens
„Alle Menschen haben das unveräußerliche Recht
auf *educatio*" (Vaticanum II, GE 1) –
das Recht der katholischen Kirche 175

Michael Kiefer
Zwischen Islamkunde und islamischem Religionsunterricht.
Zum Entwicklungsstand der
Modellversuche in den Bundesländern 193

Maria Widl
Kirchliche Erwachsenenbildung
vor neuen Herausforderungen 207

Peter Arlt
Christusbilder – Menschenbilder in der Kunst 215

Anmerkungen 227
Die Autorinnen und Autoren 262

Interdisziplinäres Forum Religion
an der Universität Erfurt 264

Einleitung:
Religion – Kultur – Bildung

Spätestens seit der vor zehn Jahren erhobenen Forderung des ehemaligen Bundespräsidenten Roman Herzog, Bildung zum „Megathema" der nächsten Zeit zu erheben, sind Bildungsfragen wieder verstärkt ins öffentliche Bewusstsein getreten.[1] Ausgewiesene Bildungsexperten sehen in ihr die Antwort auf die auszumachenden Zeitansagen wie Traditionsabbruch, Orientierungslosigkeit, Multikulturalismus oder Pluralisierung. Die PISA-Studie sowie weitere Erhebungen in ihrem Gefolge tun ein Übriges, um heftige Turbulenzen in der öffentlichen Auseinandersetzung um Bildung und Erziehung zu provozieren.

Seit Beginn des Bildungsdenkens wird immer auch das Verhältnis von Religion und Bildung zu bestimmen versucht. Von jeher ist es ein zentrales Thema der Religions- und Bildungsgeschichte. Gegenwärtig steht es als Diskussionsthema in christlichen Kirchen und anderen Religionsgemeinschaften, Wissenschaft, Gesellschaft und Politik hoch im Kurs. Die Gründung eines „Bündnisses für Erziehung" durch die Bundesfamilienministerin, die Auseinandersetzungen um die Rolle der Kirchen und Religionsgemeinschaften, das Ringen um islamischen Religionsunterricht an öffentlichen Schulen, die auf ganz unterschiedlichen Terrains geführte Wertediskussion, die Debatten um die Konstruktion des „gemeinsamen Haus Europa", aber auch die Thematisierung von Religionen im wissenschaftlichen Kontext belegen die Aktualität.

Vor diesem Hintergrund hat das „Interdisziplinäre Forum Religion der Universität Erfurt" im Wintersemester 2006/07 den Versuch unternommen, dem Verhältnis von Religion und Bildung in einer Ringvorlesung für Hörer aller Fakultäten nachzugehen. Die hier unter dem Titel der Ringvorlesung „Religion – Kultur – Bildung" vorgelegte Publikation dokumentiert die Beiträge, die im Rahmen dieser Vorlesungsreihe vorgetragen und diskutiert worden sind – teils in der Form des Vortragsmanuskripts, teils in einer auf Grund der Diskussion weiter ausgearbeiteten Textfassung. Der Band setzt damit die Reihe der *Vorlesungen des Interdisziplinären Forums Religion* fort, in der bereits Bände zu den Themen „Religion – Gewalt – Gewaltlosigkeit" (2004), „Heilige Schriften: Ursprung, Geltung und Gebrauch" (2005), „Mahnung und

Warnung: Die Lehre der Religionen über das rechte Leben" (2006) und „Religion und Medien" (2007) erschienen sind.

Die Beiträge des vorliegenden Bandes sind in drei Abschnitte geordnet, die unterschiedliche Ebenen und Herangehensweisen der Diskussion anzeigen wollen. Der erste Abschnitt zeigt ausgewählte *historische Dimensionen* des Themas Religion und Bildung auf. Ein zweiter Abschnitt sammelt Beiträge, die exemplarisch *bildungs- und religionstheoretische Zugänge* markieren und auf diesem Wege zu Klärungen des Verhältnisses von Religion und Bildung beitragen. An dritter Position finden sich Beiträge zu *Fragestellungen der Gegenwart*, die die Erfahrung eines pluralen religiösen Umfeldes in der (post-)modernen Gesellschaft aufgreifen und darlegen, vor welchen aktuellen Herausforderungen Religion und Bildung gegenwärtig stehen.

Die historischen Dimensionen

Der Religionswissenschaftler *Jörg Rüpke* untersucht das Verhältnis von Religion und Wissen. „Wie wird Religion zu Wissen, wie werden Praktiken, Bilder und individuelle Deutungen zu etwas, das man aufschreiben, über das man diskutieren, ja, das man lernen kann?" fragt er zu Beginn seiner Ausführungen. Infolgedessen geht es um Orte und die Rationalitätstypen eines öffentlichen Diskurses über Religion und seine Entstehungsbedingungen am Beispiel des alten Roms.

Josef Pilvousek, Professor für Kirchengeschichte an der Katholisch-Theologischen Fakultät, stellt in seinem Beitrag die mittelalterlichen Kirchen und Klöster als Orte interdisziplinärer Bildung vor, die zudem die Bildung als einen Weg zu grenzüberschreitender Kommunikation ermöglichten. Obwohl es die Begriffe „Bildung" und „Interdisziplinarität" im Mittelalter nicht gab, korrespondieren sie mit den auch im Mittelalter vorfindlichen Phänomenen. So kann gesagt werden: „Universalität des Wissens (Interdisziplinarität) galt als erstrebenswert und Ausdruck höchster Qualifikation."

Christoph Bultmann, Bibelwissenschaftler am Martin-Luther-Institut, nimmt Bezug auf die großen Schriftreligionen, in denen sich die Frage nach religiöser Bildung als Frage nach dem Umgang mit kanonischen Texten und deshalb als Frage nach hermeneutischer Kompetenz stellt. Welche Bedeutung die reformatorische Tradition diesem Thema zuschreibt, wird im Rückgriff auf Martin Luther und Salomon Glassius entfaltet.

Hellmut Seemann, Präsident der Klassik Stiftung Weimar, fragt nach den Wurzeln des klassischen Bildungsbegriffes. Er entfaltet seine These, dass das in Weimar entwickelte Bildungskonzept (am Beispiel des besonderen Bildungsbegriffs bei Goethe) religiös aufgeladen ist, aber zugleich in der Tradition der Aufklärung und ihrer Religionskritik steht.

Der Theologe *Christian Albrecht* erinnert an das Bildungsprogramm der humboldtschen Universität, seine Leitidee und seine Verbindung zum protestantischen Bildungsethos bezüglich der Selbstbildung und der Entfaltung der eigenen Individualität. Er zeigt auf, dass dieses Bildungsprogramm gerade nicht als veraltet abzutun ist, sondern starke und aussagekräftige Impulse enthält, die die aktuelle Diskussion um die zweifellos notwendigen Reformen der Universität nicht ausschlagen, sondern fruchtbar aufnehmen sollte.

Das Thema *Jüdische Bildung in Deutschland* verweist auf eine Fülle verschiedenartigster Entwicklungen. In diesem Sinne versteht *Andreas Gotzmann*, Professor für Judaistik im Bereich der Religionswissenschaft an der Universität Erfurt, seinen Beitrag als Nachzeichnen einiger beispielhafter Stationen, an denen die Charakteristika und Problemlagen der Bildungstraditionen jüdischer Gemeinschaften in Deutschland in den letzten zwei Jahrhunderten bis zum Holocaust abgelesen werden können.

Bildungs- und religionstheoretische Zugänge

Im Nachdenken über die Grundlagen und die Grenzen von Wissen und Wissenschaft, über die Verortung des Bildungsbegriffs in der geisteswissenschaftlichen Pädagogik entdeckt der Erziehungswissenschaftler *Manfred Eckert* die religiösen Bezüge der geisteswissenschaftlichen Pädagogik, die er pädagogisch zu konkretisieren versteht.

Der Erziehungswissenschaftler *Detlef Zöllner* verdeutlicht Zusammenhang und Differenz von Meinung, Glaube und Wissen, deren Verhältnisbestimmung den öffentlichen Diskurs über die gesellschaftliche und politische Bedeutung der Religionen in Bezug auf Bildung zu schärfen versucht.

Jürgen Manemann, Professor für Christliche Weltanschauung, Religions- und Kulturtheorie an der Katholisch-Theologischen Fakultät, konturiert das Verhältnis von Religion und Menschenbildung im Rückgriff auf die narrative Identität des Menschen. Er plädiert damit für eine narrativ-memorative Religionspädagogik, die die bildende Kraft des „Verstricktseins in Geschichten" für die Bildungsprozesse von Kindern und Jugendlichen hervorzuheben versteht.

Fragestellungen der Gegenwart

Myriam Wijlens, Professorin für Kirchenrecht an der Katholisch-Theologischen Fakultät, fragt nach der Bedeutung und der Verwendung des Begriffs *educatio* im katholischen Kirchenrecht. Hier geht es einerseits um die Bildung im Rahmen des Erziehungsauftrags der Eltern, andererseits um die Bildung im Sinne von Ausbildung und Unterricht.

Im Ringen um die Einführung eines islamischen Religionsunterrichts an öffentlichen Schulen haben mittlerweile etliche Bundesländer innovationsfreudige Modellversuche realisiert. *Michael Kiefer*, Wissenschaftlicher Mitarbeiter im Forschungsverbundprojekt „Mobilisierung von Religion in Europa" der Universität Erfurt, referiert den gegenwärtigen Entwicklungsstand zwischen Islamkunde und islamischem Religionsunterricht.

Maria Widl, Professorin für Pastoraltheologie und Religionspädagogik an der Katholisch-Theologischen Fakultät, legt dar, vor welchen Herausforderungen die kirchliche Erwachsenenbildung in der Postmoderne steht. Mehr denn je zielt sie nicht einfach auf Glaube und Kirchlichkeit, sondern versteht sich als eine ganzheitliche Persönlichkeitsbildung. Die heute gegebenen neuen Möglichkeiten werden ihr offen stehen, wenn sie mutiger denn je aus der kirchlichen Binnenperspektive heraus an die interessierte gesellschaftliche Öffentlichkeit tritt.

Die Darstellung von Christusbildern und Menschenbildern hat eine lange Tradition in der Geschichte der Kunst, die der Kunstgeschichtler *Peter Arlt* exemplarisch aufzeigt. Das in der Kunstgeschichte zu beobachtende Zusammenfließen von Christus- und Menschenbild provoziert die Frage nach der enormen Bedeutung der Kunst für religiöse Bildung.

Die Herausgeber danken Annika Bender für ihre Mitarbeit bei der Einrichtung der Manuskripte und dem Aschendorff Verlag für die abermals bewährte Zusammenarbeit bei der Gestaltung dieses neuen Bandes der *Vorlesungen des Interdisziplinären Forums Religion*.

Benedikt Kranemann
Vasilios N. Makrides
Andrea Schulte

Die historischen Dimensionen

JÖRG RÜPKE

Transformation von Religion in Wissen im alten Rom

Wie wird Religion zu Wissen, wie werden Praktiken, Bilder und individuelle Deutungen zu etwas, das man aufschreiben, über das man diskutieren, ja, das man lernen kann? Nicht, ob es im alten Rom der vorchristlichen Jahrhunderte „Theologie" gab, wird in diesem Kapitel gefragt. Vielmehr wird versucht, die Orte und die Rationalitätstypen eines öffentlichen Diskurses über Religion und seine Entstehungsbedingungen zu klären. Nicht ein „Wesen" römischer Religion tritt dabei in den Blick, sondern eine Gesellschaft in internationalen Verflechtungen und intensivem kulturellen Austausch.

1. Rationalität und Öffentlichkeit

Die letzten beiden Jahrhunderte der römischen Republik (etwa 240–40 v. Chr.) zeigen eine städtische Gesellschaft, die in massiver politischer wie wirtschaftlicher Expansion und in massivem Import besonders griechischer Kultur einem schnellen Wandel in vielen Bereichen (Politik, Recht, Wirtschaft, Religion) unterliegt. Dieser Prozess ist als Konfliktverschärfung im politischen und (partielle) Modernisierung im kulturellen Bereich, vor allem aber als Verfall traditioneller Kultur und Gräzisierung beschrieben worden. Hier soll dieser Prozess, konzentriert auf den Bereich der Religion, mit dem Instrumentarium des Weberschen Rationalisierungsbegriffs und seiner Rationalitätstypen untersucht werden. Dieser Zugriff erlaubt es nicht nur, Veränderungen im religiösen Bereich in der Analyse zum Ausgangspunkt zu machen, sondern auch intensiv nach dem Zusammenhang und den Unterschieden verschiedener Entwicklungen und Trägerschichten zu fragen. Die Ausgangshypothese ist, dass die entsprechenden griechischen Vorbilder eines rationalen Diskurses über Religion sich nicht einfach durch ihre Rationalität durchsetzen, sondern auf rationalitätsempfängliche Öffentlichkeit angewiesen sind. Daher wird ein institutionsgeschichtlicher Zugriff – von kurzen Reflexionen zur Rationalität gerahmt – und die Ausbildung von Öffentlichkeiten im Mittelpunkt stehen. Religion – als zentrales Medium der politischen Kommunikation der römischen Nobilität – wird dabei den roten Faden bilden.

Zwei Begriffe prägen meinen Zugriff. Das erste Instrument zur Untersuchung der skizzierten Entwicklungen ist der Begriff der Rationalität und der sich daraus ergebenden Rationalisierung, wie er Max Webers religionssoziologischen Arbeiten zugrunde liegt. Gerade die Texte der späten Republik – und hier ist Cicero (106–43 v. Chr.) an erster Stelle und noch vor dem nachantik nur noch fragmentarisch erhaltenen Varro (116–29 v. Chr.) zu nennen – haben jene Synthesen antiken Denkens geliefert, die aufgrund ihrer Sprache, des Lateinischen, bis weit in die frühe Neuzeit für das europäische Denken bestimmend gewesen sind. Aber nicht die Frage nach den Eigenheiten moderner okzidentaler Rationalität steht im Vordergrund. Vielmehr werden, Wolfgang Schluchter folgend, Webers religionssoziologische Arbeiten als Teil eines typologischen wie entwicklungsgeschichtlichen Forschungsprogramms verstanden, dessen ex- wie implizites Begriffsinstrumentarium[1] zur Analyse wie komparativen Einordnung der Entwicklung spezifischer Gesellschaften verwendet werden kann. Dass dem Weberschen Begriffs- und Hypothesengebäude Annahmen zeitgenössischer Religionsforschung zugrunde liegen[2], die heute als überholt gelten müssen, verlangt zwar entsprechende Vorsicht in der Übernahme, schließt aber die Verwendung in heuristischer Absicht und als Interpretationsrahmen nicht aus, solange die Implikationen reflektiert oder ausgeschaltet werden.

Welchen Vorzug besitzt der Versuch, spätrepublikanisch-römische Entwicklungen mit dem Instrumentarium des Weberschen Rationalitätsbegriffs, und das heißt vor allem der Annahme verschiedener Rationalitätstypen zu untersuchen? Das Quellenmaterial selbst impliziert, dass der Entwicklung religiöser Praxis und Reflexion eine Schlüsselrolle zufällt. Das ist keine grundsätzliche Bestätigung von Webers Hypothesen, sondern eine zufällige historische Konstellation, die sich der Überlieferungsgeschichte und der zentralen Rolle religiöser Medien in der politischen Kommunikation der römischen Nobilität verdankt. Veränderungen in diesem Bereich in das Zentrum zu rücken, zugleich aber mit dem multifaktoriellen Zugriff der Weberschen Religionssoziologie zu kontextualisieren, verspricht ein Bild spätrepublikanischer Geschichte zu entwerfen, das gerade für die religiöse Praxis der Oberschicht die gängigen, implizit polaren Interpretationen: als

Paradoxie, kognitive Dissonanz oder Hypokrisie – man gibt sich religiös, ist es aber nicht – überwinden kann. Dass der Pontifex Cotta, Teilnehmer der (fiktiven) philosophischen Diskussion in Ciceros Dialog „Über das Wesen der Götter", in seiner priesterlichen Praxis einfach alle philosophische Skepsis ignoriert, ist selbst nur eine literarische Lösung des Problems durch Cicero. Diese Zweiteilung bietet keine adäquate Beschreibung der Lebensführung einer Oberschicht, die den praktischen Erfolg von Rationalisierungen am eigenen Leib erfährt.

Mein Ausgangspunkt für das spätrepublikanische Rom ist die Präsenz ausgefeilter Rationalisierungen in praktischer wie theoretischer Hinsicht: Ersteres als instrumentelle Rationalisierungen (die Lösung technischer Probleme) und Wertrationalisierungen, letzteres als kausale wie zum Beispiel intellektuelle Rationalisierungen in Erkenntnistheorien und Weltbildern. Präsent sind diese in der Form griechischer Schulen und Schriften. Gerade angesichts dieser Präsenz im Rahmen einer vielfach attraktiven Kultur – römische Adlige wetteifern darum, mit griechischer Beutekunst ihre Villen auszustatten, griechische Kultur dominiert die Bühne – gilt meine Aufmerksamkeit der Entwicklung „insularer" Rationalisierungen, gilt sie Systematisierungen von Teilbereichen und deren Auswertungen und Erfolgen. Gerade Letzteres, die Erfolge, möchte ich betonen: Wenn solche Rationalisierungen auch zunächst an formalen Kriterien, zuförderst an Systematisierungen im Modus der Sprache, festzumachen sind, kann die Frage nach der Problemlösungskapazität solcher formalen Rationalität – wohlgemerkt in den Augen der Zeitgenossen – nicht unterbleiben. In diesem Sinne wird von mir der ebenso originelle wie überzeugende Versuch Claudia Moattis, die „Geburt der Rationalität in Rom" in der Generation Ciceros, also im ersten Jahrhundert v. Chr. zu suchen, um eine Schwangerschaftsgeschichte erweitert, erweitert aber auch durch eine Differenzierung des von ihm verwendeten Rationalitätsbegriffes.[3] Damit öffnet sich eine neue Perspektive auf eine Kultur, der – zeitlich zwischen der griechischen „Entdeckung des Geistes" und der Methodik des christlichen Mönchtums gelegen – als bloß vermittelnder Kultur keine Originalität zugebilligt worden ist.[4] Aber gerade den Prozess der Diffusion von Rationalität und ihrem Erlernen[5] zu untersuchen, den *clash* von Rationalität und mythischem Weltbild (um plakative Charakterisierungen zu verwenden) in einer vormodernen Kultur, dürfte den Reiz gerade meines Gegenstandes ausmachen.

Die metaphorische Rede von Inseln und Konflikten führt zu dem zweiten Begriff, der den Zugriff prägt. Es handelt sich um den Begriff der Öffentlichkeit. Für die Entstehung der Öffentlichkeit im frühen Griechenland war der Zusammenfall von symbolischer Selbstdarstellung der Gemeinschaft in der Volksversammlung mit dem Ort der tatsächlichen Entscheidung zentral: Was durch kontroverse Reden als entscheidbar angesehen wird, wird durch ebendiese Institution auch entschieden.[6] Die Bindung an einen Ort – die Agora – und dessen architektonischer Ausbau in griechischen Städten erscheint als wichtiger Faktor für die Institutionalisierung. In diesem Sinne geht der Öffentlichkeitsbegriff nicht über den Begriff der „politischen Öffentlichkeit", den Jürgen Habermas als Gegenmodell zur – bloß – repräsentativen Öffentlichkeit mittelalterlicher Gesellschaften verwendet hat, hinaus. In Anbetracht der Sonderentwicklung zumal der athenischen Demokratie ist dieser Begriff allerdings nicht generalisierungsfähig.[7]

Egon Flaig dagegen hat den Öffentlichkeitsbegriff ganz vermieden und das institutionelle Gefüge der römischen Republik konsequent als Interaktion zwischen sozialen Gruppen beschrieben.[8] Damit umgeht er das Problem der normativen Implikationen des Öffentlichkeitsbegriffs, der Kommunikationen nicht nur beobachtet, sondern auch in ihrer Relevanz für die reflektierte Selbststeuerung des Gemeinwesens, eben das Politische, bewertet. In der Folge dieses Ansatzes kommt Flaig aber zu einer Reihe harter Annahmen über die Sozialstruktur und zu einer starken Typisierung von Kommunikationssituationen, um das Zusammenspiel der Zeichen und Zeichenpraktiken plausibel machen zu können.

Demgegenüber ist für meinen Zugriff gerade die Veränderung individueller Argumentationen und die Verschiebung von Plausibilitäten und Plausibilitätserwartungen von Interesse, die Ausbildung oder Veränderung von Kommunikationsräumen, in denen Argumentationen formuliert werden oder greifen, das Reflexivwerden von Institutionen und dadurch gesteigerte Institutionalisierungen. „Öffentlichkeit" dient damit nicht als trennscharfer analytischer, sondern als ein heuristischer Begriff. Gerade als ein anachronistischer Begriff, der durch moderne partizipatorische Vorstellungen politischer Entscheidungsprozesse geprägt ist, fragt er nach Kommunikationsräumen, die als „Öffentlichkeiten" über sich selbst hinaus – auf die Gesamtgesellschaft hin – weisen. In diesem Sinne bildet „Öffentlichkeit" im Singular dann einen Kommunikationsraum, in dem offene, allgemeine Kommunikation und Gemeinschaft, *publicité* und *communauté*, zusammenfallen.

2. Entstehung von Öffentlichkeit seit der mittleren Republik: Institutionen

Wenn sich der Blick auf jene Entwicklungen richtet, die sich seit dem Ende des vierten vorchristlichen Jahrhunderts in Rom abzuzeichnen beginnen, ist daran zu erinnern, dass wir es bereits hier mit einer komplexen Gesellschaft zu tun haben, die ein vielfältiges System von Kommunikationsräumen gekannt haben muss: Oberschichtliche Bankettkultur dürfte dazu ebenso gehört haben wie wohnviertel- oder berufsbezogene Vereinsbildung, dionysische Kultgruppen wie patrizische oder plebejische Sonderorganisationen, Familien- ebenso wie Klientelverbände. Mit dem patrizisch-plebejischen Ausgleich, der sich insbesondere mit den Licinisch-Sextischen Gesetzen wie dem patrizisch-plebejischen Konsulat verbindet, wurde aber die Entstehung einer einheitlichen Nobilität eingeleitet. Deren Wertformulierungen und insbesondere ihre Außenorientierung – aristokratischer Wettkampf wurde weitgehend in imperialistische Aktivitäten gelenkt – führten zu einer Dynamisierung der Entwicklung.

Mein Durchgang ist zunächst Institutionen orientiert. Im Zentrum politischer Kommunikation steht der *Senat*, eine Versammlung der dreihundert führenden Männer, alter Männer *(senes)*. Auch wenn die Institution alt ist, gewinnt sie erst um das Jahr 300 n. Chr. herum jene Stabilität, die sie zum Schwerpunkt republikanischer Entscheidungsprozesse und zum lange effizienten Gegenüber immer mächtiger Magistrate macht: Im Prinzip lebenslange Zugehörigkeit und geordneter Eintritt nach der Ausübung höherer Ämter führen zu einer Zusammensetzung, in der das Senioritätsprinzip – Rederecht und Abstimmungsreihenfolge nach Dienstalter – völlig dominiert.

Die Zentralisierung oberschichtlicher Öffentlichkeit in diesem Gremium wird in der Überlieferung mit dem Censor von 312 v. Chr., Appius Claudius Caecus, verbunden, der die Spielregeln für die Aufnahme der Senatoren, die in der vorangehenden Zeit entwickelt worden waren, in seiner Amtszeit konsequent umsetzte. Sein Widerstand gegen den Ausbau der Priesterkollegien nach patrizisch-plebejischem Proporz lässt vermuten, dass hier alternative institutionalisierte „Öffentlichkeiten" befürchtet wurden; dem selben Ziel dürfte auch die Publikation der Gerichtstage, die in der Entscheidungskompetenz der Priesterschaft der Pontifices lagen, gedient haben.[9] Prinzipielle Zugänglichkeit reduziert hier den Einfluss breiter gestreuter Institutionen; Medium der Publikation ist Schriftlichkeit.

Ein weiterer innovativer politischer Gebrauch von Schriftlichkeit hängt an dem Namen dieses Ap. Claudius. Seine Rede gegen den

Friedensschluss mit Pyrrhos im Jahr 280 galt als älteste überlieferte Rede. Das ist mehr als ein kulturgeschichtliches Datum. Ein Vierteljahrhundert nach seinem Konsulat (erstmals 307 v. Chr.) muss Claudius zu den dienstältesten und ranghöchsten Senatoren gehört haben. Die schriftliche Verbreitung der Rede – „Privatdruck" gäbe schon eine falsche Vorstellung von der Auflagenhöhe – markiert den Dissens mit dem Ergebnis der Senatsverhandlungen, einem Friedensangebot des Siegers, Pyrrhos, zuzustimmen. Die Publikation stellt hier eine „Öffentlichkeit" her, die – wie klein und diffus auch immer – den Spielregeln senatorischer Konsensfindung nicht entspricht. In Unkenntnis des Inhalts ist nicht entscheidbar, ob Appius damit seinen Argumenten oder seiner Person zu mehr Gewicht verhelfen wollte: Ein Bruch wird hier sichtbar, noch kein Trend.

Vermutlich in den direkt folgenden Jahrzehnten begannen die römischen *pontifices maximi, Vorsitzende einer hohen Priesterschaft,* nicht nur schriftliche Protokolle anzufertigen, sondern auch Auszüge daraus auf einer geweißten Holztafel zu publizieren.[10] Vorbilder solcher Protokolle dürften am ehesten Dokumentations-Verfahren im Senat geliefert haben, doch muss das in Anbetracht unserer Unkenntnis über beide Texttypen in diesem Zeitraum Spekulation bleiben. „Publikation" bleibt dabei ein vieldeutiger Begriff: Wir kennen weder die intendierten noch die tatsächlichen Leser. Entscheidend dürfte die Geste des prinzipiellen Lesenkönnens, der Wendung an ein Publikum undefinierter Größe gewesen sein: Öffentliche Repräsentation sicherte dann institutionelle Selbstständigkeit und Bedeutung.

Zu bewerten sind diese Publikationsgesten vor dem Hintergrund des Schriftgebrauchs: Zentraler politischer Gebrauch war die Sicherung von Beschlüssen in der Ausfertigung von Bronze-Exemplaren, die allgemein zugänglich platziert waren. Das galt auch für die Kodifikation der Gesetzessammlung der Zwölf Tafeln – inwieweit der später kanonische Text dabei getreuliche Tradition aus dem fünften Jahrhundert oder Ergebnis eines Sammlungs- und Kommentierungsprozesses des dritten bzw. zweiten Jahrhunderts v. Chr. war, kann hier offenbleiben. Wo eine zeitgenössische Öffentlichkeit tatsächlich angestrebt wurde, wurden hohe Zahlen physisch Anwesender festgelegt: Das gilt ebenso für den Centumviralgerichtshof, das „Hundert-Männer-Gericht", das in historischer Zeit aus je drei Personen aus allen fünfunddreißig römischen *tribus* (Stimmbezirke) bestand, wie für das Quorum von mindestens hundert Senatoren, die für Genehmigungen nach dem Senatsbeschluss über die Bacchanalien (*CIL* I² 581) notwendig waren.

Große Versammlungen waren die *comitia* und die *contiones*. Die althistorischen Forschungen der letzten Jahre haben deutlich gemacht, dass die komplizierten Abstimmungsverfahren der *comitia* die Tatsache, dass diese Abstimmungen zumindest für den legislativen Entscheidungsprozess – Wahlen sind ein anderes Problem – nur eine geringe Rolle spielten, verdeckt haben. Die versammlungsleitenden Magistrate stellten ohne weitere Debatte Gesetze zur Abstimmung, die bereits die Rückendeckung durch den Senat hatten: Nicht Entscheidbarkeit wurde in diesem Stadium mehr ausgelotet, sondern ein politisches Ritual durchgeführt, das grundsätzlich Konsens signalisierte. Ein wichtiges Motiv zur Teilnahme dürfte so die Möglichkeit gewesen sein, sich als Teil des strukturierten *populus Romanus* erleben zu können und den Anspruch auf prinzipielle Beteiligung an politischen Entscheidungen symbolisch darzustellen.[11] „Argumente" waren das Ansehen des gewählten Magistrats, die Kontrolle der Stimmabgabe durch die Patrone oder die Wahlentscheidung höhergestellter Stimmkörper.

Demgegenüber dienten die beratenden *contiones* der Vorstellung von Kandidaten oder der Erläuterung von Gesetzesvorhaben: Entscheidungen blieben dabei offen, doch lag dem Redner natürlich daran, Präferenzen auszuloten oder herzustellen. Alternativen waren vor allem sprachlich zu markieren. Doch auch hier darf das Argumentative nicht überschätzt werden, wie der Blick auf das Prozesswesen zeigt, den uns vor allem Jean-Michel David geöffnet hat: Demonstrative Unterstützung durch das Tragen von Trauerkleidung[12], das Ansehen von Freunden und die Größe der Klientel, aber auch die Bereitschaft, soziale Distanz durch Gesten persönlicher Nähe zu überwinden, die Bereitschaft zur Selbsterniedrigung in der Bittgeste, das sind entscheidende Faktoren eines Wettkampfs, in dem Schlüssigkeit der Argumentation nur eine Ebene der Wertung benennt. Auch wenn solche Effekte als Tipps tradiert werden, werden sie von der Systematik antiker rhetorischer Lehrbücher nur ganz unzureichend erfasst: Die Wertrationalisierung bleibt hier – beschränkt durch die Lust an der *eigenen* Systematik – durchaus lückenhaft.

3. Rituale

Politische Versammlungen waren weder die häufigsten noch die attraktivsten Anlässe in Rom, große Zahlen von Menschen zu versammeln. Häufiger boten Feste, große Rituale diese Gelegenheit. Und gerade in diesem Bereich lassen sich auch die größten Veränderungen im hier betrachteten Zeitraum feststellen. Das betrifft zunächst die Frequenz der Feiern. Beginnend mit den letzten Jahren des vierten Jahrhunderts zieht sich eine rasche Kette neuer Tempelgründungen durch das dritte Jahrhundert. Diese Tempelbauprojekte sind Gegenstände intensiver Auseinandersetzung der zumeist als Feldherrn liquide gewordenen Stifter mit dem Senat; große Einweihungsfeierlichkeiten und dauerhaft institutionalisierte Feiern an den Jahrestagen knüpfen sich daran. Durch Spiele konnte der Kult weiter aufgewertet werden; das ist ein Prozess, der vor allem in der zweiten Hälfte des dritten Jahrhunderts einsetzte. Gegenstand dieser „Spiele" waren traditionellerweise Wettrennen und Wettkämpfe; auch Tänze waren ein altes Element, die vermutlich unter etruskischem Einfluss zunehmend professionalisiert und um Spielszenen und possenartige Dialoge bereichert wurden. Spieltage mit dramatischen Schauspielen griechischen Typs *(ludi scaenici)* knüpften nach dem späteren römischen Selbstverständnis daran an[13]: Für die Jahre 240 und 235 sind Aufführungen von Dramen der beiden ersten namentlich bekannten Dramatiker bezeugt, des vielleicht aus Tarent stammenden „Halb-Griechen" Livius Andronicus und des aus Kampanien stammenden Gnaeus Naevius.

Die Zahl der Gelegenheiten für Aufführungen von Tragödien wie Komödien nahm binnen weniger Jahrzehnte explosionsartig zu: Aus dem rituellen Rahmen der *ludi Romani* wurden bis ans Ende des dritten Jahrhunderts etwa elf, bis zum Ende des zweiten Jahrhunderts an die dreißig Spieltage[14]; die beiden kanonischen Gattungen wurden nach ersten früheren Versuchen im Jahr 173 durch die feste Etablierung des Mimus an den nun jährlichen *ludi Florales* ergänzt, der dann in der Kaiserzeit die anderen dramatischen Gattungen an den Rand gedrängt hat. Zunehmend überwogen die szenischen die circensischen Spiele. Das ist aber noch nicht alles. Triumphzüge und außerordentliche Spiele aus Anlass militärischer Siege gab es in den meisten Jahren, Feiern ohne Spiele – zu denken ist an die auf drei und schließlich fünf Tage ausgedehnten Saturnalien – traten noch hinzu, ebenso Bitt- oder Dankveranstaltungen, *supplicationes,* an denen man Bankette in allen römischen Tempeln besuchte.

Es ist noch einmal zu betonen: Wenn Veränderungen in der „öffentlichen" Kommunikation zu finden sind, dann im Zusammenhang dieser Rituale. Im Zentrum der traditionellen populären Feste standen Opfer und Mähler im Kreise von Familien oder Nachbarschaften; im

Unterschied zu den „wöchentlichen" Feiern der Nundinen, der Markttage, oder Kalenden, Nonen und Iden (1., 5./7., 13./.15. jedes Monats) oft an wechselnden Orten oder gar außerhalb des Stadtzentrums: Das gilt für das „Laubhüttenfest" der Neptunalia, die Parentalia an den Gräbern, die Matronalia und die Poplifugia auf dem Marsfeld oder das Wetttrinken im Kult der Anna Perenna am Tiberufer, ähnlich wohl für die Parilia, Reinigungsfeuer im April; die Saturnalien im Dezember waren eher ein häusliches Fest. Die alten Pferdewettrennen der Equirria, der Consulia oder des Equus October lassen den Grad ihrer Popularität nicht mehr erkennen.

Dem beschriebenen Muster folgen die *supplicationes*. Als Bitt- und Dankfeste sind sie zunächst Krisenrituale, die die gesamte Bevölkerung zum Tempelbesuch und Straßenfeiern mobilisieren sollen; wir wissen nicht, inwieweit sich die zwanzig- und fünfzigtägigen Dankfeiern, die für die Siege Caesars in Gallien beschlossen wurden, sich noch vom Alltag unterscheiden konnten: Der Beschluss war sicher einfacher als die individuelle Feier, für die meines Wissens nach keine öffentlichen Mittel zur Verfügung gestellt wurden. Immerhin fand auf diese Weise eine Synchronisierung von Alltagsleben mit bedeutsamen militärischen Erfolgen statt; so kam der, in dessen Namen den Göttern gedankt wurde, in aller Munde.

Der andere Typ neuer Rituale zeichnete sich dagegen durch eine völlige Synchronisierung und räumliche Zentralisierung der symbolischen Handlungen aus. Kernelemente waren die Prozession *(pompa)* und das eigentliche Spiel. Die Prozession führte typischerweise von einem Tempel zu einem Circus; auch Theateraufführungen fanden auf improvisierten Bühnen und Zuschauerräumen in den großen Circi, dem Circus maximus, seit dem Ende des dritten Jahrhunderts v. Chr. auch im Circus Flaminius auf dem Marsfeld statt. Während der eigentliche rituelle Raum – der Prozessionsweg, der Circus – vielfältig nutzbar und entsprechend architektonisch eher unterdeterminiert blieb, wurde er vielfältig eingerahmt[15]: In der Umgebung der Circi konzentrierten sich zahlreiche Tempelbauten, die wichtigsten Prozessionswege vom und zum Kapitol und Forum Romanum wurden durch Statuen, Säulen und Triumphbögen – also Unterbauten für Statuen – gesäumt. Damit wurde über die eher anspruchslose Architektur der politischen Versammlungsräume – Comitium, Rostra, Curia – hinausgehend ein zunehmend monumentalisierter, ein spezifisch „öffentlicher", auf den Einzelnen verdankten Erfolg des Gemeinwesens bezogener Raum geschaffen. Als Medium dienten dazu primär Ehrenstatuen und besonders Sakralbauten – im Architektonischen treffen sich die Charakteristika der *ludi* und der *supplicationes*.

Wie verlief die Kommunikation in diesem Rahmen? Passivität ist der Normalfall. Die Rolle römischer Bürger war die der Zuschauer. Das gilt zunächst für die Prozession: Am Triumphzug des Aemilius Paullus teilzunehmen heißt, drei Tage am Straßenrand zu stehen und die vorüberfahrende Beute zu bewundern. Im Triumphzug konnten die siegreichen Soldaten mitmarschieren, die Senatoren konnten den Zug begrüßen und sich einreihen, aber im Zentrum stand der Triumphator, der seine Beute – lebende wie tote – in unendlichem Zug vorführte. In der Pompa circensis dominierten die bürgerrechtslosen Akteure: Zwar führten der Spiel gebende Magistrat und hierarchisch geordnete römische Jugendliche den Zug an, aber dann folgten die Wagenlenker, Gruppen von Tänzern, Musikanten, Possenreißern. Auch die Götter waren nur römische Bürger: Zwar wurden sie am Zugende mitgeführt, zwar galt ihnen ein Opfer am Zielort, aber vor allem waren sie Zuschauer der folgenden Spiele und Wettkämpfe. Sie saßen gewissermaßen in der ersten Reihe, wenn die Aufführungen nicht ohnehin vor ihrem eigenen Tempel stattfanden. Sie waren das rituell intendierte Primärpublikum, die römischen Zuschauer nur Zuschauer zweiten Grades. Letzteres wird auch darin deutlich, dass – im Unterschied zum griechischen Festablauf – eine allgemeine Beteiligung der Anwesenden am Opfermahl nicht erfolgte. Nur in seltenen Einzelfällen gab es allgemeine Bewirtungen; die verschiedentlich integrierten *epula* waren – wie die *lectisternia* – Speisungen der Götter, an denen allenfalls einzelne Priestergruppen und Senatoren teilnehmen konnten.

Diese Vielschichtigkeit charakterisiert religiöse Kommunikation und sie sollte nicht zu schnell übergangen werden: Die Spiele wurden gestiftet, um erzürnte Götter effektiv zu besänftigen und um damit weitere katastrophale militärische Niederlagen oder Seuchen zu verhindern. Dafür war das Beste gerade gut genug – die Zuschauer konnten lediglich beobachten, wie das geschah. Steigender Aufwand und Professionalisierung der Akteure gingen Hand in Hand: Die Textdichter formieren sich noch in der zweiten Hälfte des dritten Jahrhunderts als offizieller römischer Verein *(collegium)*, professionelle Schauspielergruppen konnten schon zuvor aus den noch stärker gräzisierten Teilen Italiens angeworben werden. Für die Wagenlenker sind ähnliche Professionalisierungsprozesse zu unterstellen, auch wenn Belege für den Kult der Rennstars erst aus der Kaiserzeit bekannt sind. Aber auch für die Republik lassen verstreute und zumeist späte Quellen diese Professionellen als Adressaten von Beifalls- oder Missfallensäußerungen der Zuschauer erkennen.

Die Wettkämpfe, zumal die Wagenrennen, waren langfristig das erfolgreichste Element. Wagenrennen dominieren das Spielwesen der Kaiserzeit bis in die Spätantike völlig: Nicht die einheitliche Meinung der Zuschauerschaft, sondern die unterschiedlichen Präferenzen für die Fahrer oder Parteien dürften den Reiz ausgemacht haben: Den Liebling der Freundin zu unterstützen, auch wenn dessen Niederlage absehbar war, brachte Punkte; mit dem richtigen Riecher gegen die Wette des eigenen Patrons zu siegen, dürfte Befriedigung gebracht haben – zumindest Letzteres bloße Hypothese, gebe ich zu.

4. Inhalte religiöser Kommunikation

Das zeigt die Notwendigkeit, sich den Inhalten der organisierten Kommunikation zuzuwenden. Rezipiert wird die ganze Gattungsvielfalt italischer und griechischer Produktion. Das beginnt bei Statuen und Malerei: Denkt man an den Triumphzug, erlangen großgriechische Statuen und andere „Kunstwerke", nun aus jedem funktionalen Zusammenhang gerissen, Unterhaltungswert; das schließt griechische Bibliotheken ein. Die Technik des Bronzegusses begeistert römische Adlige schon am Ende des vierten Jahrhunderts[16]. Den Göttern werden nicht nur exotische Tiere zur Unterhaltung geboten: Auch dramatische Produktionen jeder Art werden übersetzt oder adaptiert: oskische Atellane, neue Komödie, Tragödien mit Sujets aus der griechischen Mythologie wie – bald auch – römischen Geschichte; letzteres, die *Praetexta,* war eine Gattung, die immer eine untergeordnete Rolle spielen sollte und mit der Republik praktisch verschwand.

Überlieferte Titel und erhaltene Texte noch aus dem späten dritten Jahrhundert vermitteln ein präziseres Bild der Inhalte. Zunächst spielen präzise zeitgenössische Bezüge oder ein enger Bezug zu den jeweiligen Festanlässen keine erkennbare Rolle – das unterscheidet diese Dramatik deutlich vom athenischen Theater des fünften Jahrhunderts. Die Titel und wenigen erhaltenen Fragmente der schon erwähnten beiden frühesten Dramendichter in Rom, Livius Andronicus und Naevius, lassen ein Übergewicht mythologischer Stoffe erkennen, die traditionellen griechischen Sagenkreisen zugeordnet sind: *Achilles, Aegistus, Aiax mastigophorus, Andromeda, Antiopa, Danae, Equos Troianus,*

Hermiona, Ino, Tereus lautet die Reihe der bekannten Tragödientitel für Livius Andronicus, *Aesiona, Danae, Equos Troianus, Hector proficiscens, Iphigenia, Lycurgos* für Naevius, der darüber auch die sicher römischen Stoffe *Clastidium sive Marcellus* – über einen rezenten Sieg über die Kelten – sowie einen *Lupus,* „Wolf" und *Romulus* auf die Bühne brachte. Von den weit zahlreicheren Komödien des Naevius sind immerhin fünfunddreißig Titel bekannt. Alphabetisch beginnt ihre Reihe mit *Acontizomenos, Aigtatoria, Agrynuntes, Appella, Ariolus, Astiologa, Carbonaria, Clamidaria* und *Colax.* Die erhaltenen Stücke eines Plautus und Terenz aus den folgenden Jahrzehnten bestätigen nur den Eindruck dieser Titel: Vorgeführt werden Handlungen in einer griechischen Welt, auch wenn die verhandelten Probleme oft deutlich römische Züge tragen.

Wie kann man den Befund interpretieren? Die Gegenstände und Formen der Unterhaltung sind vielfach ethnisch markiert. Den meisten Zuschauerinnen und Zuschauern muss klar gewesen sein, dass sie – im weitesten Sinne – griechische Unterhaltung konsumierten, Produktentwicklungen einer in dieser Hinsicht durchaus als überlegen und damit attraktiv eingestuften Kultur. Das hat eine Kehrseite: *Rom* importiert diese Produkte, oft genug gegen den Willen der Urheber – Kunstraub und Sklavenfang sind zentrale Modi des Kulturtransfers; die Kriegsgewinne reicht dazu aus, die besten freien Schauspielertruppen und Künstler zu engagieren. Vielfach handelt es sich ja um Siegesfeiern oder werden Siege kommemoriert: Rom erscheint als *Mittelpunkt* der Welt.

Aber: Rom erscheint als Mittelpunkt *einer Welt,* einer Welt außerhalb Roms, einer Welt, die älter ist als Rom. Es sind vor allem griechische Erzähltraditionen, die die Mittelmeerwelt beherrschen, die in Geschichten von umherziehenden Göttern, Städte gründenden Exilierten oder abenteuerlichen Militärexpeditionen, zumal den Küstenorten des Mittelmeerraums eine Genealogie, einen Platz in der griechischen Geschichte geben: Rom wurde, wie später Varro aus diesen Traditionen errechnet, vierhundertdreißig Jahre nach dem Fall Trojas gegründet: *Daraus* ergibt sich 754/753 als Datum der Stadtgründung, das Jahr „eins" der Stadt ist ein Datum der griechischen Geschichte. Es sind Götter mit römischen Namen, nicht Zeus, sondern Iuppiter, nicht Hera, sondern Iuno, nicht Ares, sondern Mars, die in den Dramen eine Geschichte, Genealogien erhalten. Selbst der verstörend anspruchsvolle Gott Dionysos des *Lycurgos* ist ein so einheimischer Gott, dass seine Anhänger nur wenig später, im Jahr 186, als Mitglieder einer Massenbewegung des Staatsstreiches verdächtigt werden.

Die hier einsetzende Systematisierungsleistung ist in anderen Texttypen besser erkennbar, ich meine die lateinische Epik, die mit den gleichen beiden Autoren und inhaltlich einer „Odyssee" und einem bis auf Troja und Aeneas zurückgreifenden „Punischen Krieg" beginnt, sowie die römische Geschichtsschreibung, die noch in derselben Generation mit dem griechischsprachigen Werk des Fabius Pictor ihren Anfang nimmt. Beide Gattungen zielen nicht auf ein Massenpublikum: Das Epos wurde am ehesten im Rahmen oberschichtlicher Bankette rezitiert[17], die erst im zweiten Drittel des zweiten Jahrhunderts auf das Lateinische umschaltende Sprache der Historiographie legt von Anfang an die Rezeption in privater Lektüre nahe. Die Exklusivität beider Texttypen macht klar: „Geschichtsunterricht" fand in Rom im Theater statt.[18]

Ziel und Wirkung der Alltagsgeschichten der Komödie ist eine andere. Es sind Probleme römischer Menschen, die hier – im Wortsinne – in griechischem Gewande durchgespielt werden: Konflikte zwischen Geld und Liebe, überlegene Schlauheit abhängiger Sklaven, die Faulheit reicher Erben, die Großspurigkeit beutebeladener Soldaten. So nimmt es auch nicht wunder, dass tagespolitische Anspielungen eher hier als in den Tragödien zu entdecken sind, vielleicht ist es auch nicht überraschend, dass diese Texte, nicht die hohe Tragödie überliefert wurden. Aber nicht das Lokalkolorit ist das Entscheidende, sondern die hier geleistete Universalisierung: Eigene Erfahrungen werden unter den Bedingungen universaler Geltung reflektiert. Das mag hochtrabend klingen für Aufführungen, die vor allem der Erheiterung dienten. Aber wir dürfen nicht vergessen: In der Erheiterung wie der Besänftigung von Zorn mussten die Stücke auch den Ansprüchen gräzisierter Götter genügen.

5. Rationalisierung

Das zweite Stichwort, das der Rationalität, ist ein wenig kurz gekommen. Es ging bislang darum, jene Räume zu rekonstruieren, in denen öffentliche Kommunikation überhaupt Raum für Systematisierungen bot. Wichtig war, die Diskursnormen sichtbar werden zu lassen, die die Kommunikation in diesen Räumen strukturierten, Diskursnormen, die nur bedingt Raum für Rationalisierungen boten oder gar prämierten. Aufschlussreich ist ein Blick auf die Selbstbeschreibungen der Institutionen, auf antiquarische oder historiographische Systematisierungen seit dem ausgehenden dritten Jahrhundert: Er lässt das Ausmaß der Reflexivität solcher Rationalisierungen klarer ermessen. Mit Blick auf Religion reicht das Spektrum gesteigerter Formen von Systematisierungen bis hin zu den bekannten Texten der ausgehenden Republik im ersten Jahrhundert v. Chr.: Lukrezens *De rerum natura,* „Über die Natur der Dinge", das nicht nur der Theologie im engeren Sinne, der physikalischen Beschreibung der Götter, Raum einräumt, sondern die Lehre Epikurs insgesamt als eine „Heilslehre" (oder, vielleicht weniger anstößig, Lebensphilosophie) formuliert, die eine Alternative zu einer mit religiösen Praktiken und Gottesfurcht assoziierten Weltdeutung darstellt. Marcus Tullius Ciceros Dialog *De natura deorum,* der in breiter Darstellung älterer und jüngerer griechisch-hellenistischer Positionen die Frage nach dem „Wesen der Götter" und ihrer Beziehung zu den Menschen diskutiert; Marcus Terentius Varros *Antiquitates rerum divinarum* schließlich, die spätrepublikanisches Wissen über religiöse Institutionen und die durch sie verehrten Götter in einer Art und Weise zusammenfassen, mit der für die gesamte Kaiserzeit in positiver Rezeption wie polemischem Bezug ein kanonischer Ausgangspunkt für die Beschreibung spezifisch römischer Religion geliefert wurde, der uns selbst durch eben diese Breite der Verwendung in Umrissen und Fragmenten bekannt ist. Die erhaltenen Werke lassen einen großen Einfluss attisch-hellenistischer Philosophie erkennen; philosophiegeschichtlich bilden sie noch immer zentrale Quellen zur Rekonstruktion griechischer Philosophie der hellenistischen Epoche, während sie sich selbst gerade als Versuche verstanden, deren Gedanken einem römischen Publikum nahezubringen und diesem zu erschließen. Sie verbinden die (für einen philosophischen Text) ungewohnte Sprachwahl Latein und Bemühungen um römische Beispiele mit dem *rationalen* Diskurs über einen Gegenstand, der, wie wir gesehen haben, nur scheinbar von borniener Traditionalität ist, nämlich über Religion: Die Gültigkeit religiöser Annahmen wird an nichtreligiösen Prämissen und Evidenzen überprüft. Entsprechendes gilt für die parallelen Abhandlungen über politische Ordnung und menschliche Lebensführung.

Aber, und das führt mich an den Anfang zurück: Das Verfahren des *reddere rationem* (Moatti) ist nicht allein an den Ansprüchen einer griechischen Logik zu messen. Die Kriterien von Evidenz sind abhängig vom kulturellen und sozialen Kontext. Plausibilität für das jeweilige Publikum ist – ein Kernthema antiker Rhetorik – nicht zuletzt von der Person des Sprechers abhängig. Aber noch interessanter ist, was überhaupt in das Forum argumentativer Auseinandersetzung eintritt oder zum Gegenstand von Systematisierungsprozessen wird. Wenn Cato der Ältere zu Beginn seines Geschichtswerkes in der ersten Hälfte des zweiten Jahrhunderts Rechenschaft über das gesamte Leben – das *otium,* die „Ruhe", wie das *negotium,* die „Nicht-Ruhe", die Geschäfte – verlangt und gibt, deutet das darauf hin, dass mit dem Import griechischer Artefakte und Belustigung auch Ansprüche einer tendenziell universalistischen Ethik transportiert werden. In einem Weltreich ist es nicht unwichtig, sich solchen zu stellen – und sei es zur Beruhigung der Untertanen. „Theologie", die „Rede von Gott", hat nicht nur mit den Göttern zu tun. Das erweist, aus ganz anderem Blickwinkel auch das nächste Kapitel.

Josef Pilvousek

Bildung als Weg zu grenzüberschreitender Kommunikation

Kirchen und Klöster als Orte interdisziplinärer Bildung im Mittelalter

In einer Abhandlung über „Religion und Bildung" ist natürlich auch auf mittelalterliche Kirchen und Klöster als wichtige und zeitweise einzige Orte von Bildung und Kulturtransfer hinzuweisen; zumal von den damaligen Ereignissen heute abendländische Bildung abhängt und hier eine ihrer Wurzeln hat. Doch soll es hier nicht noch einmal um diese historische Selbstverständlichkeit gehen; vielmehr stehen im Zentrum die „Kirchen und Klöster als Orte interdisziplinärer Bildung im Mittelalter" und als Folge „Bildung als Weg zur grenzüberschreitenden Kommunikation". Das bedarf zunächst einiger Erläuterungen und Vorklärungen. Ein geschichtlicher Überblick soll eine Einführung in das Thema und seine Vernetzungen liefern. Den Begriff „Interdisziplinarität" gab es im Mittelalter nicht, wohl aber das Phänomen, das dieser Begriff umschreibt: Universalität. Wie ausgedehnt Bildung und Wissenschaft in der mittelalterlichen Kirche verstanden, gelehrt oder als Beruf ausgeübt wurden, wird anhand von Beispielen gezeigt und ebenso die „Internationalität" der mittelalterlichen Kirche und ihrer Klöster sowie deren Verbindungen zur damaligen Welt.

1. Bildung im Mittelalter – ein Überblick

Der Begriff „Bildung", wie wir ihn heute verwenden, setzt sich in seiner pädagogischen und idealistischen Bedeutung erst in der zweiten Hälfte des 18. Jahrhunderts als neues Grundwort durch. Im Zusammenhang mit der Entstehung des modernen Erziehungswesens in Deutschland wird er zum Leitbegriff. Geistige Individualität, freie

Geselligkeit und ideennormative Selbstbestimmung werden zum Ideal der bürgerlichen Oberschicht, der „Gebildeten".[1]

Im Mittelalter spiegelt neben dem althochdeutschen Begriff „zucht" eine Skala lateinischer Worte das wider, was mit Unterweisung, Lernen bzw. Lehren, Gehorsam, Wissenschaft und Erfahrung das umschreibt, was Bildung und Erziehung meint. Als Beispiele seien genannt educatio – Erziehung, disciplina – Erziehung/Ordnung, informatio – Belehrung/Erläuterung, scientia – Wissen, sapientia – Weisheit.

Alle Begriffe weisen ethische Dimensionen auf. Der gänzlich Gebildete war der eruditus.[2]

Das Bildungskonzept Alkuins (730–804) – Leiter der Hofschule Karls des Großen und später der Klosterschule von Tours – war für das Weltbild und die Erziehung in der Karolingerzeit und darüber hinaus bestimmend geworden.[3] Bei Alkuin spielt der Begriff „eruditus" eine zentrale Rolle.

„Erudire" bezeichnet die Erziehungs- und Bildungsaufgabe als Pflicht der seniores, der „discere" (lernen) aufseiten der Adressaten entspricht, ob es sich nun um iuniores, pueri oder hierarchisch nachgeordnete erwachsene Menschen handelt. Entsprechend ist „erziehen" generell Aufgabe und Pflicht der Kirche, genauer ihrer Amtsträger. Sie muß diese väterliche Aufgabe als Werk der Nächstenliebe erfüllen, weil es um das Heil der Seele, genauer um die gemeinsame Nachfolge Christi geht. „Erudire" ist demnach nicht bloße Weitergabe von Wissen, auch nicht bloß Bildung, sondern Einweisung in die christliche, in der Liebe gegründete Lebensform. Am besten geschieht dies durch gute Beispiele, und das bedeutet Weisheit (sapientia), d. h. Wissen und Handeln in einem, zugleich als Weg und Ziel: Der Weg der Weisheit als e-ruditio, herausführen aus der vita imperfecta (des rudis, der freilich schon – weil getauft – Christ ist) zur vita perfecta. Inhaltlich geht es um das Studium der Hl. Schrift (die Psalmen spielen vor allem bei Frauen ein herausragende Rolle) und der (geistlichen) Literatur. Dabei stehen besonders das Studium der für das ganze Mittelalter normbildenden Regula pastoralis (einer Art Seelsorgehandbuch) Gregors des Großen und die Lektüre der Kirchenväter im Vordergrund. Schließlich werden die Wissenschaft der Zahlen (Zahlensymbolik) und die kirchliche Disziplin behandelt.

Auch „Lehrerbildung" wie Förderung des Lehrernachwuchses ist Pflicht der Kirche. Das Lehrer-Schülerverhältnis wird nach allem Gesagten als väterliche Beziehung gesehen: Sollicitudo (Sorge), die sorgende Hinwendung zum filius, umfasst, unter dem Horizont des Glaubens (der fides) und unter dem Gebot der caritas, prinzipiell alle Aspekte des Lebens. Unter Umständen wird der Schüler sogar „gegen die anerkannten und geachteten Ordnungsmächte der Welt" in Schutz genommen. Freilich, die Zweiteilung von Lehre und Leben deutet sich schon an, verschiebt sich unmerklich ins Intellektuelle, beginnt zu weltlicher Weisheit, zu ars unter artes zu werden. Das zeigt sich deutlich in einem um 862 verfassten Brief eines Schülers des Hrabanus Maurus (+ 856), wo die Verankerung der eruditio in der Glaubenswelt fehlt. Jetzt wird sapientia (Weisheit) zum Selbstzweck. Sie wird zum Merkmal des „Gebildeten", der sich von der ungebildeten Menge absetzt; damit kehrt man zur Auffassung der Antike zurück. Alkuins Konzept liegt zwar noch ganz im Horizont des monastischen Modells, aber die formale Bildung (wie sie als Erbe der Antike bekannt ist) wird bewußt voll einbezogen.

Im Beschluss der Aachener Synode von 816 (c. 13, 5) wird schließlich festgelegt, dass Kinder und Jugendliche (pueri et adolescentes) in „Schulen" (congregatione canonica) der Obhut zweier seniores anzuvertrauen seien. Der eine hat das Amt des Erziehers, der andere das des Lehrers zu übernehmen. Zwar kann man diese Trennung als Ausdruck besonderer Fürsorge interpretieren. Sie ist aber zugleich das Anzeichen einer Trennung von Lehre und Leben. Die Frage, wie beide einander zugeordnet sind, war damit freilich nicht erledigt.

Bis zum Hochmittelalter gab es in Europa nur Kloster- oder Kathedralschulen. Einige von ihnen wurden später Keimzellen der Universitäten.[4]

In den drei Jahrhunderten ihres Bestehens hatten die Mönchs- und Bischofsschulen die Capitularia Karls des Großen und damit letztendlich die didaktisch-konzeptionellen Systeme der römische Antike verfeinert: ein Wissen, das sich auf Lesung und Exegese der Heiligen Schrift und das durch sie vermittelte Bild der Welt beschränkte, eine Art Tautologie, in der die Bibel die Welt erklärte und die Betrachtung der Welt dazu diente, in erster Linie den Bericht der Bibel zu bestätigen.

Etwa zwischen 1150 und dem Ende des Jahrhunderts entstanden in Italien, in Nord- und Südfrankreich, in England und Spanien neue Korporationen. Sie waren nicht für das Ordensleben gedacht und hatten keine wirtschaftlichen Neigungen. Meist an Domschulen untergebracht, aber mit eigener Organisationsform, bildeten sie Gemeinden, ähnlich den Kaufleuten, von überwiegend Ortsfremden, Weitgereisten, Reisenden, jungen Männern. Sie hatten Bildungsvoraussetzungen, die für kirchliche Karrieren gereicht hätten. Standesgrenzen bestanden nicht. Hinzu kamen ältere Lehrende, die von den Gaben der Belehrten lebten.

Die neuen Gemeinschaften hielt ein eigentümliches Ethos zusammen: nicht das Lehren und Lernen in Wechselseitigkeit, sondern gemeinsames Fragen. Mehr war das noch nicht, aber es wurde dennoch bald schulmäßig ausgebildet: Fragen, in fester Form an jene Texte gerichtet, die bislang als Autoritäten galten, Bibel und Welt zu erklären. Man fand einen Weg, die Auskünfte zu zergliedern, zu vergleichen, zu diskutieren. Scholastik, der Begriff wurde überwiegend von den Gegnern benutzt, nannte man später diese Wissenschaft. Als Diskussionsgemeinschaften würde man die neuen Gruppierungen vielleicht heute bezeichnen.

Dass Gott existiert, stand für den Menschen des mittelalterlichen Europas außer Frage. Die Bibel beschrieb die Glaubensinhalte, verbindlich ausgelegt in den Schriften der Kirchenväter Augustinus, Hieronymus, Ambrosius und Gregor des Großen. Offen blieb, wie diese den Menschen auf effektivste Weise einsichtig zu machen seien. Ein Erkennen der tieferen Wahrheit sei nur durch die menschliche Vernunft selbst möglich. Glaube und Vernunft sollten deshalb gemeinsam wirken, um den Menschen Gott und seinem Heilsangebot näher zu bringen. Gott musste begriffen und eingesehen werden.

Die Vernunft mit ihrer Fähigkeit zur logischen Schlussfolgerung, lateinisch ratio, wurde zu einem eigenständigen Mittel der Bestätigung beziehungsweise der Verteidigung von Glaubenswahrheiten. Die Scholastiker entwickelten dazu eine systematisierende Methode: Auf den zu untersuchenden Satz (quaestio) folgten zunächst die Einwände gegen dessen Aussage (contra), dann die Gründe für die Satzaussage (pro), anschließend die Lösung des scheinbaren Widerspruchs (conclusio) und abschließend eine Beantwortung der Einwände im Detail.

Die Grundlage für dieses Denken legte Petrus Abaelard (1079–1142). Er hatte eine „Privatschule" gegründet, die offenbar nur abhängig von der Genehmigung des Ortsbischofs war und allen Interessenten offen stand. In seinem wohl berühmtesten Werk „Sic et non" versuchte er, die Widersprüchlichkeiten der bisher verkündeten Glaubensaussagen vernünftig zu lösen. Beispielsweise nennt Abaelard zunächst Argumente für und gegen die Notwendigkeit, den Glauben durch den menschlichen Verstand zu stützen. Nach Abwägen mehrerer Zitate schließt er mit der conclusio, auch Jesus habe den Aposteln „keinen bloßen Glauben ohne Vernunft hinterlassen". Man könne zwar auch einfach nur glauben, wäre aber dann nicht fähig, den Glauben gegen Widerstände zu verteidigen.

Die im 12. Jahrhundert einsetzende Rezeption des Werkes von Aristoteles (384–322 v. Chr.), das von Albertus Magnus und Thomas von Aquin in das christliche Welt- und Wissenschaftsbild eingepasst wurde, veranlasste die Scholastiker, sich mehr und mehr auch den Phänomenen der Natur zu widmen. Die Welt wurde zunehmend als eigenständig begriffen; diese Entwicklung konnte auch nicht durch autoritative kirchliche Verbote – etwa von Sätzen des Aristoteles – unterbunden werden. Kritisches Hinterfragen und die zunehmende Bedeutung der Natur hatten im 12. Jahrhundert einen Rationalitätsschub und eine neue Schicht von „Intellektuellen" zur Folge. Aus Liebe zur Wissenschaft verließen diese ihre Heimat und zogen durch Europa, um angesehene Lehrer aufzusuchen. Dem Vorbild der Handwerksgemeinschaften nachfolgend schlossen sich Lehrer und Schüler zu universitates magistrorum et scholarium mit eigenen Rechten und Privilegien zusammen. Sie verstanden sich als „Handwerker des Geistes". Diese Institutionen nannten sich fortan studium generale, studium privilegatum, academia, gymnasium oder auch Hohe Schule beziehungsweise Universität. Diese Bildungseinrichtungen erwuchsen aus dem radikalen Wandel der Bevölkerungsstruktur, der sich zwischen 11. und 13. Jahrhundert im Verkehr, im urbanen und wirtschaftlichen Bereich vollzog. Sie ist eng verknüpft mit der Stadt und der Straße, mit der Mobilität des niederen Klerus und seiner Rolle als soziales und kulturelles Bindeglied zwischen Priestern und Laien, mit der Kommerzialisierung des Wissens und der Herausbildung der freien Berufe, mit der theologischen Diskussion und ihrem engen Zusammenhang mit ketzerischer Unruhe, die als sozialer Sprengstoff wirkte, als Herausforderung, die eine Antwort verlangte. Die „Amtssprache" an den Bildungsstätten war Latein, das sich auf Grund seiner strengen Grammatik auch sehr gut eignete, die beschriebene dialektische Methode von Wort- und Satzverständnis ausgehend anzuwenden. Zudem erleichterte sie die Kommunikation zwischen den aus verschiedenen Ländern kommenden Wissenschaftlern.

Waren die freien Magister zu dieser Zeit auf das Schulgeld der Studenten angewiesen, so suchten die Universitäten noch nach anderen Einkünften. Tatsächlich hatte es bis zur Gründung der Bettelorden keine kirchliche Institution gegeben, für deren Lebensgrundlage nicht gesorgt war. Man behalf sich deshalb mit kirchlichen Pfründen, den so genannten Lektoralpräbenden. Die viel später gegründete Universität Erfurt verfügte beispielsweise über fünf Lektoralpräbenden für die Theologie und über drei für die Jurisprudenz.

Studium generale besagte zum einen, dass die Hochschule überregionalen Charakter hatte und mit einem Privileg durch eine der beiden Universitätsgewalten – Papst oder Kaiser – ausgestattet war. Zum anderen bedeutete das, wenn auch nicht immer, dass sie die vier klassischen Fakultäten Philosophie, Theologie, Jurisprudenz und Medizin umfasste. Die Privilegien bestimmten das Renommee der Anstalt. Vor allem sie garantierten die Anerkennung der von ihr verliehenen Grade in ganz Westeuropa. Mit dem Doktorat bzw. der licentia docendi war das Recht verbunden, ohne weitere Examination an jeder Universität zu lehren. Die verbürgten Immunitäten sicherten zudem die weitgehende Autonomie der Bildungsinstitution gegenüber staatlichen und kommunalen Gewalten.

Es war vornehmlich die Kirche, die das Universitätswesen protegierte, aber auch kontrollierte. Das Kanzleramt übte meistens ein Bischof oder sein Stellvertreter aus, der cancellarius war Garant der rechten Lehre und Protektor der Grade. Die Stärke des kirchlichen Einflusses war auch ansonsten auffallend sichtbar und spürbar. So erinnerte der Talar, den die Magister und Scholaren trugen, an das klerikale Habit. Die akademische Tages- und Stundeneinteilung war eine Kopie der monastischen; die Vorlesungsdauer von 90 oder 45 Minuten waren vom mönchischen 180-Minuten-Rhythmus abgeleitet. Selbst die entstehenden Kollegien, Bursen und Colleges hatten architektonisch und in Bezug auf die Lebensführung klösterlichen Charakter.

Auch die Schriftwelt hatte durch die geistlichen Stände im Mittelalter eine Monopolisierung erfahren, was sich im synonymen Gebrauch von clerici und litterati bzw. laici und illitterati niederschlug. Im Englischen klingt dies heute noch im Doppelwort clerc (Schreiber) – cleric (Kleriker) fort.

2. Interdisziplinäre und universale Bildung[5]

Immer noch wird die These vertreten, dass im Mittelalter Theologie die wichtigste Wissenschaft und alle anderen einschließlich der Philosophie nur „ancillae" als Hilfswissenschaften in dienender Funktion gewesen seien. Das Mittelalter sah natürlich mit einem gewissen Recht die Frage des Heils des Individuums wie von Gemeinschaft(en) und Gesellschaft wie der Welt als zentral an. Von daher schien vielen die

Frage der Rettung der Seele wichtiger als der Aufbau des Grashalms. Selbstverständlich gab es auch zwischen Theologie und Kirche auf der einen Seite und den sich formierenden Einzel- und Naturwissenschaften wie der Philosophie auf der anderen Seite Konflikte. Doch zeigen neuere Forschungen, dass sich die so genannten mittelalterlichen Theologen in ihrem Wissens- und Bildungsinteresse keineswegs auf die Theologie konzentrierten und durchaus nicht alles andere nur als „Beiwerk" und Hilfe ansahen. Als damalige Wissenselite waren Kleriker wie Mönche keineswegs nur und vor allem an Theologie interessiert. Legt man die heute gängige Definition von Interdisziplinarität zugrunde: „Wissenschaftliche Kooperation über die Grenzen eines einzelnen Faches hinweg zur Überwindung der oft zu streng beachteten Grenzen der Fakultäten.", dann hat es die das eigene Fach übergreifende Bildung und Forschung im Mittelalter nicht nur in Ausnahmefällen gegeben.

Das karolingische Großkloster etwa, wie es sich beispielsweise im St. Gallener Klosterplan zeigt, war in dieser an Institutionen armen Zeit konzentrierter Sammelpunkt von allem, was Mensch und Gesellschaft nötig hatten: neben Krankenhaus und Brauerei hatten dabei Bildung und Schule ihren festen Platz. So gehörten zu diesem 830 entstandenen Kloster eine Schreibstube (Skriptorium) und eine Bibliothek als fester Bestandteil.[6] „Eine Hauptbeschäftigung der gelehrten Benediktiner war die Geschichtsschreibung."[7] Annalen und Chroniken wurden in vielen Klöstern geschrieben; dies reicht von den Reichsannalen des Klosters Fulda bis zum spätmittelalterlichen Mönch des Erfurter Petersklosters Nikolaus von Siegen. Für die Mathematik des Mittelalters hatte etwa auch der Traktat des „Praeceptors Germaniae" Hrabanus Maurus (+856) „De computo" (Über das Rechnen) Bedeutung.[8] Karl der Große ordnete 789 an, „daß jedes Kloster eine Schule führe, an der die Kinder den Psalter, also Lesen und Schreiben, ferner auch Gesang, den Computus und die Grammatik, d. h. das Latein erlernen konnten"[9]. Doch auch nachdem der Ordensreformer Benedikt von Aniane mit Unterstützung von Karls Nachfolger Kaiser Ludwig dem Frommen durchgesetzt hatte, dass in Zukunft Ordensklöster nur für den eigenen Nachwuchs ausbilden sollten, wählten manche Klöster den Ausweg, dass neben der „inneren Schule" für die Novizen noch eine äußere Schule für Laien unterhalten wurde.[10] Hier wurden nach dem antiken Bildungsideal die sieben freien Künste gelehrt: bestehend aus dem Trivium von Grammatik, Rhetorik und Logik und dem Quadrivium von Geometrie, Arithmetik, Musik und Astronomie.

Die bis ins 18. Jahrhundert wirksamste Kennzeichnung des Gebildeten oder Gelehrten war homo litteratus, gemeint war vor allem der Lateinkundige. Und der Umgang mit Büchern jeder Art und jedes Faches war ein Merkmal der Gebildeten.

Bücher waren und sind faszinierende Gegenstände. Obwohl sie zur konkretesten Wirklichkeit gehören (sie wiegen schwer und sind zerstörbar, können verloren gehen oder verbrannt werden, und sie kosten Geld!) sind Bücher vor allem Träger von geistigen Werten, die durch Lehre weiterleben. So eignen sie sich hervorragend als Einführung in die Welt der Ideen, auf die sich die Realität der mittelalterlichen Universitäten gründete. Konkret waren Bücher eine kostbare Ware: um die „Summa theologica" des heiligen Thomas von Aquin zu kopieren, brauchte man Pergament aus fünfundsiebzig Schaffellen – ein kleines Vermögen. Wie soll nun der Gebildete mit Büchern umgehen? Soll er sie ausleihen? Eine Frage, die auf Grund schmerzlicher Erfahrungen bis heute aktuell ist. Gehen wir zunächst dieser Frage nach. Auf den ersten Blick scheint es unfreundlich, jemandem, der darum bittet, nicht die eigenen Bücher auszuleihen; in Wirklichkeit sprechen aber gute Gründe dafür, keine Bücher auszuleihen.

Im Einzelnen sind folgende Gründe zu nennen:

„1. So kann beispielsweise ein Buch vom Autor oder Besitzer noch nicht überprüft worden sein, so daß man unrichtige, ja schädliche Texte in Umlauf setzt.

Ein anderer Grund (2) ist der: Von jemandem, der Bücher besitzt, darf man annehmen, daß er sie benutzt und benötigt, und nirgendwo steht geschrieben, daß man bei dieser wertvollen und mühsamen Suche nach Wissen eher an das Interesse anderer als an sein eigenes denken soll.

Der dritte Grund (3): ‚Viele sind schnell und eifrig im Bitten, aber langsam im Zurückgeben und erstatten das Geliehene erst nach vielem mühsamen Drängen, unter Murren und ohne ein Wort des Dankes zurück.' Ja oft geschieht es, daß ‚jemand, der sich ein Buch geliehen hat, es an einen anderen weitergibt, ohne den Besitzer zu unterrichten, der dann nicht weiß, von wem er es zurückverlangen soll, so daß sich die Kette der Ausleihen verlängert bis zu dem Punkt, an dem niemand mehr weiß, wo das Buch geblieben ist.' "[11]

Tatsächliche oder simulierte Vergesslichkeit, Verluste, Schäden am Einband oder an den Seiten: dies alles entstehe aus Hilfsbereitschaft, die aber unklug und sinnlos ist. Die Schlussfolgerung der gelehrten Analyse entspricht den Erfahrungen von Buchkennern aller Zeiten, die besagt: ein Buch lasse man im Schrank seines Besitzers.

Der das schrieb, war kein Namenloser, sondern Bonaventura, Universitätslehrer, Franziskaner und bedeutender Heiliger. Er lebte von 1217 bis 1274, also vor über 700 Jahren. Überraschend ist, wie theoretisch klar er definierte, warum Bücher generell nicht verliehen werden sollen. Er verfaßte seine Argumentation nicht in Gesprächsform oder als väterliche Ermahnung, sondern im hohen, gelehrten Stil der „quaestio".

Vor allem Albertus Magnus (1200–1280) ist zu den mittelalterlichen Ordensleuten und Wissenschaftlern zu zählen, die nachhaltig durch ihre „Interdisziplinarität" Grundsteine heutiger Naturwissenschaft legten. Der als „Doctor universalis" Betitelte studierte und lehrte neben der Theologie Naturwissenschaften, Logik, Rhetorik, Mathematik, Astronomie, Ethik, Ökonomie, Politik und Metaphysik.

In seiner Pflanzenkunde „De vegetabilibus" zum Beispiel sind Form und Äderung von Blättern akkurat beschrieben. Für seine Tierkunde „De animalibus" befragte er Fischer, Jäger, Imker und Vogelfänger; den Menschen stellte er darin auf Grund der von dem römischen Arzt Galen im 2. Jahrhundert erkannten anatomischen Ähnlichkeit neben die Affen, wenngleich ohne an eine gemeinsame Abstammung zu denken. Durch seine biologischen Untersuchungen räumte er vor allem mit abergläubischen Vorstellungen auf.

In dem Albert zugeschriebenen Werk „De mirabilibus mundi" finden sich Angaben über Schwarzpulver als Treibsatz für Raketen, wie die Mongolen sie als Erste auf europäischem Boden 1241 in der Schlacht bei Liegnitz verwendet hatten. Ferner soll Albert einen Automaten, einen mechanischen „eisernen Mann", konstruiert haben.

Ganz praxisbezogen sah Albert, der viel reiste, den Nutzen von Landkarten mit exakten Koordinaten voraus und forderte Karten, die genauer wären, etwa für Planung und Organisation in verschiedenen Bereichen. Einigermaßen verlässlich waren in jener Zeit nur die Portolane oder Portulane genannten Seekarten.

Besonders wegweisend ist schließlich sein Traktat über die Zeit im Rahmen der Physik. An den kurzen und widersprüchlichen Ausführungen von Aristoteles dazu war vor allem problematisch, dass die Physik sich ihm zufolge lediglich mit irdischen Verhältnissen zu befassen habe, wo es nur geradlinige Bewegungen geben sollte. Einen Teil der Irrtümer überging Albert kommentarlos. Die Zeit bestand für ihn – wie er in der Nachfolge arabischer Neuplatoniker konstatierte – in zählbaren Bewegungseinheiten, die am Firmament abzulesen sind: „Tempus est motus numeratus". Damit holte er die ein für alle Mal vom Himmel vorgegebene Zeit in den Argumentationsbereich der Physik. In anderen Punkten wie der angeblichen Subjektivität der Zeit kritisierte er Aristoteles ausdrücklich. In dessen System konnte Bewegung nur an zurückgelegten Strecken gemessen werden; Geschwindigkeit kam dabei nicht in den Blick. Durch die Koppelung von Zeit, Bewegung und Zahl öffnete Albert den Zugang zur Dynamik, einer völlig neuen physikalischen Dimension.

Dies hatte nicht allein theoretische Bedeutung. In den großen Städten war damals bereits bei vielen Gelegenheiten eine exakte zeitliche Koordination erforderlich. Nun vermag man mit unbewehrtem Auge Sternpositionen bis auf zwei Bogenminuten zu bestimmen, und ein Fixstern benötigt für das Vorrücken um diese Distanz acht Sekunden, der Schatten der Sonne etwas weniger. Somit waren kleine Zeiträume erlebte Realitäten, noch ehe im 14. Jahrhundert mechanische Uhren aufkamen.

Albertus Magnus hat zwar stets die Zuständigkeit der Theologie für geistliche Fragen anerkannt. Aber er war der erste einflussreiche abendländische Denker, der ihr nicht unbedingt dieselbe Autorität in weltlichen Dingen zubilligte. Naturerkenntnis, davon war er überzeugt, sei am besten durch disziplinierte Beobachtung zu gewinnen.

Stellvertretend für die in der Bildung engagierten Frauen sei auf die „prophetissa Teutoniae", Ordensfrau, Musikerin und Ärztin Hildegard von Bingen (1098–1179) hingewiesen. Um die Mitte des 12. Jahrhunderts entstanden ihre natur- und heilkundlichen Lehrschriften, in denen sie die damals bekannten Heilmittel nach Herkunft, Indikation, Zubereitung und Wirkungsweise beschrieb. Ein zentraler Begriff in Hildegards Heilkunde war die viriditas, die „Gründkraft". Darunter verstand sie eine den Mineralien, Arzneipflanzen und Tieren innewohnende Kraft zum Heilen sowie die Fähigkeit der Patienten zu gesunden. Auch die Bewältigung von Krankheitskrisen in christlicher Manier und jegliche Kreativität waren Ausdruck der viriditas.

In einer Zeit politisch-sozialer, religiöser und wissenschaftlicher Umbrüche wurde in Kues an der Mosel der Bürgersohn Nikolaus Krebs (Chryfftz) geboren. Als Nikolaus von Kues oder latinisiert Nikolaus Cusanus ging der Kirchenmann und Gelehrte in die europäische Geistesgeschichte ein. Erste höhere Bildung erwarb er 1416/17 durch das Studium der artes liberales – der sieben freien Künste – an der Universität Heidelberg. Dann studierte er in Padua Kirchenrecht und beschäftigte sich – angeregt durch die ersten Kontakte zu wichtigen Vertretern des italienischen Humanismus – mit Philosophie, Astronomie und

Mathematik. Nach der Promotion kehrte er um 1425 nach Deutschland zurück, lehrte in Köln und begann ein Studium der Philosophie und Theologie.

In seinen naturwissenschaftlichen Interessen und seiner Philosophie sind neuzeitliche Ansätze zu erkennen. Er beherrschte nicht nur das damalige astronomische Wissen; vielmehr dokumentieren seine gleichfalls in Kues erhaltenen Instrumente die Anfänge der beobachtenden Astronomie in Deutschland. In philosophischen Schriften stützte er gleichsam im Voraus das Weltbild des Nikolaus Kopernikus (1473–1543); denn der Erde billigte er außer der Kugelgestalt auch eine Bewegung zu. Er erklärte, die Erde könne nicht Zentrum des Universums sein, da es unendlich sei und folglich keinen Mittelpunkt habe. Das entsprach seinen revolutionären philosophischen Lehren. Zum einen war es die Vorstellung, dass im Endlichen unvereinbar Entgegengesetztes in der höchsten Einheit – in Gott – zusammenfalle, beziehungsweise dass sich daraus Vielfalt und Verschiedenartigkeit entfalten, wofür er den Begriff coincidentia oppositorum prägte. Zum anderen vertrat er die Überzeugung, dass Gott nur durch ein den Verstand übersteigendes wissendes Nichtwissen – docta ignorantia – auf unbegreifliche Weise zu begreifen sei. Er verglich das mit dem aussichtslosen Vorhaben, ein Quadrat in einen vollkommenen Kreis zu überführen.

Cusanus verfolgte das Wachstum von Pflanzen und schloss, dass sie Nahrung aus der Luft aufnehmen; dass diese wiederum Gewicht hat, wies er erstmals nach, und bestimmte sogar ihre Feuchtigkeit mit einem selbstentwickelten Hygrometer aus trockener Wolle. Er befasste sich mit medizinischer Diagnostik und zählte 1440 als Erster den Pulsschlag mit einer Uhr.

Als päpstlicher Gesandter reiste Cusanus durch das ganze Reich und war in die Konflikte zwischen Papst und Konzil wie auch in diplomatische Bemühungen Roms zur Wiedervereinigung mit Konstantinopel involviert. Viele Werke schrieb er unterwegs, einige vermutlich auf dem Pferderücken. Auf seiner letzten Reise, die der Vorbereitung eines Kreuzzugs diente, erlag Cusanus am 11. August 1464 einer Krankheit.

3. Internationalität, Bildung und grenzüberschreitende Kommunikation

Mehrfach wurde schon darauf hingewiesen, dass ein Gelehrtenleben im Mittelalter nicht ohne Reisen und Standortveränderungen als Möglichkeit von Wissensaneignung auskam. Die Kirche mit ihrer „Internationalität", der alle angehörten, die Zugehörigkeit der Ordensleute zu ortsunabhängigen Personalverbänden und schließlich die Gelehrtensprache Latein schufen Möglichkeiten, sich überall in der damals bekannten Welt zu bewegen, Wissen anzueignen und zu vermitteln. Voraussetzung eines solchen Gelehrtenlebens war aber bereits ein Grundstock an Wissen, das solche grenzüberschreitende Kommunikation ermöglichte, schließlich perfektionierte und Karrieren eröffnete.

Das Auffallendste am Leben eines mittelalterlichen Universitätslehrers war die Freizügigkeit seiner Laufbahn mit ihren vielen Reisen. Schon Gelehrte vor Gründung von Universitäten, als der Unterricht noch in Kloster- oder Stiftsschulen stattfand, waren in unserem heutigen Sinne Europäer.[12]

Kaum deutlicher wird die Internationalität mittelalterlicher Bildung als an den als „Studentenorden"[13] bezeichneten Mendikanten. Das Beispiel der Dominikaner kann an dieser Stelle das Anvisierte deutlich machen. Dabei ist natürlich eine Entwicklung durchgemacht worden. Einzuschränken gilt, dass diese Internationalität nur für einen Teil bzw. die besten Studenten galt.

Ursprünglich gab es nur ein Generalstudium ab 1229/30 durch Besetzung zweier Lehrstühle in Paris und ab 1230 in Oxford.[14] 1248 wurden vier weitere Generalstudien errichtet, eines davon in Köln, mit Albertus Magnus als Studienleiter besetzt. Denn die Ausbildung in Paris an den zwei dominikanischen theologischen Lehrstühlen reichte nicht, um den Dozenten-Bedarf des Ordens zu decken. Schließlich ging man zu Beginn des 14. Jahrhunderts dazu über, in jeder Provinz ein Generalstudium nach dem Vorbild von Paris zu errichten. Jede Provinz konnte in jedem Generalsstudium zwei bis drei Studienplätze besetzen, hatte aber auch für ihre Studenten aufzukommen.

„Eine Quotenregelung erlaubte es jeder Provinz, drei Studenten nach Paris zu senden. Als dort das Generalstudium aufgrund des Wachstums des Ordens nicht mehr alle Studenten aufnehmen konnte, wurde in der Errichtung der Studienhäuser auf Provinzebene eine Teillösung gefunden. Eine weiterreichende Lösung wurde auf dem Generalkapitel von 1248 erreicht, indem die Gründung von vier zusätzlichen Generalstudienhäusern angeordnet wurde: Oxford, Bologna, Montpellier und Köln. Jedes Generalstudium konnte pro Provinz zwei Studenten aufnehmen. [...] Das Generalkapitel von 1304 verpflichtete alle Provinzen – bis auf drei kleine – ein Generalstudium einzurichten. Daraufhin gab es in Europa 15 dominikanische Häuser mit

Generalstudium. Die enge Verbindung zwischen diesen Schulen und den Universitäten erlaubte es den Dominikanern, über alle intellektuellen Strömungen in Europa auf dem laufenden zu sein."[15]

Generalstudenten waren Studenten, die bereits vorher Dozenten (Lektoren) an ordensinternen Studia gewesen waren und denen aufgrund ihrer qualifizierten ordensinternen Ausbildung das Artes-Studium an der Universität erlassen wurde. Denn es gab nach dem Hausstudium innerhalb der Provinz Partikularstudien für Philosophie wie die Artes wie auch Theologie.

Von den Generalstudenten studierte ein Teil am „provinzeigenen" Generalstudium, ein Teil wurde an die Generalstudia anderer Provinzen geschickt. Hatte eine Provinz nicht genug eigene Kandidaten für ein ausländisches Generalstudium, so konnten andere Provinzen diese Studienplätze nutzen.[16] Ein Generalstudent der Saxonia konnte also auf einen Studienplatz der dänischen Provinz in Köln geschickt werden. Studenten der dominikanischen Ordensprovinz Saxonia studierten häufig in Italien, vor allem weil dort die Promotionsgebühren gegenüber Erfurt viel geringer waren.

„Traditionell erwarben die Dominikaner ihre Diplome in Paris, Oxford oder Cambridge, doch verloren diese Schulen ihr Monopol, als im 15. Jahrhundert viele neue Universitäten gegründet wurden."[17] So studierten Dominikaner dann auch an den mit dominikanischen Generalstudia verbundenen Universitäten in Köln, Wien, Perugia, Erfurt, Prag und andernorts.

Für Professoren war ein Rotationsprinzip vorgesehen; nach zwei Jahren wechselte der Professor, der dann die gewünschte Pariser Bildung in ein anderes Generalstudium des Ordens verpflanzte und so die internationale Ausrichtung der Dominikaner an der Eliteuniversität Paris durchzusetzen half.[18] Nur wenige dominikanische Professoren waren ein zweites Mal Professor in Paris, darunter der Erfurter Dominikaner Eckhart von Hochheim, besser bekannt als Meiter Eckhart.

Die Generalstudien waren ausschließlich für die Theologie. Doch nach der Ausbildungs-Charta von 1259 wurde auch die allgemeine Errichtung von ordensinternen philosophischen Studien erlaubt.

„Diese Maßnahme führte zur Anerkennung der Dialektik und Logik als legitime Werkzeuge theologischer Spekulation und war ein Weg, der in voller Übereinstimmung mit den fortschrittlichsten Strömungen des damaligen Denkens eingeschlagen wurde und das dominikanische Studiensystem vervollständigte."[19]

Geregelt wurde außerdem die regelmäßige Überprüfung der Studienfortschritte bei den Studenten. Aufgabe der Visitatoren war es auch, die für ein Weiterstudium in Frage kommenden Brüder vorzuschlagen und zu überprüfen, ob die Lektoren ihre Vorlesungen pflichtbewusst und nach den Vorgaben durchführten; Die Bedeutung der Studien zeigt sich etwa daran, dass bei dem Provinzkapitel von Basel 1346 dreizehn Studienleiter, zehn Sententiare, sechs Lektoren für die Grammatik, fünf für die Realphilosophie und dazu noch Lektoren für 27 Konvente, in denen keine besonderen theologischen Studien oder „nur" solche der Philosophie eingerichtet waren, bestimmt wurden.[20]

Zunächst wurden die Novizen in Latein unterrichtet, nach zwei Jahren im Kloster nach Abschluß des Noviziats folgte das Studium der Artes, das allerdings im Laufe der Zeit vorwiegend zu einer Übungsstätte in Dialektik und philosophischer Grammatik geworden war. In den Studia naturarum war ein noch umfangreicheres Pensum als in der rationalen Philosophie zu behandeln.

„Die Mathematik [...] hatte über Geometrie, Perspektive und Astronomie zu handeln [...] Wenigstens in Auswahl waren einige Bücher zur aristotelischen Physik durchzunehmen. Der dritte Lehrgegenstand war dann die Kommentierung der aristotelischen Metaphysik, und daran schloß sich als ein neuer Hauptteil die Moralphilosophie, also die nikomachische Ethik und die zwölf Bücher der Politik [an]."[21]

Das war nun keineswegs ein Schmalspurstudium, weshalb Dominikaner an der Universität vom Artesstudium dispensiert wurden. Danach schlossen sich – immer noch ordensintern und noch nicht am Generalstudium oder universitär – die theologischen Studien an. Wie bei den anderen Studien auch, ging der Theologiestudent deswegen auf Wanderschaft. Er wurde – zumeist aber provinzintern – an den jeweiligen Ausbildungsort geschickt. Informationen über die vielen provinzinternen Studienversetzungen enthalten die Provinzkapitelsakten; die Generalkapitelsakten weisen die Generalstudenten ihren Studienorten zu.

Studienaufenthalte waren genau festgelegt, so wies Generalmeister Raymund von Capua (Beichtvater Katharina von Sienas) am 1. September 1386 den Aachener Frater Arnold Frambach an, nach Florenz als Theologiestudent auf zwei Jahre zu gehen.[22] Am 24. Mai 1386 wurde Sigbert von Bonn für ein Jahr zum Studium nach Bologna geschickt.[23]

Die Internationalität des Dominikanerordens bezog sich nicht nur auf das Studienwesen. Um Missstände zu beheben, wurden Visitatoren in ausländische Provinzen gesandt, so Meister Eckhart in die Provinz Bohemia. 1514 war Valentinus aus der sächsischen Ordensprovinz Visitator in Schottland.

Als Beispiel einer internationalen Karriere kann auch der als Heiliger verehrte Anselm gelten. Die Italiener nennen ihn Anselmo d'Aosta, weil er in dieser kleinen Stadt in den Alpen 1033 geboren wurde. Für die Franzosen ist er Anselme de Bec, benannt nach dem Kloster an der Küste der Normandie wo er zuerst Schüler, dann Lehrer und Abt wurde. Die Engländer nennen ihn schließlich Anselm von Canterbury, weil er – gleichsam am Höhepunkt der Karriere – in Canterbury Erzbischof wurde.

Im Zeitalter der Universitäten häuften sich solche Vorgänge von internationalen Karrieren. Denn man sprach die gleiche Sprache und hatte den gleichen kulturellen Hintergrund. Zudem waren Nation und Reich lediglich Funktion des einen, von allen erwarteten Gottesreiches.

Hingewiesen sei nur auf Thomas von Aquin, ebenfalls Italiener. Er studierte zunächst an der Universität Neapel, dann in Köln und wurde, noch nicht dreißigjährig, Professor in Paris. Schließlich kehrte er nach Neapel zurück und beschloss seine Laufbahn als Rektor der Universität Neapel.

Ein anderes Beispiel ist der bereits genannte Albertus Magnus. Er studierte in Padua, Bologna, Köln, Regensburg und Straßburg, war Universitätslehrer in Paris, am Generalstudium des Ordens in Köln und zählte Thomas von Aquin zu seinen Schülern.

Ein letztes Exempel sei mit Johannes Duns Scotus angeführt. 1265 wurde er in Schottland geboren, studierte in Oxford und wurde dort Professor, ging dann nach Paris, möglicherweise sogar nach Cambridge, lehrt ein zweites Mal in Paris, dann in Köln, wo er 1308 starb.

Im 14. Jahrhundert beschleunigte sich dieses Phänomen. Die Lehrer blieben nur einige Jahre Professoren und zogen während dieser Zeit von Ort zu Ort. Oft verließen sie die Universitäten und wählten eine andere Laufbahn: eine diplomatische Karriere, ein Amt an der römischen Kurie oder irgendeine andere kirchliche Würde.

4. Resümee

Der Begriff „Bildung" ist dem Mittelalter fremd. Synonyme Begriffe (vor allem „erudire" – Einweisung in die christliche Lebensform) drücken das aus, was wir heute als Bildung bezeichnen. In karolingischer

Zeit beginnt allmählich die Trennung von Lehre und Leben, die in der Zeit der Scholastik und vor allem in der Phase der Entstehung der Universitäten einen Höhepunkt erreicht. Kritisches Hinterfragen und die zunehmende Bedeutung der Natur hatten im 12. Jahrhundert einen Rationalitätsschub und eine neue Schicht von „Intellektuellen" zur Folge. Die Theologie und die mit ihr verbundenen Fächer stehen am Anfang. Kirchen und Klöster blieben nach wie vor Ausgangspunkt, Ort und oft auch finanzielle Basis der „Bildung", aber die „neuen Eliten" emanzipierten sich von ausschließlich kirchlichen Fragestellungen, ohne dabei aber der Theologie ihre Vorrangstellung streitig zu machen. Aus Liebe zur Wissenschaft verließen diese Gelehrten ihre Heimat und zogen durch Europa, um angesehene Lehrer aufzusuchen oder es selbst zu werden. Universalität des Wissens (Interdisziplinarität) galt als erstrebenswert und Ausdruck höchster Qualifikation.

CHRISTOPH BULTMANN

Hermeneutische Kompetenz als religiöse Bildung

Impulse für die Bibelauslegung aus der reformatorischen Tradition

Religiöse Bildung zieht aus dem Wirrwarr religiöser Optionen diejenigen hervor, die weiteren Reflexionsschritten standhalten. In den großen Schriftreligionen stellt sich die Frage nach religiöser Bildung als die Frage nach dem Umgang mit kanonischen Texten und deshalb als die Frage nach hermeneutischer Kompetenz.[1] Hermeneutik kann man in einem grundlegenden Sinne als die Lehre vom Verstehen betrachten, die das Verhältnis zwischen Leser/Leserin und Text betrifft. Die Lehre vom Verstehen knüpft an allgemein zugängliche Erfahrungen an: Auf der negativen Seite die Erfahrung, dass wir einen Text nicht verstehen, auf der positiven Seite die Erfahrung, dass wir einen Text verstanden haben und er uns etwas bedeutet. Um die Erfahrungsdimension noch deutlicher herauszustellen, kann man statt „Text" auch „Äußerung" sagen: Jede Äußerung, mit der wir konfrontiert sind, ist zunächst die Äußerung eines anderen, die wir verstehen wollen. Gestik oder Mimik oder Ausrufe oder ganze Sätze oder anschauliche Schilderungen oder schließlich argumentative Zusammenhänge wollen verstanden werden, sonst bleiben sie für uns bedeutungslos. Hermeneutik als eine Lehre vom Verstehen versucht, den Prozess des Verstehens aufzuklären und anzuleiten.[2] Was für Gesichtspunkte muss man beachten, um eine Äußerung oder einen Text zu verstehen? Was für Schritte kann man dazu unternehmen? Wie kann man zwischen Verstehen und Missverstehen unterscheiden?

Das Thema „hermeneutische Kompetenz als religiöse Bildung" impliziert, dass es möglich ist, auch im Bereich des Glaubens Äußerungen und Texte misszuverstehen. Denn offenkundig soll hier als ein Aspekt von Bildung eine bestimmte Kompetenz gewonnen werden, die nicht einfach verfügbar ist. Eine Position etwa der Art „ich verstehe das jetzt so!" ist unbefriedigend, wenn sie nicht begründet werden kann. Deshalb ist die Kompetenz erforderlich, den Prozess, der zu einem bestimmten Verstehen eines Textes führt, beschreiben und sein Ergebnis verteidigen oder verbessern zu können. Solche hermeneutische Kompetenz ist im Bereich der Religion besonders wichtig. Zwei Gründe sollen dafür genannt werden: Zum einen geht es in der Religion um den ganzen Menschen, darum also, wie wir uns selbst verstehen, wie wir in einer Beziehung zu anderen stehen, wie wir unser Leben in der Welt verstehen, in der das Leben überhaupt möglich ist, und wie wir unser Leben an seinen Grenzen verstehen, d.h. an der Grenze, wo das Leben entsteht, und an der Grenze des Todes. Diese Fragen sind nicht in einer naturwissenschaftlichen oder in einer sozialpsychologischen Hinsicht gemeint, sondern in Hinsicht auf ein Verstehen von Sinnbezügen, die über das Empirische hinausreichen. In der Religion geht es um die Erfahrung von Transzendenz, um die Frage nach Gott in Beziehung auf unser Leben, das wir – stark schematisiert – in den genannten vier Hinsichten wahrnehmen können, d.h. also durch die Frage nach uns selbst, nach unserem Zusammenleben mit anderen, nach dem lebensermöglichenden Grund und nach den Grenzen des Lebens. Sofern Religionen für diese religiösen Anliegen Texte bieten, ist eine hermeneutische Kompetenz wichtig, die hilft, solche Texte zu verstehen und aus ihnen etwas Orientierendes, Verlässliches, Wahres zu erfahren.

Zum anderen ist als ein zweiter Grund für die Bedeutung von hermeneutischer Kompetenz als religiöse Bildung darauf zu verweisen, dass im Bereich der Religion oft besondere Autoritätsansprüche geltend gemacht werden. Wer beansprucht, im Namen Gottes zu reden, möchte möglichst alle dazu verpflichten anzuerkennen, was er sagt. Das können thetische Aussagen über göttliche Kausalität sein (also: Gott hat dieses oder jenes bewirkt). Aussagen dieser Art kann man noch relativ leicht unbeachtet lassen, wenn sie einen nicht überzeugen. Das können aber auch normative Aussagen über den göttlichen Willen sein (also: Gott verlangt Gehorsam gegenüber diesem oder jenem Gebot), mit denen möglicherweise ein starker Druck auf Entscheidungen über die Lebensweise, die man wählt, ausgeübt werden soll, ein Druck, dem man sich nicht so leicht entziehen kann. Sofern in einem religiösen Kontext ein Bestand an solchen Geboten oder eine Basis für die Ableitung solcher Gebote in Texten gegeben sind, ist eine hermeneutische Kompetenz dafür wichtig, solche Gebote kritisch zu prüfen und die Autorität derer, die ihnen Geltung verschaffen möchten, kritisch zu erörtern.

Nun hat es nicht allzu viel Zweck, sich bei allgemeinen Definitionen und Modellen aufzuhalten. Um nur von drei der großen Weltreligionen zu sprechen: Es ist bekannt, dass Judentum, Christentum und Islam auf Heiligen Schriften beruhen. Für das Judentum ist das die Torah oder, mit etwas genauerer Rücksicht auf die dreigeteilte Gestalt der Hebräischen Bibel gesagt, der Tenakh mit seinen drei Teilen, d.h. der *Torah* des Mose, den Prophetenbüchern (*Nebi'im*) und den sog. Schriften (*Ketubim*), die zu einem großen Teil Dichtungen sind, darunter die Psalmen oder die Redezyklen des Hiobbuchs.[3] Für das Christentum ist das die Bibel, die, wiederum genauer, eine zweiteilige Sammlung ist, deren ersten Teil man das Alte Testament nennt – und damit im Großen und Ganzen dieselben Schriften meint, die der Tenakh umfasst –, und deren zweiten Teil man das Neue Testament nennt, das in seinem „Evangelienteil" drei relativ vergleichbare und eine charakteristisch unterschiedene Darstellung Jesu und in seinem „Apostelteil" eine Sammlung unterschiedlich klassifizierbarer Briefe und Lehrschreiben umfasst.[4] Für den Islam ist das der Koran, eine als Einheit verstandene Offenbarungsschrift in verschiedenen Textgattungen, die in 114 längere oder kürzere Abschnitte, „Suren" genannt, geordnet ist.[5] Daneben stehen in den drei Religionen Texte der frühen Auslegungsgeschichte, die eine gegenüber den kanonischen Schriften anders beurteilte, jedoch in vielen Fällen nicht zu vernachlässigende Autorität haben.[6] In allen drei Religionen wird also hermeneutische Kompetenz eine bestimmte Rolle spielen, denn die Heiligen Schriften wollen verstanden werden, und dafür braucht man eine Lehre vom Verstehen.

Hermeneutische Kompetenz im Modell von drei Kompetenzen

Hermeneutische Kompetenz soll im Folgenden von zwei weiteren Kompetenzen unterschieden werden. In Bezug auf die Heiligen Schriften einer Religionsgemeinschaft gibt es auf der einen Seite auch eine rituelle Kompetenz, d.h. die Kompetenz, die Texte – zumeist in einem liturgischen (gottesdienstlichen) Zusammenhang – auf würdige Weise zu gebrauchen.[7] So gibt es z.B. in der christlichen Tradition eine Leseordnung, nach der an jedem Sonntag des Kirchenjahres ein bestimmter Psalm (in einer Auswahl von Versen) gesprochen wird; das Psalmgebet wird dann mit der Doxologie abgeschlossen: „Ehre sei dem Vater und dem Sohn und dem Heiligen Geist, wie im Anfang, so auch jetzt und alle Zeit und in Ewigkeit. Amen." (Gloria patri).[8] Damit soll bezeichnet werden, dass der alttestamentliche Gebetstext der christlichen, trinitarischen Gottesvorstellung entspricht – eine wichtige und immer wieder auch kontrovers diskutierte hermeneutische Entscheidung.[9] Ebenso gibt es nach der Leseordnung für jeden Sonntag einen weiteren alttestamentlichen Text, der indessen in der Praxis insgesamt wenig Berücksichtigung findet.[10] Zentral und in der kirchlichen Tradition fest verankert sind Lesungen aus dem Neuen Testament. Für jeden Sonntag sind ein Leseabschnitt aus den Briefen und ein Leseabschnitt aus den Evangelien im Neuen Testament vorgesehen; hier spricht man von „Epistel" und „Evangelium". Auf die Lesung der Epistel folgt liturgisch eine Antwort in Form des Rufes „Halleluja" (hebräisch: „Preiset den Herrn"), der nach der Rezitation eines Psalmverses wiederholt wird; vor diesem „Halleluja" kann die Lesung selbst durch die Wendungen „Worte der Heiligen Schrift – Gott sei Lob und Dank" oder „Wort des lebendigen Gottes – Dank sei Gott" abgeschlossen werden.[11] Die Frage der rituellen Kompetenz ist für das Verlesen des Evangeliums am wichtigsten. In einer schwächeren Form rahmt die Gemeinde die Verlesung mit den Rufen „Ehre sei dir, Herr" und „Lob sei dir, Christus"; in einer stärkeren Form geht der Lesung eine Sequenz voraus: „Der Herr sei mit euch. – Und mit deinem Geist." „Aus dem heiligen Evangelium nach [Name des Evangelisten]. – Ehre sei dir, o Herr."; und es folgt eine Sequenz: „Evangelium unseres Herrn Jesus Christus. – Lob sei dir, Christus."[12] Das Vortragen des Evangeliums kann durch vielfältige weitere Ausdrucksformen inszeniert werden: Die Gemeinde steht zum Zuhören auf, oder (zumeist) der Priester erhebt und küsst das Evangelienbuch, aus dem er vorliest, oder er hat zur rechten und linken Seite Assistenten (Ministranten) mit Kerzen, oder er weht eine Weihrauchwolke über die Buchseiten (inzensiert das Buch), und solche Elemente können auch in einer kleinen Prozession (vom Altar zum Ambo) zusammengesetzt werden.[13] Neben den am sonntäglichen Gottesdienst orientierten Leseordnungen stehen weitere Modelle der Aufteilung des biblischen Textes in Leseabschnitte, die im Laufe eines Kirchenjahres einen Durchgang durch den Gesamttext erlauben; als Beispiel kann etwa das traditionsreiche Book of Common Prayer der anglikanischen Kirche angeführt werden, das einen entsprechenden Leseplan für tägliche Morgen- und Abendandachten enthält.[14] Die Vergegenwärtigung biblischer Texte als Teil des liturgischen Rituals hat die Geschichte der christlichen Kirchen seit ihren frühesten Anfängen begleitet.[15]

Im Hinblick auf solche Konzeptionen für die kirchliche Praxis ist leicht zu sehen, dass es eine gewisse Überschneidung zwischen ritueller Kompetenz und hermeneutischer Kompetenz gibt. So müssen etwa für den sonntäglichen Gottesdienst aus dem großen Textbestand der vier neutestamentlichen Evangelien für die Evangelienlesung die geeigneten Abschnitte ausgewählt werden, und entsprechend auch die Abschnitte aus den neutestamentlichen Briefen bzw. aus den Büchern des Alten Testaments.[16] Auf der anderen Seite müssen der Hörer oder die Hörerin den durch rituelle Kompetenz in seiner besonderen Heiligkeit hervorgehobenen Text auf sich selbst beziehen, eine hermeneutische Herausforderung, die jeder Hörer/jede Hörerin selbst bewältigen muss, der im Prinzip aber auch die Predigt als Auslegung eines vorgelesenen Textabschnittes dienen soll.[17]

Hermeneutische Kompetenz soll auf der anderen Seite von historischer Kompetenz unterschieden werden. Mit historischer Kompetenz können wir die Entstehung der jeweils als kanonisch anerkannten Heiligen Schriften erforschen oder erzählte Ereignissequenzen überprüfen und in ihrem historischen Umfeld nachvollziehen. Dafür gibt es bestimmte Vorgaben schon innerhalb der Texte selbst. So kann man im Tenakh ohne weiteres eine Zeit des Mose (für die Torah), eine Zeit der Könige David und Salomo (für Teile der Psalmen und der Sprichwörter), eine Zeit des Propheten Jesaja um 700 v. Chr., eine Zeit des Propheten Jeremia um 600 v. Chr., eine Zeit des Propheten Haggai um 520 v. Chr., eine Zeit des Schreibers Esra um 450 (oder um 400) v. Chr. u.s.w. unterscheiden.[18] So wie das Alte Testament Namen von ägyptischen Pharaonen oder assyrischen, babylonischen oder persischen Königen nennt, stellt das Neue Testament Bezüge auf die Regierungen römischer Kaiser her; man liest von Pharaoh Schischak (1 Kön 14,25; um 930 v. Chr.) und Pharaoh Necho (2 Kön 23,29; um 600 v. Chr.), von König Tiglat-Pileser (2 Kön 16,7; um 730 v. Chr.), von König Nebukadnezzar (2 Kön 24,1; um 580 v. Chr.) und von König Darius (Esra 5,5; um 500 v. Chr.), von Kaiser Augustus (Lk 2,1; um die Zeitenwende) und von Kaiser Claudius (Apg 18,2; um 50 n. Chr.). Die Gesamtzahl von Namen großer und kleiner Herrscher ist schwer zu überblicken,[19] und es eröffnet sich hier ein weites Feld für Reflexionen über den Geschichtsbezug der biblischen Überlieferung. Mit kritischer historischer Kompetenz kann man weiter gehen und die Entstehungsprozesse der Texte erheblich differenzierter rekonstruieren als es zunächst scheint, wobei man nur noch sehr bedingt von textinternen Vorgaben abhängig ist: Kein kritischer Bibelwissenschaftler spricht heute mehr von Geboten aus der Zeit eines Mose oder Psalmen aus der Zeit eines David; das Jesajabuch wird als Resultat einer mindestens 400-jährigen Entstehungsgeschichte betrachtet, und Esra erscheint als typisierter Repräsentant einer religiösen Schriftgelehrsamkeit, die im 5. Jahrhundert nicht eine Renaissance erlebte, sondern nach frühen Vorstufen überhaupt erstmals zur Entfaltung kam. Im Blick auf die Schriften des Neuen Testaments ergibt sich für die historische Betrachtung eine Streuung von ca. 100 Jahren, mit entsprechenden Differenzierungen etwa zwischen authentischen Briefen des Paulus und Briefen aus einer paulinischen Traditionslinie, zwischen Quellenmaterial in den Evangelien aus der mündlichen Tradition und Redaktionsleistungen der Evangelisten.[20]

Die Unterscheidung zwischen hermeneutischer und historischer Kompetenz ist schwerer zu treffen als diejenige zwischen hermeneutischer und ritueller Kompetenz. Denn einerseits muss man einen Text verstehen, um ihn historisch einordnen zu können, und andererseits ist es eine wichtige Regel der Hermeneutik, dass man einen Text als die Äußerung eines anderen und – im Fall der kanonischen Schriften ganz offenkundig – als Äußerung aus einer anderen Zeit versteht. Um einen Text nicht ungerechtfertigt zu vereinnahmen – und dadurch misszuverstehen oder sogar absichtsvoll zu verdrehen – muss zunächst einmal anerkannt werden, dass es der Text eines anderen Autors ist, und man möchte diesen Autor dann gerne im kulturellen Kontext seiner Zeit sehen lernen. Insofern greifen historische und hermeneutische Bemühungen um einen bestimmten Text ineinander. Es ist jedoch sinnvoll, zwischen beiden zu unterscheiden, weil hermeneutische Kompetenz in einer anderen Weise auf einen Gegenwarts- und Erfahrungsbezug zielt, als ihn das mit historischer Kompetenz erworbene historische Wissen hat.[21]

Hermeneutische Kompetenz in der reformatorischen Protestbewegung

Das Thema der hermeneutischen Kompetenz hat in der reformatorischen Tradition eine besonders scharfe Fassung und eine besonders hohe Bedeutung erhalten. Denn die Reformation des 16. Jahrhunderts war eine Protestbewegung gegen die Dominanz der rituellen Kompetenz, die in einem festen institutionellen Rahmen verankert war. Diese rituelle Kompetenz bezog sich auf den kirchlichen Umgang mit dem heiligen Text und darüber hinaus auf den Umgang mit den Sakramenten und anderen Mitteln zur Befreiung der Menschen von einer Sündenlast, konkret mit dem sog. Ablass als eine Art Steuermodell im Bußwesen. Historisch wird man sagen können, dass diese Kompetenz eher über- als unterentwickelt war. Die Opposition Martin Luthers (1483–1546) gegen dieses rituell bestimmte System setzte ganz auf hermeneutische Kompetenz; man hat das gerne in die Formel „sola scriptura" zusammengefasst: ausschließlich die Heilige Schrift, deren Interpretation in einem öffentlichen Interpretationsprozess gesucht wird, soll die Grundlage des Glaubens sein.[22] Die Schrift wird dabei in einem so starken Sinn als Text eines anderen, d.h. eines anderen Autors in einer anderen Zeit verstanden, dass schon die Lektüre des Textes in der üblichen Sprache des Ritus, nämlich auf Latein, nicht mehr als akzeptabel gilt. (Richtiger wäre natürlich von vielen Autoren aus vielen Zeiten zu sprechen – und dann wiederum vom Gedanken eines transzendenten Autors hinter diesen Autoren.) Die Herausforderung, die Luther der Kirche seiner Zeit entgegenhält, ist das hermeneutisch begründete Verstehen der biblischen Schriften. Was eigentlich sagen die Texte und wie ist das zu gewichten, was sie sagen?

Der erste Schritt in dieser Neubeschreibung des hermeneutischen Prozesses ist die Erzeugung einer neuen Unmittelbarkeit in der Begegnung mit dem Text: zunächst noch als eine Begegnung mit dem Text auf Latein, dann jedoch als eine Begegnung mit dem Text auf Griechisch (im Fall des Neuen Testaments) und auf Hebräisch (im Fall des Alten Testaments, in dem indessen auch die antike griechische Übersetzung wichtig ist). Schließlich – und man könnte sagen, paradoxerweise – als eine Begegnung mit dem Bibeltext als einem muttersprachlichen Text, also für den deutschen Sprachraum auf Deutsch: Luthers Übersetzung des Neuen Testaments erschien 1522, seine Übersetzung der gesamten Bibel 1534, in revidierter Gestalt 1545.[23]

Der zweite Schritt ist der Verzicht auf Auslegungstraditionen zu den Texten und auf traditionelle Ableitungen aus den Texten. Die Direktheit der Lektüre soll nicht durch Erklärungen und Setzungen beeinträchtigt werden, die möglicherweise den Texten gar nicht gerecht werden. Besonders scharfe Kritik gilt dabei dem Konzept, nach dem sich die Auslegung eines Textes in den von der kirchlichen Autorität gesetzten Schranken halten müsse. Damit sind also für die Hermeneutik zwei methodische Grundentscheidungen gefallen: Erstens, der Text in seiner originalen sprachlichen Gestalt hat Vorrang vor dem Text in einer Übersetzungssprache. Zweitens, auch die Wirkungsgeschichte des Textes, wie sie sich in bestimmten Auslegungstraditionen widerspiegelt, ist sekundär gegenüber dem ursprünglichen Text. Gleichzeitig, und im Kontrast dazu, herrscht die genannte Überzeugung, dass sich nun doch auch in einer volkssprachlichen Übersetzung eine direkte Begegnung mit dem Text ermöglichen lasse, und es vollzieht sich die Auslegungspraxis in einem theologischen Bildungsmilieu, für das die bedeutendsten Stimmen der kirchlichen Tradition, vor allem Augustin (354–430), nach wie vor Orientierungspunkte bleiben.

Der dritte Schritt ist die Bestimmung eines Zentrums des komplexen Gesamttextes. Die Bibel ist eine äußerst vielgestaltige Sammlung von Texten, doch der Leser/die Leserin wollen wissen, was eigentlich das entscheidend Wichtige an diesem gesamten Textbestand ist. Luther wählt dafür aus dem Neuen Testament den griechischen Begriff „Evangelium" (*eu-angelion*): die gute, die befreiende Botschaft vom Kommen Jesu Christi, der durch seinen Tod am Kreuz und seine Auferweckung durch Gott für die Menschen eine neue Erfahrung ihres Lebens in einer Beziehung zu Gott ermöglicht hat. In der Sprache des Neuen Testaments: der die Macht der Sünde und die Macht des Todes besiegt hat und zu einem neuen Leben in einem Glauben führt, der wiederum in der Liebe zum Nächsten wirksam ist.

Luther hat mit diesen drei Schritten eine hermeneutische Kompetenz beansprucht, die ihm die kirchlichen Autoritäten seiner Zeit nicht zugestanden haben und nicht bereit waren, auf einem kirchlichen Konzil zu diskutieren. Angesichts traditioneller institutioneller Autoritätsstrukturen wurde der Prozess der Lektüre der kanonischen Schriften nicht in der Weise ein öffentlicher Prozess, wie Luther es sich vorgestellt hatte. Vielmehr suchte die Kirche sich, so in Luthers Metaphorik, hinter drei Mauerringen zu sichern, die er umblasen wollte wie die Israeliten die Stadtmauern von Jericho; die zweite dieser Mauern bestand nach ihm aus dem Anspruch auf Auslegungshoheit über die Heilige Schrift.[24] Zwar gibt es mehrere Schriften, in denen Luther seine hermeneutischen Prinzipien begründet und konkret in der Anwendung auf einzelne Texte zeigt, so z.B. in kontroversen Dialogen 1521 mit Jacobus Latomus (1475–1544) in Löwen und 1525 mit Erasmus von Rotterdam (1469–1536) in Basel.[25] Doch kirchenpolitisch ist sein Protest in kirchenrechtliche, nicht hermeneutisch-philosophische Bahnen gelenkt worden.

Im Folgenden soll mit Hilfe von drei ausführlicheren Quellenzitaten gezeigt werden, wie stark Luther den hermeneutischen Impuls, der die Anliegen für eine Kirchenreform trug, zur Geltung gebracht hat. In einem kleinen Ausblick sollen anschließend einige Hinweise darauf gegeben werden, wie in der lutherischen Tradition, die sich in den Jahrzehnten nach 1550 ausbildete, hermeneutische Regeln aufgestellt wurden, die die Herausforderung Luthers, nach der „allein die Heilige Schrift" (*sola scriptura*) Grundlage des christlichen Glaubens sein könne, aufgreifen und bewältigen sollten.

Das erste Textbeispiel ist ein Zitat aus Luthers Verteidigungsschrift gegen die in einer päpstlichen Bulle publizierte Androhung der Exkommunikation durch den Bann, also aus der Schrift „Grund und Ursach aller Artikel D. M. Luthers, so durch römische Bulle unrechtlich verdammt sind" von 1521.[26]

„[...] Damit will ich auch denen geantwortet haben, die mir Schuld geben, ich verwerfe alle heiligen Lehrer der Kirchen. Ich verwerf sie nicht; aber weil jedermann wohl weiß, daß sie zuweilen geirret haben als Menschen, will ich ihnen nicht mehr Glauben schenken, als sie mir ihren Verstand *aus der Schrift beweisen, die noch nie geirret hat.* Und das heißet mich S. *Paul[us]* 1. Thess. am letzten, wo er sagt: ‚Prüfet zuvor alle Lehre, welche gut ist, die behaltet!' [1Thess 5,21: ‚Prüft aber alles, und das Gute behaltet.'] Desselben gleichen schreibt S. *Augustin* an S. Hieronymus: ‚Ich hab erlernet, allein den Büchern, die die heiligen Schriften heißen, die Ehre zu tun, daß ich festiglich glaube, keiner ihrer Schreiber habe je geirret; alle andern aber lese ich dermaßen, daß ich nicht für wahr halte, was sie sagen, sie beweisen mir's denn mit der Heiligen Schrift oder öffentlicher Vernunft.' [Epistulae 82,1,3]

Es muß stets die Heilige Schrift klarer, leichter und gewisser sein als alle andere Schriften, sintemal alle Lehrer ihre Rede durch dieselbe als durch klärere und beständigere Schrift bewähren und ihre Schrift durch sie befestiget und erkläret haben wollen. So kann nie jemand eine dunkle Rede durch eine noch dunklere Rede beweisen. Derhalben zwingt uns die Not, mit aller Lehrer Schriften zur Biblien zu laufen und allda Gericht und Urteil über sie zu holen; *denn sie ist allein der recht Lehensherr und Meister über alle Schrift und Lehre auf Erden. So aber das nicht sein soll, was soll uns die Schrift?* Alsdann verwerfen wir sie, und lassen uns genügen an menschlichen Büchern und Lehrern."

Luther formuliert hier im Schatten der kirchlichen Drohung mit der Exkommunikation ein methodisches Prinzip von großem Gewicht. Die Autorität der anerkannten Kirchenlehrer der Spätantike und des Mittelalters wird durch einen Exegeten begrenzt, der eine zentrale Bedingung festsetzt: Gültigkeit hat nur, was nachweisbar schriftgemäß ist. Der Exeget überprüft mit seiner hermeneutischen Kompetenz die theologischen Lehren, für die ein kirchlicher Autoritätsanspruch erhoben wird, an der Bibel als der einzigen, maßgeblichen Instanz für die Beurteilung „alle(r) Schrift und Lehre auf Erden". Für diese Haltung sieht sich Luther durch die Berufung auf Paulus als einen biblischen Autor und auf Augustin als Kirchenvater und Leitfigur des Ordens der Augustiner-Eremiten, dem er seit 1505 angehört hatte, legitimiert.[27] Das Prinzip kann nur unter gewissen Voraussetzungen funktionieren, zu denen Luther entsprechend deutliche Erklärungen abgibt. Die erste Voraussetzung betrifft die Irrtumsfreiheit der Bibel. Hier kommt es für uns darauf an festzuhalten, in welcher Hinsicht dieses Prädikat gelten soll, denn selbst wenn historisch der Konsens über die Irrtumsfreiheit der Bibel im 16. Jahrhundert sehr weit gespannt war, ist zu beachten, dass das Argument im Kontext einer Erörterung von theologischen Lehrmeinungen verwendet wird und sich deshalb auf die kritische Funktion der kanonischen Schriften in einer auf Kontroversfragen theologischer Art fokussierten Debatte bezieht. Die Alternative zu dieser Voraussetzung lässt sich durch eine Gegenprobe erhellen: Wenn die Bibel in theologischer Hinsicht aus unabhängigen Quellen der Reflexion korrigiert werden kann, hat sie ihre kanonische, d.h. maßstäbliche Funktion verloren, und dann kann man sich „an menschlichen Büchern und Lehrern" genügen lassen.[28] Was bei dieser Voraussetzung jedoch nicht ausgeschlossen ist, ist die Möglichkeit, in einem Interpretationsprozess aus innerbiblischen Quellen einzelne theologische Lehrmeinungen kritisch zueinander in ein Verhältnis zu setzen. Die zweite Voraussetzung betrifft die Klarheit der Bibel. Hier kommt es darauf an, in der exegetischen Praxis die entscheidenden Punkte zu bestimmen, an denen biblische Äußerungen, die eine Funktion als kritischer Maßstab gewinnen sollen, greifbar sind und gegen Widerspruch verteidigt werden können. Für sich genommen bezeichnet die Annahme der Klarheit (*claritas*) und Gewissheit (*certitudo*) der Bibel eine Leithinsicht, die konkrete Entfaltungen verlangt. Umgekehrt ist immerhin deutlich, dass die Behauptung einer Dunkelheit (*obscuritas*) der Bibel, die aus nicht-biblischen Quellen aufgeklärt werden müsse, zurückgewiesen wird. Der Exeget/die Exegetin gewinnt durch das skizzierte methodische Prinzip eine neue Selbständigkeit gegenüber den Auslegungstraditionen, die zwar nicht „verworfen" werden, aber nur in einem relativen Sinn eine Orientierungsfunktion behalten.

Das zweite Textbeispiel ist eine Reihe von Zitaten aus Luthers Einleitung zu seiner Kommentierung der Episteln und Evangelien nach der Leseordnung für die Sonntage in der Advents- und Weihnachtszeit, also aus der Abhandlung „Ein kleiner Unterricht, was man in den Evangelien suchen und gewarten soll" von 1522.[29] Anders als die im ersten Beispiel zitierte Schrift, die einen stark kirchenpolitischen Charakter trägt, zielt die Kommentierung der Sonntagslesungen auf einen breiteren Leserkreis unter Geistlichen und Laien und hat einen stärker lehrhaft-erbaulichen Charakter. Für die Frage der hermeneutischen Kompetenz belegt der „kleine Unterricht" eindrucksvoll, wie Luther die *klare* und *gewisse* Grundaussage der Bibel in den Begriff des Evangeliums zusammenzieht und von diesem Begriff im Singular aus die Vielfalt der Bezeugungen des Evangeliums in den kanonischen Schriften zu erschließen sucht.

„Es ist eine starke Gewohnheit, daß man die Evangelien zählet und nennet nach den Büchern [also: Matthäus, Markus, Lukas, Johannes] und spricht, es sind vier Evangelien. Daher ists gekommen, daß man nicht weiß, was S. Paulus und Petrus in ihren Episteln [Briefen] sagen, und wird ihre Lehre gleichgeachtet als Zusätze zur Lehre der Evangelien [...].

Darum soll man wissen, *daß nur ein Evangelium ist, aber durch viele Apostel beschrieben*. [...] Denn aufs kürzlichst ist das Evangelium eine Rede von Christo, daß er Gottes Sohn sei und für uns Mensch geworden, gestorben und auferstanden, ein Herr, über alle Dinge gesetzt. Soviel nimmt S. Paulus sich vor in seinen Episteln und streicht das aus, läßt anstehen alle die Wunder und den Wandel, die in den vier Evangelien geschrieben sind, und begreift doch *gnugsam und reichlich das ganze volle Evangelium*, wie das im Gruß an die Römer [Röm 1,1–4] klärlich und fein zu sehen ist [...].

Da siehest du [in Röm 1,1–4], daß das Evangelium eine Historia ist von Christo, Gottes und Davids Sohn, gestorben und auferstanden und zum Herrn gesetzt, welchs da ist summa summarum das Evangelium. *Wie nun nicht mehr denn ein Christus ist, so ist und mag nicht mehr denn ein Evangelium sein.* Weil auch Paulus und Petrus nichts andres denn Christum lehren [...], so mögen ihre Episteln nichts andres denn das Evangelium sein. Ja, auch die Propheten, dieweil sie das Evangelium verkündigt und von Christo gesagt haben, wie hie [in Röm 1,1–4] S. Paulus meldet und jedermann wohl weiß, so ist ihre Lehre an demselben Ort, da sie von Christo reden, nichts andres denn das wahre, lautere, rechte Evangelium [...].

Zum andern, daß du nicht aus Christo einen Mose machest, als tue er nicht mehr denn lehren und gebe Exempel, [...] als sei das Evangelium ein Lehr- oder Gesetzbuch. [...]

Darum siehest du, *Evangelium ist eigentlich nicht ein Buch der Gesetze und Gebote*, das von uns fordere unser Tun, *sondern ein Buch der göttlichen Verheißungen*, darin er uns verheißet, anbeut und gibt alle seine Güter und Wohltaten in Christo. [...]

Wenn du nun das Evangelienbuch auftust, liesest oder hörest, wie Christus hie oder dahin kommet oder jemand zu ihm gebracht wird, *sollst du dadurch vernehmen die Predigt oder das Evangelium*, durch welchs er zu dir kommet oder du zu ihm gebracht werdest. Denn Evangelium predigen ist nichts anders, denn daß Christus zu uns komme oder uns zu sich bringe. [...]"

Luther bringt hier das hermeneutische Prinzip zur Anwendung, dass ein Text oder ein größeres Korpus von zusammengehörigen Texten in einer einzigen Leithinsicht gelesen werden können. Hermeneutische Kompetenz müsste sich also darin erweisen, dass es gelingt, eine solche Leithinsicht zu identifizieren und die zahlreichen differenzierten einzelnen Anteile des Textes bzw. Textkorpus dieser Leithinsicht zuzuordnen. Luther findet die Einheit der Bibel in dem Begriff des Evangeliums. Das Evangelium ist die Botschaft vom Kommen, vom Sühnetod und von der Erhöhung Jesu Christi. Alle Texte des Neuen Testaments werden auf die einheitsstiftende Leithinsicht des Evangeliums bezogen, so dass die Texte trotz ihrer unterschiedlichen Gattungen die jeweils gleiche Funktion der Bezeugung und Erläuterung des Evangeliums haben. Luther beruft sich auch hier auf Paulus als biblischen Autor, in diesem Fall, um die inhaltliche Definition des Evangeliums abzusichern[30] und um die Leithinsicht des Evangeliums auch auf das Alte Testament anzuwenden. Unabhängig vom Erzählgut in der Überlieferung bei Matthäus, Markus, Lukas und Johannes kommuniziert für ihn Paulus in seinen Briefen „das ganze volle Evangelium", so wie auch die Propheten an den Höhepunkten ihrer Reden „das wahre, lautere [...] Evangelium" kommunizieren.[31] Luthers energische Bestimmung einer Leithinsicht für das Verständnis der Bibel lässt sich wiederum mit seiner Betonung der Klarheit (*claritas*) der Schrift verbinden. Wenn das Evangelium – als Begriff im Singular – klar ist, werden dadurch implizit alle möglichen Fälle von Dunkelheit (*obscuritas*) biblischer Texte in einzelnen Punkten relativiert.

Für eine weitergehende Erläuterung der Leithinsicht „Evangelium" bietet der „kleine Unterricht" neben der bekenntnishaften Darstellung des Weges Jesu zwei Aspekte, die nicht übersehen werden sollten. „Evangelium" ist für Luther ein Offenbarungsmodus, der durch Gottes Verheißung und durch Gottes Gabe charakterisiert wird. Verheißung und Gabe zielen auf die Antwort des Glaubens. Hermeneutische Kompetenz soll sich also auch darin erweisen, dass durch die Erschließung der biblischen Texte eine solche Antwort ermöglicht wird. In diesem Sinne erklärt Luther „Predigt" als ein Vermittlungsgeschehen, in dem sich das Theophanieelement des Erscheinens Gottes in Christus für die Hörer und Hörerinnen wiederholt: Christus „kommt" in der Predigt des Evangeliums. Für die Aufgabe der Predigt hat man deshalb verallgemeinernd feststellen können:

> „Der eigentliche Knoten des hermeneutischen Problems, wie es sich für die Theologie darstellt, besteht in dem Zusammenhang zwischen Auslegung des Textes als geschehener Verkündigung und Ausführung des Textes in geschehender Verkündigung."[32]

Für die Bibellektüre gibt Luther eine Leseanleitung, oder berichtet von einer Leseerfahrung, nach der die Begegnung mit dem Text direkt einen aktuellen Sinn für diejenigen haben soll, die daran beteiligt sind.

Ein anderer Aspekt ergibt sich aus der Gegensatzbestimmung zur Textgattung „(ethisches) Lehrbuch" oder „Gesetzbuch". Hier sind in erster Linie die Darstellungen der vier Evangelisten im Blick, die Vorbildgeschichten (*exempla*) und Lehrreden Jesu zur Gebotsauslegung erzählen, doch lässt sich der Gegensatz auch auf Ermahnungn in den Briefen des Neuen Testaments anwenden. Die Formulierung eines scharfen Gegensatzes in der Form „nicht ..., sondern ..." soll den Vorrang der Verheißung oder der Gabe gegenüber der naheliegenden Erwartung einer Gehorsamsforderung in den Texten verteidigen. Hermeneutische Kompetenz soll sich darin erweisen, eine sachgerechte Zuordnung der Ermahnungen zur Kommunikation des Evangeliums als Glauben weckender Botschaft zu leisten, denn natürlich fallen die Lehrreden und Ermahnungen nicht einfach weg.

In Anknüpfung an die Prinzipienlehre der ersten beiden Beispiele kann das dritte Textbeispiel für die Kraft des hermeneutischen Impulses in der reformorientierten Theologie bei Luther den Blick etwas näher auf die Konkretionen des Verfahrens der Interpretation lenken. In einem bildungspolitischen Traktat von 1524 an die Adresse der „Ratsherren aller Städte deutschen Landes" setzt sich Luther vehement für philologische Kompetenz als Fundament hermeneutischer Kompetenz ein. Die Ratsherren werden zur Einrichtung und Unterhaltung von Schulen für Jungen und Mädchen aufgefordert, damit die durch Leistungen humanistischer Gelehrter seit der Mitte des 15. Jahrhunderts wiedergewonnene Kenntnis der biblischen Sprachen Griechisch (für das Neue Testament) und Hebräisch (für das Alte Testament) erhalten und ausgebaut wird und die lateinische Tradition einer Kultur der „freien Künste/ Wissenschaften" (*artes liberales*) nicht abreißt.[33]

> „[...] Denn das können wir nicht leugnen, daß, wiewohl das Evangelium allein durch den heiligen Geist gekommen ist und täglich kommt, so ists doch

durch [das] Mittel der Sprachen gekommen und hat auch dadurch zugenommen, muß auch dadurch behalten werden. [...] So lieb nun als uns das Evangelium ist, so hart laßt uns über den Sprachen halten [auf sie achthaben]. [...]
Darum habens die Apostel [...] für nötig angesehen, daß sie das Neue Testament in die griechische Sprache faßten und anbänden; ohn Zweifel, daß sie es uns daselbst *sicher und gewiß verwahreten, wie in einer heiligen Lade.* Denn sie haben gesehen all dasjenige, das zukünftig war und nun also ergangen ist: wo es allein in die Köpf gefasset würde, wie manche wilde, wüste Unordnung und Gemenge, so mancherlei Sinne, Dünkel und Lehren sich erheben würden in der Christenheit; welchen in keinem Weg zu wehren, noch die Einfältigen zu schützen wären, wo nicht das Neue Testament gewiß in Schrift und Sprache gefasset wäre. *Darum ists gewiß, wo nicht die Sprachen bleiben, da muß zuletzt das Evangelium untergehen.*
[...] Also wiederum: weil jetzt die Sprachen hervorgekommen sind, bringen sie ein solch Licht mit sich und tun solch großes Ding, daß sich alle Welt verwundert und bekennen muß, *daß wir das Evangelium so lauter und rein haben, fast als die Apostel gehabt haben, und es ganz in seine erste Reinigkeit gekommen ist* und gar viel reiner, denn es zur Zeit S. Hieronymi oder Augustini gewesen ist. [...]
Daher [d.h. aus Unkenntnis der biblischen Sprachen] kommts, daß seit der Apostel Zeit die Schrift so finster ist geblieben und nirgends gewisse beständige Auslegungen darüber geschrieben sind. [...] Derhalben haben auch die Sophisten [die gelehrten Theologen der Kirche] gesagt, die Schrift sei finster; haben gemeinet, Gottes Wort sei von Art [seinem Wesen nach] so finster, und rede so seltsam. Aber sie sehen nicht, daß aller Mangel liegt an den Sprachen [bzw. ihrer Unkenntnis], *sonst wäre nicht Lichters je geredet denn Gottes Wort, wo wir die Sprachen verstünden.* [...] Darum ist das auch ein toll Vornehmen gewesen, daß man die Schrift hat wollen lernen durch der Väter Auslegen und viel Bücher und Glossen [fortlaufende Anmerkungen zum Text] lesen. [...] *Denn wie die Sonne gegen den Schatten ist, so ist die Sprache* [d.h. die biblischen Sprachen Griechisch und Hebräisch] *gegen aller Väter Glossen.* [...]"

Die Textauszüge illustrieren in einer weiteren Variante, was mit der Bibel als einer „kanonischen" Schrift gemeint ist. Vor dem Hintergrund eines dramatischen Verfallsbildes und mit einer Ausrichtung auf polemische Theologie macht Luther deutlich, dass die Bibel als Maßstab gegen „so mancherlei Sinne, Dünkel und Lehren" zur Geltung kommen soll. Die Bedingung dafür ist eine sichere sprachliche Erschließung des biblischen Textes in seinen beiden Originalsprachen. Gegenüber den Selbstverständlichkeiten der kirchlichen Ritual- und Wissenschaftskultur wird an den Ursprung appelliert: die Lektüre des Neuen Testaments auf Griechisch führt in die Zeit der griechisch schreibenden Apostel zurück und ermöglicht eine Begegnung mit dem

Evangelium „in seiner ersten Reinheit". Auch von der philologischen Seite her entscheidet sich also für Luther die Kontroverse um die Frage der Klarheit (*claritas*) und Dunkelheit (*obscuritas*) der Schrift eindeutig zugunsten des Postulats der Klarheit. Und wie im ersten, kirchenpolitischen Textbeispiel werden die Auslegungen der Kirchenväter der Schrift selbst untergeordnet. Für eine reformorientierte kirchliche Kultur ergibt sich dadurch die Notwendigkeit, im Bildungsbereich die Voraussetzungen dafür zu schaffen, dass das systematische Argument des Vorrangs der kanonischen Schrift in ihren originalen Sprachen praktisch zur Geltung gebracht werden kann. Die Ratsherren sollen entsprechende Schulen und Bibliotheken einrichten, um philologische Kompetenz in einem Bildungshorizont, der Dichtung, Geschichtsschreibung und das Spektrum der traditionellen *artes liberales* umfasst, zu ermöglichen.[34] In der humanistischen Programmatik ist sich Luther dabei ganz mit Melanchthon einig, der in seiner Wittenberger Antrittsrede von 1518 in vergleichbarer Weise die Sonnenmetaphorik auf ein philologisch kompetentes Studium der biblischen Schriften in ihren Originalsprachen angewendet hatte.[35] Trotz seiner kritischen Sicht der Epoche um 400 n. Chr., die durch die Übersetzung der Bibel ins Lateinische durch Hieronymus und die Bibelauslegungen und anderen Werke Augustins charakterisiert ist, beruft sich Luther auch bei seiner Forderung nach philologischer Ausbildung wieder auf die Autorität Augustins, wie er auch wieder einen Bezug zu Paulus herstellt.[36]

Angesichts der emphatischen Betonung der Klarheit, Gewissheit und wesentlichen Einheit der Bibel in diesen und ähnlichen Schriften Luthers wird man sich fragen, wie sich Luther die Erfahrung einer Pluralität von Deutungen biblischer Texte vorstellen könnte. Seine Fokussierung auf das Evangelium – als Begriff im Singular – und seine damit verbundenen Vorstellungen über die Begegnung mit dem Evangelium in der Reinheit des Ursprungs und in der Kraft einer direkt bewegenden Kommunikation reflektieren subjektive Erfahrungen, die in einem weiter gefassten Diskussionszusammenhang nur als Leithinsichten, nicht als verbindliche Normierungen der Lektüre gelten könnten. Für konkrete Prozesse der Textauslegung stellen diese Leithinsichten jedoch einen nicht zu unterschätzenden Faktor hermeneutischer Kompetenz dar.[37]

Regeln für eine Konkretisierung hermeneutischer Prozesse

In der reformatorischen Protestbewegung wird, wie gezeigt, ein starker Akzent auf hermeneutische Kompetenz als dem zentralen Element religiöser Bildung im Bereich des Christentums gesetzt. Man sollte hier jedoch keine falschen Gegensätze konstruieren: auch in der vorangehenden kirchlichen Tradition hat Bibelauslegung, und also hermeneutische Kompetenz, eine wichtige Rolle gespielt. Dennoch verschieben sich die Gewichte von ritueller Kompetenz innerhalb eines institutionellen Rahmens hin zur Begegnung mit dem zu lesenden oder zu hörenden Text als einer direkten und direkt wirksamen Begegnung. Bei Luther hat dieses Modell zwei Voraussetzungen: erstens, dass es hermeneutisch plausibel ist, den gesamten Textbestand auf ein Zentrum zu beziehen, nämlich das Evangelium, und zweitens, dass es hermeneutisch plausibel ist, den Texten eine besondere kommunikative Kraft zuzuschreiben, durch die auf Seiten der Lesenden Glaube bewirkt wird. Philologische Probleme (d.h. die sog. dunklen Stellen der Texte), die Frage der Pluralität von Interpretationen und die Frage der Ausbildung eines komplexen Lehrsystems sind für Luther in Beziehung auf das zentrale Evangelium nachrangig, ja in gewissem Sinne unwesentlich, solange die Klarheit des Evangeliums selbst nicht bedroht wird.

In der protestantischen Tradition der nachfolgenden Jahrzehnte nach dem Aufbruch um 1520 und der ersten Konsolidierung der neuen Bewegung bis etwa 1550 wird der große Anfangsimpuls des reformatorischen Bibelverständnisses um verschiedene Spezifikationen im Bereich der systematischen Lehrbildung und der hermeneutischen Verfahrensregeln erweitert. Ein letztes Beispiel soll zeigen, was für Gesichtspunkte dabei zum Tragen kommen. Etwa 100 Jahre nach Luther versucht der lutherische Theologe und Hofprediger Salomon Glassius (1593–1656), die protestantische Lehre von der Schrift und von den Regeln zum Verständnis der Schrift in einer *Philologia Sacra* zu systematisieren und zu erläutern.[38] Ein biblischer Text, so Glassius, muss für sich selbst genommen mit Rücksicht auf verschiedene Kriterien studiert werden, er muss in seinem Kontext studiert werden, und er muss im Vergleich zu anderen Texten studiert werden, die entweder direkt eine Verbindung zu ihm haben oder eine thematische Verwandtschaft mit ihm aufweisen.

Hermeneutische Kompetenz umfasst so mindestens die folgenden Gesichtspunkte: der Einzeltext in seiner sprachlichen Gestalt untersucht – also nach philologischen und rhetorischen oder stilanalytischen Gesichtspunkten, der Einzeltext in seinem Kontext untersucht, der Einzeltext im Hinblick auf seine Entstehung und auf seine Aussage untersucht, der Einzeltext in einen sachgemäßen Zusammenhang eingeordnet. Für die Untersuchung der *„circumstantiae"*, der Entstehungsbedingungen eines Textes, bietet Glassius den folgenden Merkvers:

> „Quis: Scopus: Impellens: Sedes: Tempusque: Locusque:
> Et modus: Haec septem Scripturae attendito lector."

Ein Leser oder eine Leserin der Schrift sollen danach sieben Gesichtspunkte präsent halten, die er oder sie nicht vernachlässigen sollen (*haec septem Scripturae attendito lector*). „Quis" – die Frage: wer? – bezieht sich auf den Autor eines Textes; „Scopus" ist der Begriff für den Kerngedanken eines Textes, auf den die eigentliche Aussage hinzielt; „Impellens" – die Frage danach, was den Autor motiviert hat – bezieht sich auf die Veranlassung eines Textes; „Sedes" ist der Begriff für den „Hauptsitz" eines bestimmten Einzelpunktes in einem Lehrsystem; „Tempus" bezieht sich auf die Zeit, in der ein Text entstanden ist, so wie sich „Locus" auf den Ort bezieht, an dem ein Text entstanden ist; „Modus" – die Art und Weise des Sprechens – beinhaltet die Aufforderung zu einer stilkritischen Untersuchung der Redeform eines Textes. In einer gewissen – von den Zwängen der Versform freien – Umordnung lassen sich die vier Aspekte *Quis, Impellens, Tempus, Locus* als Überlegungen zum Autor und seiner Hörerschaft zusammenfassen, neben ihnen stehen der Aspekt *Modus* als Reflexion über die Sprachgestalt eines Textes, der Aspekt *Scopus* als Reflexion über das thematische Zentrum des Textes und der Aspekt *Sedes* als Reflexion über die Bedeutung des Textes in einem weiter gefassten Themenzusammenhang.[39]

Was im Vergleich zu Luther hier zunächst zu fehlen scheint, ist die Ausrichtung auf eine einzige Leithinsicht bei der Lektüre der Schrift, darauf also, was bei Luther „Evangelium" – im Singular – hieß. Doch kennt selbstverständlich auch Glassius diesen hermeneutischen Impuls und verankert ihn in der Kategorie des „Scopus": „universaliter" betrachtet ist auch bei ihm das Evangelium von Christus das einheitsstiftende Prinzip der Bibel. Die Kategorie des „Scopus" wird sodann weiter differenziert: jede einzelne biblische Schrift hat – „communiter" – jeweils ihren eigenen Leitgesichtspunkt, und jeder einzelne Abschnitt in einer solchen Schrift hat – „singulariter" – wiederum seinen Leitgesichtspunkt. Hier muss es also um die Gewichtung von Einzelaspekten im Licht eines Ganzen gehen. Das Problem einer solchen Gewichtung findet auch bei der Kategorie der „Sedes" Berücksichtigung. Die Frage ist hier, ob ein Text ein bestimmtes Thema nur streift oder ob ein Text ein Hauptbeleg für ein bestimmtes Thema ist. Mit der zitierten siebenteiligen Regel sind insgesamt verschiedene Sicherungen gegen das Missverständnis eingebaut, man könne einzelne Nebenaspekte eines Textes in Hauptaussagen transformieren und für diese eine Verbindlichkeit postulieren.

Im Vergleich zu Luther fällt zweitens auf, dass die persönliche Aneignung der Botschaft des biblischen Textes im Glauben des individuellen Lesers und der individuellen Leserin nicht erörtert wird, das also, was bei Luther das „Kommen" Jesu Christi hieß. Bei diesem Einwand muss man jedoch die Unterschiede in den Textgattungen berücksichtigen: Glassius schreibt als Gelehrter und wählt eine streng systematisch aufgebaute Textform, Luther schreibt weniger als Gelehrter und mehr als Prediger, der nun gerade den großen Impuls der neuen hermeneutischen Erschließung des „Evangeliums" vermitteln oder, genauer noch, von sich her zur Wirkung kommen lassen will. Indem Glassius Anleitungen für die Konkretisierung hermeneutischer Prozesse gibt, will er jene hermeneutische Kompetenz stärken und absichern, mit der das „Evangelium" in den biblischen Schriften entdeckt werden kann. Solche hermeneutische Kompetenz soll zu einer neuen Selbständigkeit gegenüber kirchlichen Autoritätsansprüchen führen und eine direkte, aber umsichtige Begegnung mit dem biblischen Text ermöglichen. Dadurch dient sie der religiösen Bildung, und es bleibt nach wie vor zu überlegen, worin die starken und worin die schwachen Seiten dieser reformatorischen Konzeption liegen.[40]

HELLMUT SEEMANN

Religion oder Bildung – das Weimarer Modell

1. Die Ausgangslage

‚Religion und Bildung' ist ein weittragendes Thema, das Konjunktur hat. Es ist ein aktuelles Thema, aktueller jedenfalls als vor dreißig Jahren. Wen interessierte Mitte der 70er außerhalb der konfessionellen Kreise und Konventikel schon die Frage nach der Religion? Und erst gar die Bildung? Über die DDR kann ich insoweit nicht sprechen, aber für die selige Bundesrepublik sehr wohl, wo man sich damals über Rahmenrichtlinien Deutsch verständigte, die die klassische deutsche Literatur für abdingbar hielten, wo man um die Abschaffung des Abiturs kämpfte und jedermann erlaubte, sich, solange das Ziel noch nicht erreicht war, mit Sozialkunde, Englisch, Sport und Kunst durch dasselbe hindurchzumogeln. Kurz: man war auf Urlaubsreise nach PISA. Nachdem uns längst der schiefe Sturm von '68 ff. aufs Gemüt gefallen ist und das Ranking verpatzt hat, sind alle längst wieder Bildungsexperten. Der Bildungsexperte ist umfassend halbgebildet und steht in der Mitte seines und unseres Lebens. Gemeinsam sucht er nach Orientierung für unsere Kinder, soweit vorhanden, andernfalls nach der für die fremder Leute. Und als sei es nun einmal nicht anders möglich, ist auch die Religion wieder da. Schon 1799 hatte Friedrich Schleiermacher „Reden über die Religion an die Gebildeten unter ihren Verächtern" gehalten; heute sind solche Religionsreden meist an die Ungebildeten unter ihren Verehrern gerichtet.

Religion und Bildung haben also irgendwie miteinander zu tun. Das „und" zwischen beiden ist die eigentliche Frage. Ob Religion und Bildung nämlich als Gegensätze, als etwas Komplementäres, als etwas stufenweise aufeinander Folgendes oder gar als zwei Seiten einer einzigen Medaille zu sehen sind, ist die Frage. Mir selbst habe ich die Sache erst einmal leicht gemacht. Ich habe zwischen die beiden Begriffe ein „oder" gesetzt.

Mein Zugang zum Thema ist rasch offengelegt. Er geht auf die Lektüre von Jacob Burckhardts „Weltgeschichtliche Betrachtungen" zurück. Dort unterscheidet Burckhardt drei Potenzen, wirkende Kräfte, die die ganze bisherige Geschichte beherrscht haben: den Staat, die Religion und die Kultur. „Staat und Religion", heißt es dort gleich zu Beginn, „die der Ausdruck des politischen und des metaphysischen Bedürfnisses sind, beanspruchen wenigstens für das betreffende Volk, ja für die Welt, die universale Geltung." Mich hat diese Abgrenzung von der Dritten im Bunde der drei Potenzen, der Kultur also, spontan überzeugt, denn von dieser heißt es, dass sie eben das nicht notwendig universell Geltende meint, das Bewegliche, sich fortwährend Ändernde. Aber genau diese Empfindung der Plausibilität muss der Anstoß zu neuen Fragen sein. Denn dieser Text, heute ein gutes Jahrhundert alt, kann in all seiner Plausibilität nicht verdecken, dass die im Gegensatz zur Kultur angeblich stabile Potenz Religion tatsächlich einem radikalen Wandel, einer Instabilität, ja einem Verschwinden ausgesetzt ist, das schon Burckhardt bemerkte und das seit ihm – wie das Schwinden der Gletscher im Hochgebirge – geradezu rasant fortgeschritten ist. (In Klammern gesagt: in Torgau, der Residenz Friedrichs des Weisen, des Ermöglichers der Reformation, sind noch 3% der Bürger Mitglied der evangelischen Kirche.) Nun denn, könnte man sagen; aber so leicht sollte man es sich nicht machen, denn Burckhardt hat nicht umsonst von einem metaphysischen *Bedürfnis* des Menschen, das von der Religion gestillt wird, gesprochen. Das heißt doch: entweder hat er sich, gegen alle geschichtliche Erfahrung, geirrt, und es gibt dieses metaphysische Bedürfnis gar nicht. Oder es hat dieses Bedürfnis gegeben, aber es ist, wie die Thymusdrüse des Kindes mit der Pubertät, verschwunden. Oder aber dies Bedürfnis ist noch immer da. Diese wäre die unheimlichste Möglichkeit. Denn dann stellte sich die Frage: wer befriedigt es; wird es überhaupt befriedigt; gärt es in irgendeinem abgeschlossenen Behältnis?

2. Woher kommt die Bildung?

Auch das Bedeutungsfeld des Wortes ‚Bildung' bedarf näherer Betrachtung. Semantische Felder sind nicht stabil. Das liegt in der Natur der Sprache, die die Grundlage der menschlichen Kultur, der quecksilbrigen unter den drei Potenzen, ist. Am Anfang war das Wort. Welches Wort war „Bildung" am Anfang? Dazu ist auf das Lateinische zurückzugehen, aus dem es in die deutsche Sprache kam. ‚Bildung' entwickelte sich als deutsches Wort ursprünglich in der Theologie. Es verbinden sich in dem Begriff von Anfang zwei unterschiedliche Bedeutungen. Zwei lateinische Worte sind in ein und dasselbe deutsche Wort eingegangen: Imago, das Bild, das Ebenbild, und forma, die Gestalt, oder auch und vor allem formatio, die Gestaltung. Der Mystiker des 14. Jahrhunderts, Heinrich Seuse, ist einer der frühesten Benutzer des Wortes Bildung: „Ein Mensch muss von der Kreatur entbildet, mit Christo gebildet und in der Gottheit überbildet werden." Mit Bildung ist in religiöser Verwendung also der Prozess der imitatio Christi gemeint, die Abstreifung des alten Adam und – durch Christus – die Verwandlung zur Gottebenbildlichkeit. Halten wir fest: Bildung ist zunächst ein im Bereich des Religiösen verwendeter Begriff, und er hat von Beginn an, wenn ich so sagen darf, zwei Aggregatzustände: den festen des Bildes, des Ergebnisses, und den beweglichen der Gestaltung, des Prozesses.

Aber noch lange ist „Bildung" kein gebräuchliches Wort der Deutschen. Dazu kommt es erst viel später und keineswegs allmählich-organisch. Nein, im Gegenteil: Plötzlich ist Bildung in aller Munde, es ist ein echtes Modewort der zweiten Hälfte des 18. Jahrhunderts, wie übrigens zur selben Zeit auch das Wort Kultur, das sein Herkommen aus dem Lateinischen nicht verbirgt und ebenfalls epidemisch ins Deutsche eindringt. Wie können wir uns dies erklären?

Mit der Religion. Man wird das nicht glauben, wenn man unsere Bildungsanstalten und unser Bildungssystem, vollkommen diesseitige, von keinem metaphysischen Bedürfnis durchdrungene Einrichtungen, betrachtet, aber meine Behauptung ist trotzdem, dass der Auftrieb des Bildungsbegriffs nicht nur religiöse Aspekte mit sich führt, sondern auf einer religiösen Pfahlwurzel ruht und Bildung deshalb in seiner ursprünglichen Semantik ein *Religionsderivat* darstellt.

3. Der metaphysische Bruch

„Ich gestalte ein Werk, das niemals seinesgleichen gehabt hat und dessen Durchführung keinen Nachahmer finden wird." Mit dieser Prophetie, was das Wesen menschlicher Prophetie ist, lag der Autor – und mit schrecklichen Folgen – falsch: kaum ein Unternehmen hat tatsächlich so viele Nachahmer gefunden wie das seine.

„Ich will meinen Mitbürgern einen Menschen in seiner ganzen Naturechtheit [dans toute la vérité de la nature] zeigen, und dieser Mensch werde ich selber sein. Ich allein. Ich fühle mein Herz und ich kenne die Menschen.

[...] Möge die Posaune des Jüngsten Gerichts ertönen, wann sie will: Ich werde mit diesem Buch in der Hand mich dem höchsten Richter stellen. Ich werde ihm laut sagen: Siehe, das habe ich getan, das habe ich gedacht und das bin ich gewesen."

Das ist der Beginn der „Bekenntnisse" Jean-Jacques Rousseaus, „Les Confessions", was im Französischen viel direkter als im Deutschen zugleich auch Beichte meint. Und natürlich wird das eigene Leben, das Rousseau zu schildern sich anschickt, in bewusste Beziehung und Entgegensetzung zu dem klassischen Text dieses Genres, den „Confessiones" von Augustinus, gestellt. Im Gegensatz zu den Bekenntnissen des Kirchenvaters haben wir es aber nun hier mit einer blasphemischen Beichte zu tun. Denn der da seinem Richter entgegentritt, sagt schon mit den ersten Worten: Du kannst mich mal. Er ruft: „Ich, Ich, Ich!", wo das fromme Beichtkind „Du, Du, Du!" seufzen müsste. Das ist, bis in den Gestus hinein, dieselbe Haltung, die wir in Goethes ‚Prometheus' wiederfinden, ein knappes Jahrzehnt später entstanden als die „Bekenntnisse". Auch dort das hochfahrende Ich, dies Auftrumpfen, die Unduldsamkeit, das entschiedene „Basta!", mit dem alle Gelassenheit und Besonnenheit abgewiesen wird.

Was bringt diese Männer so in Rage? Es ist die Aufkündigung einer Beziehung, die Verneinung eines Bundes, der Rausch der Emanzipation. Bei Rousseau heißt es: „Ich fühle mein Herz", bei Goethe: „Heilig glühend Herz", und in der Tat ist dies der Schlüsselbegriff in diesem Ablösungsprozess: das Herz, das Innerste, Heiligste, Reinste, Authentischste, das pulsierend das Leben erhält und zugleich der Modus ist, in dem ich meine Lebendigkeit, mein Lebensgefühl wahrnehme. Das Herz wird zum Sitz der Autonomie des Menschen, der metaphysische Gott, dem es als innerster Wohnsitz im Menschen so lange untervermietet war, bekommt die fristlose Kündigung, und der Gottesknecht wird nun Herr im eigenen Haus. Hundert Jahre zuvor hatte Paul Gerhardt noch gedichtet: „So laß mich doch dein Kripplein sein/komm, komm und lege bei mir ein/dich und all deine Freuden." Damit ist jetzt Schluß, ein für allemal. Aber wer oder was tritt an die Stelle des Untermieters? An wen appelliert dies aufbegehrende Ich? Immer an einen doppelten Adressaten: einmal ans eigene Herz und zum andern an die Menschheit. Was also bis eben in eins fiel, Gott und Welt und Ich, sprengt nun plötzlich und gewaltsam, wie in einer Kernspaltung, auseinander. Diesen polaren und polarisierenden Prozess müssen wir uns aus der Nähe ansehen, weil ohne ihn Bildung als Religionsderivat unverständlich bleiben muss.

4. Werthers neue Religion

Den einen Pol bekommen wir in den Blick, wenn wir Goethes Meisterwerk, das sofort als das Buch der Epoche verstanden und entsprechend enthusiastisch aufgenommen wurde, betrachten, ‚Die Leiden des jungen Werthers' von 1774. Hier wird eine neue Herzensfrömmigkeit erlebbar, die ihre Leser sofort erreichte, ja, sie in die Nachfolge riss. Es ist, vor dem Hintergrund einer tradierten Religiosität gelesen, ein durch und durch blasphemisches Werk. Aber Religionsstiftung ist immer blasphemisch. Dass dieser Aspekt selbst bei denen, die das Werk kritisch aufnahmen, gar nicht im Vordergrund ihres Protestes stand, hat mit einem ebenso einfachen wie genialen Trick des Autors zu tun. Er lenkt seine Leser ab, indem er alle Aufmerksamkeit auf das Skandalon des Freitods lenkt. Dadurch dass er mit Werther einen Befürworter des damals noch ganz allgemein als verwerflich Empfundenen in die Mitte des Romans stellt, täuscht er Freunde wie Feinde. Denn die eigentlich religiöse Provokation des Buches ist die Art, wie dieser Freitod inszeniert wird, als Opfer nämlich und Erlösungstat. Es ist für mich immer wieder erstaunlich gewesen zu sehen, wie sehr sich die Zeitgenossen und auch die späteren Interpreten vom Geschehen an der Rampe haben ablenken lassen davon, was die Mechanik des dramatischen Geschehens im Hintergrund steuert. Bis in die Details wird das finale Geschehen von einem Vorbild geprägt. Es ist die Leidensgeschichte Christi nach dem Evangelium des Johannes. Das beginnt mit der Zeitstellung seines Todes am 23. Dezember, zwei Tage vor dem großen Fest; Brot und Wein lässt sich Werther bringen zum letzten Abendmahl; Lotte schreibt er, er gehe zum Vater; er „versiegelt" seine Liebe zu Lotte, vor deren Blumen er eine halbe Nacht lang gekniet hat; seinem Freund Wilhelm trägt er auf, seine Mutter zu trösten; und Lotte schreibt er: „Ich schaudere nicht, den kalten, schrecklichen Kelch zu fassen, aus dem ich den Taumel des Todes trinken soll! Du reichtest mir ihn, und ich zage nicht." All das ist mehr als eine Facon de parler, in die das Geschehen eingekleidet wird. Nur der verknöcherte Dogmatismus des Luthertums der zweiten Hälfte des 18. Jahrhunderts, die rasche Verflüchtigung der Sakramente unter der Vernunftsonne der Aufklärung, können dazu geführt haben, die Einsetzung einer neuen Religion, die hier stattfindet, zu übersehen. An die Stelle Gottes und der Gottesliebe ist Lotte und die Liebe zu ihr getreten. Das religiöse Organ bleibt das ‚heilig glühend Herz', aber wenn christliche Religion dazu aufforderte, in diesem Herz die Opferhandlung Gottes nachzuvollziehen, so wird es jetzt der Schauplatz, auf dem das autonome Ich sich selbst seiner Liebe aufopfert. Die ersten Leser haben das richtig verstanden und sind, ohne theologische Anleitung empfangen zu müssen, sogleich nachgefolgt.

5. Die Humanitätsreligion

Wenn ich mich nun dem zweiten Pol, zu dem eine Gott, Welt und Ich auseinandersprengende Autonomsetzung des Menschen notwendig führt, zuwende, so ist es das Epochenereignis schlechthin, die Französische Revolution. Zwei Eigenschaften bestimmten die alte Religion, die Burckhardt als stabile Potenz der Weltgeschichte beschreibt: die Zwangsgeltung und die Universalität. Wie unter dem autonom gesetzten Ich der Zwang des Religiösen auftritt, sehen wir beim Werther und seiner freien Aufopferung. Wie die Religiosität in ihrem universellen Geltungsanspruch unter den Bedingungen einer Autonomie des Menschen wirkt, zeigt uns im Folgenden die Französische Revolution. Dazu schauen wir zunächst noch einmal auf Rousseau und seine Bekenntnisse, die in der Dämmerung des Ancien Regime erscheinen. Das Jüngste Gericht, mit dem Rousseau nur noch kokettiert, das ist in Wahrheit die Öffentlichkeit. Das Innerste, das Ich, spiegelt sich nun vor dem Universellsten, der Menschheit. Auch diese Spiegelung ist gefährlich. Während in Wien noch die selige Menschheitsreligion aus der Taufe gehoben wird, tritt in Paris die neue Verfassung in die Wirklichkeit. Am 30. September 1791 wird die Zauberflöte uraufgeführt. Am Ende aller Prüfungen, als Tamino und Pamina beim Glanz der aufgehenden Sonne in den Kreis der Eingeweihten aufgenommen werden, heißt es: „In diesen heil'gen Mauern, wo Mensch den Menschen liebt, kann kein Verräter lauern, weil man dem Feind vergibt. Wen solche Lehren nicht erfreu'n, verdienet nicht, ein Mensch zu sein." Da ist sie, die universelle Geltung. Wie sie durchgesetzt wird, zeigt sich in Paris. Eine Menschheitsreligion muss alle, die ihr nicht angehören, aus ihrer Verpflichtung gegenüber der Humanität heraus, liquidieren. Alle die sich dem höchsten Wesen, der Vernunft der Humanität, widersetzen oder jedenfalls diesen Eindruck erwecken, werden eben diesem Wesen aufgeopfert. Akteur dieser Opferhandlung ist nicht, wie beim Werther, das heilig glühend Herz selbst, sondern ein Kollektiv, der Wohlfahrtsausschuss.

6. Goethes Bildungsreligion

Goethe hat auf die beiden polaren Ereignisse, seinen eigenen Epochenroman und die Französische Revolution, mit einer neuen Religion geantwortet, mit Bildung. Bildung ist Bindung. Neue Bindung, wie man auch sagen könnte, womit man dann religio wörtlich übersetzt hätte. Während ihn der Erfolg seines Romans mit seinen teilweise fatalen Folgen eher peinlich berührte, hat ihn das französische Ereignis zutiefst erschreckt. Beide Erfahrungen muss man im Kopf haben, wenn man sich dem Wilhelm Meister, der künstlerischen Leistung seiner Epoche, zuwendet. Wenn er den Werther in einem Monat niederschrieb, so hat ihn der Wilhelm Meister, der Bildungsroman seines Lebens, über mehr als fünfzig Jahre beschäftigt. Es ist der Roman der Goethezeit. Ihm zugrunde liegt eine religiöse Erfahrung, die er in Dichtung und Wahrheit beschrieben hat.

„Was mich von der Brüdergemeine [...] absonderte, war dasselbige, worüber die Kirche schon mehr als einmal in Spaltung geraten war. Ein Teil behauptete, dass die menschliche Natur durch den Sündenfall dergestalt verdorben sei, dass auch bis in ihren innersten Kern nicht das mindeste Gute an ihr zu finden, deshalb der Mensch auf seine eignen Kräfte durchaus Verzicht zu tun, und alles von der Gnade und ihrer Einwirkung zu erwarten habe. Der andere Teil gab zwar die erheblichen Mängel der Menschen sehr gern zu, wollte aber der Natur inwendig noch einen gewissen Keim zugestehn, welcher, durch göttliche Gnade belebt, zu einem frohen Baume geistiger Glückseligkeit emporwachsen könne. Von dieser letztern Überzeugung war ich aufs innigste durchdrungen [...]"

Und nur auf ihrer Grundlage ist die Entwicklung einer Bildungsreligion möglich. An diesen ebenso natürlichen wie individuellen Keim muss glauben, wer der Bildungsreligion folgen will. So ist denn auch das Programm zu verstehen, das sich Wilhelm Meister in den Lehrjahren setzt: „Dass ich Dir's mit einem Worte sage: mich selbst, ganz wie ich da bin, auszubilden, das war dunkel von Jugend auf mein Wunsch und meine Absicht." Was hier ganz der eigenen Willkür zu entspringen und sich ohne alle Skrupel einem auf sich selbst bezogenen Selbstverwirklichungsprogramm hinzugeben scheint, ist das Gegenteil, nämlich ein religiöses Unternehmen, die unablässige Suche nach einer Rückbindung des Individuellen an die im BildungsProzess wirkende göttliche Gnade. Zweckfreiheit und das Allumfassende des Prozesses sind deutliche religiöse Anleihen. Bildung soll jetzt wieder vermitteln, was durch den Triumph der Autonomie des Menschen verloren ging und in die individuelle Katastrophe (bei Werther) oder in die politische Katastrophe der Revolution geführt hatte. Humanität ist das Ziel, aber dies Ziel kann weder durch ein Selbstopfer noch durch die Aufopferung derer, die ‚nicht verdienen, ein Mensch zu sein', erzwungen werden. Stattdessen geht es um die Vermittlung zwischen Individuum und Gesellschaft im Prozess der Bildung des einzelnen.

Im Absehen von allen Nützlichkeitserwägungen kommt eine alte reformatorische Figur wieder zu Ehren. Die Suche des freien Christenmenschen nach dem gnädigen Gott führt zwar durchaus zu guten Werken, aber nicht durch gute Werke wird der Mensch gerechtfertigt. So auch in der Bildungsreligion: Zwar führt sie zu guten Menschen, aber nicht, um zu ihnen zu führen, folgt man ihr, sondern jeder einzelne nur um seiner selbst und um der Bildung selbst willen. Diesen Weg zeigt Wilhelm Meister vom Anfang der Theatralischen Sendung bis an die losen Enden der Wanderjahre. Aufschlussreich ist, dass der Bildungsroman, je weiter er fortschreitet, einerseits immer weniger der Romanform genügt, das heißt seine ‚Bildung' wird immer form- und gestaltloser, andererseits wird seine religiöse Grundierung und Ausrichtung immer offensichtlicher. So als sei es ihm jetzt auch schon egal, wirkt Goethe, je später desto unbefangener, wie ein religiöser Schriftsteller, der es sich leisten kann, alle gattungsspezifischen Anforderungen an die Romanform hinter sich zu lassen. Zum Schluss waltet über allem eine große ironische Souveränität, die nichts mehr beweisen muss. Wenn das riesige Werk schließlich mit den lässig hingeworfenen Worten „ist fortzusetzen", die dann auch noch in Klammern gesetzt sind, endet, muss ich daran denken, dass berichtet wird, Goethe habe, als er, in seinem Lehnstuhl sitzend, starb, mit der rechten Hand schreibende Bewegungen auf dem Kissen, das ihm im Schoß lag, ausgeführt.

7. Die Pädagogische Provinz – eine rekonstruktive Utopie

Natürlich kann ich hier keinesfalls auch nur eine Ahnung von dem verwirrenden Gang des Bildungsprozesses, den Wilhelm Meister durchläuft, aufzeigen. Stattdessen möchte ich auf einige zentrale Gesichtspunkte in den späten Abschnitten der Wanderjahre hinweisen.

Der zentrale Begriff dort ist der der Ehrfurcht. Als Wilhelm Meister in die sogenannte Pädagogische Provinz kommt, um dort seinen

Sohn Felix ausbilden zu lassen, zeigt sich ihm eine Art Kloster, in dem weise Männer eine Knabenbildungsanstalt betreiben. Alles, was beschrieben wird, ist religiös grundiert, Bildung und Religion fallen programmatisch ineinander. Der BildungsProzess selbst ist eine einzige große kultische Handlung. Es gibt der katholischen Hierarchie angeglichene Verhältnisse der Über- und Unterordnung, schon die Begrüßung ist ein ritueller Gestus, der Gesang ist die erste und entscheidende Unterrichtung. Alle diese Einrichtungen dienen einem Zweck, der mit dem, was wir heute unter Bildung verstehen, nichts zu tun hat. Diesen unseren Zwecken gegenüber ist die Pädagogische Provinz von lässiger Unbekümmertheit: „Wohlgeborne, gesunde Kinder", sagt man Wilhelm Meister,

„bringen viel mit; die Natur hat jedem alles gegeben, was er für Zeit und Dauer nötig hätte, dieses zu entwickeln ist unsere Pflicht, öfters entwickelt sich's besser von selbst. Aber eins bringt niemand mit auf die Welt, und doch ist es das, worauf alles ankommt, damit der Mensch nach allen Seiten zu ein Mensch sei."

Damit er also Bildung habe. Wilhelm Meister weiß nicht zu sagen, was gemeint ist, und bekommt die emphatische Belehrung: „Ehrfurcht" sei dies Entscheidende. Der natürliche Mensch bewegt sich in ständiger Wiederholung zwischen Furcht und Freiheit. Er fürchtet die Natur, weil sie ein mächtiges, übermächtiges Wesen ist. Also tut er alles, sich vor ihr zu schützen, um seine Furcht los zu werden. Kurze Zeit gelingt es ihm, dann bricht sie sich wieder Bahn. Aus diesem ewig sinnlosen Hin und Her zwischen Furcht und Autonomie, das den Menschen, wie Goethe sagt, fortwährend verunreint, hilft ihm die Ehrfurcht, ein höherer Sinn, der seiner Natur gegeben werden muss, weil sie ihn nicht aus sich selbst hat. Lässt er diesen höheren Sinn walten, kann er, indem er Ehre gibt, seine Ehre behalten.

Was nun folgt, ist nichts anderes, auch wenn das Wort nicht fällt, als die Entwicklung der Trinitätstheologie. Denn der Ehrfurchten sind drei, die im Credo zu einem Bekenntnis zusammengefasst sind: Die Ehrfurcht vor dem, was über uns ist (der Schöpfergott), die Ehrfurcht vor dem, was unter uns ist (der leidende Christus), die Ehrfurcht vor dem, was neben uns ist (die Gemeinschaft der Heiligen). Der Kreis, in den ich zu Beginn mit Rousseau eintrat, schließt sich nun, wenngleich mit einem entscheidenden Unterschied. Von Augustinus, gegen den Rousseau sein Credo des alleinigen und einzigen Ich geschleudert hatte, hat Goethe die Lehre von den Ehrfurchten entlehnt, sie aber zugleich entscheidend abgewandelt. Augustinus hatte von drei und einer Ehrfurcht gesprochen, also insgesamt vier Ehrfurchten unterschieden. Neben die vor dem, was neben und unter uns ist, hatte er die gegenüber dem, was wir selbst sind, gestellt. Diese drei aber werden bei Augustinus – wie die drei Seiten einer Pyramide – alle in gleicher Weise auf die höchste und wichtigste Ehrfurcht, die gegenüber dem, was über uns ist, angeordnet. Diese Ordnung baut die Bildungsreligion Goethes jetzt um. Die drei Ehrfurchten der Trinität werden nun gleichermaßen einer vierten, der wichtigsten Ehrfurcht zugeordnet, derjenigen, die der letzte Zweck aller Bildung ist, nämlich der Ehrfurcht vor sich selbst.

„aus diesen drei Ehrfurchten entspringt die oberste Ehrfurcht, die Ehrfurcht vor sich selbst, und jene entwickeln sich abermals aus dieser, so dass der Mensch zum Höchsten gelangt, was er zu erreichen fähig ist, dass er sich selbst für das Beste halten darf, was Gott und Natur hervorgebracht haben, ja, dass er auf dieser Höhe verweilen kann, ohne durch Dünkel und Selbstheit wieder in's Gemeine gezogen zu werden."

Jetzt sind wir im Zentrum von Goethes Bildungsroman angekommen. Bildung ist Bindung. Die Ehrfurcht vor sich selbst ist das höchste Ziel, dazu bedarf es der Religion in ihrer trinitarischen Form, wie sie durch das Christentum, wie Goethe sagen würde: ein für allemal, ausgebildet ist. Durch Bildung gelangt der Mensch zur Einheit von Ich, Gott und Welt, der Nachvollzug des Prozesses, der ihn schließlich in die Autonomie entlassen hat, lehrt ihn die Religion. An die Stelle des Höchsten muss er lernen, sich nun selbst zu setzen, aber so, dass er sich vor sich selbst nun so fürchtet, wie die Religion lehrte, Gott zu fürchten, nämlich im Modus der Ehrfurcht.

8. Religion oder auch Bildung – das Weimarer Modell

Der Wilhelm Meister-Roman ist kein realistischer Roman; aber er ist nun auch wieder nicht so unrealistisch, dass Goethe etwa alles auf diese Bildungsprovinz zulaufen ließe. Pädagogische Provinz soll gerade sagen, dass die Welt so nicht ist, wie sie abgegrenzt und als pädagogisches Kloster geschildert wird. Goethe lässt seinen Helden einen kurzen Blick hinter die Mauern werfen, dann zieht er als Wanderer weiter. Die Zuversicht, die die pädagogische Provinz ausstrahlt, deckt sich nicht mit Goethes eigener Sicht der Dinge. Wir besitzen von ihm ein interessantes Schema, das den Unterschied zwischen Goethes Einschätzung und dem Konzept der Provinz verdeutlicht:

> „Auf
> Glaube Liebe Hoffnung
> ruht des Gottbegünstigten Menschen
> Religion Kunst Wissenschaft
> diese nähren und befriedigen
> das Bedürfniß
> anzubeten hervorzubringen zu schauen
> alle drei sind eins
> von Anfang und am Ende
> wenn gleich in der Mitte getrennt."

Wenn gleich in der Mitte getrennt. Das ist der entscheidende Befund dieses Bekenntnisses eines Weltfrommen, eines Gebildeten. Alles ist eins vom Anfang und am Ende, aber eben nicht vom Anfang bis ans Ende, wie es in der Liturgie immer heißt, sondern am Anfang, also vor uns, und am Ende, also nach uns. In der Mitte, das sind wir, das ist die Gegenwart des Autors, sind sie getrennt. Gegenüber dem Kanzler von Müller äußerte er: „Die Menschheit steckt jetzt in einer religiösen Krisis; wie sie durchkommen will, weiß ich nicht, aber sie muss und wird durchkommen." Goethe bietet also gerade keine Lösung an; er ist homo religiosus, aber kein Religionsstifter. Bildung wurde für ihn als Individuum der Weg, das Dreigeteilte, das aber Eines ist, zusammenzudenken. Als Künstler sieht und analysiert er seine Zeit. Und so heißt es später im Roman, im „Lied der Wanderer": „Denn die Bande sind zerrissen,/Das Vertrauen ist verletzt". Das ist Goethes Lebensgefühl, es ist das Gefühl der Moderne. Wie in einem antiken Idealstaat erscheint in der Pädagogischen Provinz noch einmal ein Bild, was der Mensch sein könnte und seiner Bestimmung nach sein müsste. Goethes Blick auf seine eigene Zeit ist realistisch, er hat die Lektion der Französischen Revolution verstanden. Er sieht eine Massengesellschaft heraufziehen, von der er nichts Gutes erwartet. Das Potential an Inhumanität einer innerweltlich agierenden Massenreligion hat die Terreur ihm vor Augen geführt. Heutige Leser denken vermutlich, wenn sie vom zerrissenen Band hören, das das Vertrauen in die Menschen verletzt hat, weil sie eben keine Brüder werden, an die Schrecken, die Goethe nur erahnte, das vergangene Jahrhundert aber erlebte. Franz Grillparzer wurde da schon deutlicher, wenn er in der Mitte des Jahrhunderts konstatierte: „Der Weg der neuen Bildung des Menschen geht von Humanität durch Nationalität zur Bestialität."

Mir lag daran, die religiöse Substanz des von Goethe entwickelten Bildungsbegriffs herauszuarbeiten. Hat nun dieses von Goethe entwickelte Modell, das „Weimarer Modell", Wirkung erzielt und wenn: welche?

Goethes Leben ist der Roman seiner Bildung. Die ‚Wanderjahre', dies große skeptisch-ironische Schlusskapitel, der Durchbruch in die künstlerische Moderne, erscheint zu einer Zeit, als das klassische Bildungsideal sich im Gefäß des Humanistischen Gymnasiums längst institutionalisiert hat. Das, was die Klassik als „Bildung" programmatisch entwickelt hat, ist durchaus nicht identisch mit der „Pädagogischen Provinz". Im Gegenteil, die Bildungslandschaft der Zwanziger Jahre des 19. Jahrhunderts mit dem Gymnasium als Königsklasse in der Mitte, ist initiiert worden durch den Neuhumanismus der Weimarer Klassik. Aber diese Bildungsrealität entfernt sich ebenso vom Entwurf der Protagonisten der Jahre um 1800, wie sich auch Goethe seinerseits von diesem Konzept entfernt – und beide in durchaus gegensätzliche Richtung. Während Goethe 1829 unter den Titel „Wilhelm Meisters Wanderjahre" „oder die Entsagenden" schreibt, ist die humanistische Bildung dabei, in der sozialen Realität das stolze Kapital des (Bildungs)bürgers zu werden, von dem sich dieser in einer politisch rückschrittlichen Zeit Chancen für Anerkennung und sozialen Aufstieg verspricht. Bildung ist auf dem besten Weg, Merkmal sozialer Differenzierung zu werden, an dessen Ende dann der von Heinrich Mann skizzierte dünkelhafte Bildungsbesitzer, der wilhelminische Untertan, steht.

Der Vorteil von Goethes Bildungsapotheose in den Wanderjahren liegt darin, dass sie praktisch keine Wirkung erzielte. Er, der lange unter der Missachtung seines nachklassischen Werks bei der Leserschaft gelitten hatte, war inzwischen auch über dieses Leid hinaus: er rechnete nicht mehr mit Wirkungen seiner Werke unter den Zeitgenossen. Gerade diese Haltung gibt den Wanderjahren diese unerhörte Souveränität. Am Ende ist der Olympier, welch albernes Wort, wieder das, was er war, als er ‚Die Leiden des jungen Werther' schrieb: ein unbekannter Schriftsteller.

Christian Albrecht

Zur Vernunft gekommene Individualität

Das Bildungsprogramm der humboldtschen Universität

Natürlich ist sie reformbedürftig, die Universität. Reformbedürftig ist sie nicht erst seit der Erfindung von Exzellenzinitivativen, Hochschulpakts, Eliteuniversitäten oder Reformuniversitäten kulturwissenschaftlichen Zuschnitts. Reformbedürftig ist die Universität, seit es sie gibt. Und die Vorschläge zu ihrer Erneuerung atmeten schon immer jenen Eifer, den wir in aktuellen Vorschlägen wahrnehmen, der aber offensichtlich zu den Reformvorschlägen seit jeher dazugehört.

Der Reformeifer richtet sich, in einem Überwindung beanspruchenden Gestus, immer wieder und bevorzugt auf die humboldtsche Universität. Mal wird sie pointiert diskreditiert als „faules Ei, das nach 19. Jahrhundert mufflet" (Michael Brenner), zur Zeit ist es modisch, sie als im 20. Jahrhundert erfundenen, retrospektiv konstruierten Mythos entlarven zu wollen. Indessen, wer das Programm der modernen deutschen Universität Humboldtschen Gepräges für verfault, mythisch oder sonstwie veraltet hält, muss wissen, was er verachtet. An Vorschlägen für das Neue, das an die Stelle des Alten treten soll, herrscht derzeit wahrlich kein Mangel. Was aber ist das Alte, das ersetzt werden soll? Darüber scheint weniger Klarheit zu bestehen. Bisweilen hat man den Eindruck, Unkenntnis sei schuld daran, dass die im Umkreis Wilhelm von Humboldts entstandene und umgesetzte Universitätsidee fröhlich als zweihundert Jahre alter Zopf abgetan wird.

Gegen solche Vergessenheit richtet sich die folgende Erinnerung an das klassische Ideal der modernen Universität, wie es etwa die Gründung der Berliner Universität als der exemplarischen modernen Universität bestimmte. Ich möchte an eine Reihe von Leitgedanken erinnern, die die Gründung der Berliner Universität als der exemplarischen modernen Universität prägten. Ich ziehe dabei im Wesentlichen die klassisch gewordenen Texte Humboldts, Schleiermachers, Steffens' und auch Fichtes und Schellings heran. Meine Erwägungen gliedern sich in vier Abschnitte: Ich werde erstens in aller Kürze an die in der Gründung der Berliner Universität realisierte Leitidee erinnern, zweitens den Blick auf Institutionalisierungsformen dieser Leitidee werfen, drittens mich konzentrieren auf Reflexionsformen, die sich aus dieser Leitidee und ihrer Institutionalisierung ergeben sowie viertens und abschließend den Kreis dadurch schließen, dass ich auf die individualitätssublimierenden Konsequenzen dieser Leitidee blicke.

1. Zur Leitidee, die sich in der Gründung der Berliner Universität realisierte

Die neuartige Sachidee, die sich in der Gründung der Berliner Universität realisierte, lässt sich beschreiben als Verschmelzung des *Erziehungs*ideals der Humanität (wie es insbesondere von Wilhelm von Humboldt beschrieben worden ist) mit dem *Wissenschafts*ideal der idealistischen Philosophie und ihrer Konzeption eines neuen Gesamtzusammenhanges des Lebens und der Welt. Die idealistische Philosophie formte sich selbst dabei zu einer bis dahin nicht bekannten Form des Wissens und der Wissenschaft, nämlich als *produktives Selbstdenken* der Wahrheit in einer Allgemeinheit und Abstraktheit, die von allen Autoritäten und unmittelbaren Zwecken des Wissens zu einer Selbsttätigkeit der Reflexion befreit – und zwar zu einer solchen Reflexion, die das Ganze der Welt als Bewusstsein von Prinzipien her rekonstruiert. Diese Freiheit und Selbsttätigkeit des Denkens als Philosophie wurde zugleich als der Königsweg der sittlichen Vervollkommnung des Menschen erlebt, sodass eine neue Bestimmung des Menschen aus einer neuen Auffassung vom Wesen des Gelehrten entstand. Dafür steht etwa das bekannte Diktum Fichtes: „Also der Gelehrte soll [...] der sittlich beste Mensch seines Zeitalters sein".[1] Der forschende Geist, der sich auf diesem Weg zur Einsicht und zur sittlichen Vervollkommnung befindet, bildet also kurz gesagt die Idee, die institutionalisiert werden soll.

Aus dieser Leitidee ergeben sich Konsequenzen für deren Institutionalisierungsformen und für die angemessene Reflexionsform. Helmut Schelsky hat 1963 dieses Ineinander von Institutionalisierungsform und Reflexionsform in ein soziales Leitbild gefasst und in folgende bekannte Formel gekleidet:

„Der Prozeß der normativen Grundeinstimmung des Lebens des in der philosophischen Besinnung über sich und die Welt sich erhebenden Menschen geht in einer Lebensform der sozialen *Einsamkeit* und der bürgerlichen und damit zugleich geistigen *Freiheit* vor sich."[2]

Schelsky greift mit dieser Formel von „Einsamkeit und Freiheit" ersichtlich zurück auf ein Diktum Wilhelm von Humboldts, der im Littauischen Schulplan von 1809 noch etwas weitergehender formuliert hatte:

„Der Universität ist vorbehalten, was nur der Mensch durch und in sich selbst finden kann, die Einsicht in die reine Wissenschaft. Zu diesem Selbstaktus im reinen Verstande ist notwendig Freiheit und hülfreich Einsamkeit, und aus diesen beiden Punkten fließt zugleich die ganze äußere Organisation der Universitäten."[3]

Insofern legt es sich nahe, jetzt zweitens zunächst auf die institutionellen Kennzeichen der äußeren Organisation der Universitäten zu schauen und dann drittens auf die individuellen Reflexionsformen.

2. Zu den Institutionalisierungsformen der Leitidee

Als Kennzeichen der universitären Institutionalisierung jener Leitidee möchte ich fünf Aspekte nennen und ausführen: erstens die Lehrfreiheit, zweitens die Einheit von Forschung und Lehre, drittens die Komplementarität von Einzeldisziplinen, viertens die Vielzahl einzelner Universitäten und fünftens die der Universität eingeschriebene Fähigkeit zur institutionellen Selbsterneuerung.

Erstens: die Lehrfreiheit. Zuerst zu nennen ist der Umstand, dass in der modernen Universität an die Stelle der mittelalterlichen Lehrnormen nun die Lehrfreiheit tritt. Dieser Wandel beginnt sich im Laufe des 18. Jahrhunderts an aufklärerisch-fortschrittlichen Universitäten wie Halle und Göttingen allmählich abzuzeichnen, wird jedoch erst im Gefolge der Gründung der Berliner Universitätsgründung flächendeckend. An die Stelle der lectio, also einer Vorlesung anhand eines vorgeschriebenen Textbuches sowie der sich ihr anschließenden, zur reinen Reproduktionsübung erstarrten disputatio, bei der das Erlernte angewendet und geübt werden sollte, an deren Stelle also trat zunehmend die Form der Vorlesung als eines vom Gelehrten selbstverantworteten geschlossenen mündlichen Vortrages. Schleiermacher ging in den 1808 entstandenen „Gelegentlichen Gedanken über Universitäten im deutschen

Sinne" so weit, zu sagen: „Ja man könnte sagen, der wahre eigenthümliche Nuzen, den ein Universitätslehrer stiftet, steht immer in gradem Verhältniß mit seiner Fertigkeit in dieser Kunst (des Vortrages)."[4] Die hier interessierende Pointe dieser Umstellung auf den selbstverantworteten Vortrag liegt auf der Hand: An die Stelle eines normierten Überlieferungsbestandes tritt ein freier Überlieferungsbestand. Die Einsicht bricht sich Bahn, dass sich nicht von selbst versteht und auch nicht einfach durch die Tradition vorgegeben ist, was weitergegeben wird, sondern dass je und je ausgemittelt werden muss, was gelehrt wird, und dass individuell begründet und verantwortet werden muss, was der lehrenden Weitergabe für fähig, würdig und bedürftig gehalten wird.

Zweitens: die Einheit von Forschung und Lehre. Diese Umstellung von Lehrnormen auf Lehrfreiheit hängt sachlich aufs engste zusammen mit der Etablierung des neuen Ideals der Freiheit von Lehre und Forschung. So häufig dieses Ideal im Kontext von Universitätstheorien einerseits bemüht wird, so selten sind andererseits aussagekräftige Darlegungen zu seiner Begründung. Ausführlich begründet wird es etwa in Schellings zweiter Vorlesung über das Wesen des akademischen Studiums 1802. Hier wird deutlich: die Pointe der Verbindung von Forschung und Lehre besteht in der Verbindung der Weitergabe von gesichertem Wissen mit der Reflexion auf offene Probleme und Fragestellungen. Universitäre Reflexion besteht weder ausschließlich in der Mitteilung dessen, was in der Vergangenheit in der Wissenschaft geleistet worden ist noch ausschließlich in der Durchpflügung wissenschaftlichen Neulandes, sondern universitäre Reflexion besteht darin, dass die Pflege der Überlieferung sich mit der nachvollziehbaren Beschreibung ungeklärter Fragestellungen vereinigt. Schleiermacher nimmt in diesem Zusammenhang insbesondere Vermittlung der Fähigkeit zur selbständigen Gedankenbildung in den Blick:

„Der (Universitäts)lehrer muß nicht erzählen, was er weiß, sondern sein eigenes Erkennen, die Tat selbst, reproduciren, damit (die Hörer) beständig nicht etwa nur Kenntnisse sammeln, sondern die Thätigkeit der Vernunft im Hervorbringen der Erkenntniß unmittelbar anschauen und anschauend nachbilden."

Die für unseren Zusammenhang einschlägige Pointe der Verbindung von Lehre und Forschung besteht also darin, dass der Bildungsauftrag der Universität nicht die Vermittlung fertiger Gedanken, sondern die Vermittlung der Fähigkeit zur selbständigen Gedankenbildung steht.

Drittens: die Komplementarität von Einzeldisziplinen. Der nächste hier zu nennende Punkt ist die universitäre Fächervielfalt. Obwohl die Universität mehr ist als eine rein berufsvorbereitende Spezialschule und anderes leisten will als eine rein berufsausbildende Fachschule, ist sie doch mehr als ein allgemeines wissenschaftliches Propädeutikum oder das Philosophicum der einzelnen Berufe. Universitäre Reflexion sträubt sich gegen alle unmittelbar praktische, gezielt berufsvorbereitende Nutzbarkeitserwägungen – ich komme an anderer Stelle ausführlicher darauf zu sprechen –, gleichwohl birgt die Universität Fächer in sich, deren Fokus in der Befähigung zur Bewältigung berufspraktischer Aufgaben liegt. Zwar hat Schelling es vehement perhorresziert, dass man „die Landwirtschaft, die Entbindungskunst oder die Bandagenlehre philosophisch zu machen sich bestrebt hat", und Wilhelm von Humboldt formulierte seine Abneigung gegen eine ausschließliche Berufsvorbildung am schärfsten ausgerechnet am Beispiel der Medizin, nämlich aus Anlass der Frage nach der Intensität der Verbindung zwischen der Pepinière, der Ausbildungsstätte für Militärärzte, und der neuen Universität. Er ließ sich indessen vom Leiter der Pepinière beruhigen, als ihm versichert wurde, der Unterschied liege allenfalls in der Erziehung der Militärärzte, nicht in der wissenschaftlichen Bildung.[5] So wurde denn die Ablegung eines Philosophicums auch für die an der neuen Universität studierenden Mediziner verbindlich gemacht (wenn auch 1861 wieder abgeschafft), und nicht umsonst in Berlin ist bis auf den heutigen Tag die Erinnerung wach, die die großen Mediziner als Teil des intellektuellen Lebens der Universität und darüber hinaus als Figuren der Gelehrsamkeit, praktischen Kunstfertigkeit und öffentlicher Verantwortung sieht.

Zurück zur universitären Fächervielfalt. Deren Pointe liegt denn auch nicht unbedingt darin, dass Fächer wie die Medizin oder, um ein anderes, hier unverdächtigeres modernes Beispiel zu nennen, die Betriebswirtschaftslehre um ihrer berufsbezogenen Ausbildungsteile willen unverzichtbar an der Universität wären. Unverzichtbar sind diese Fächer hingegen wegen des in ihnen repräsentierten Spezialistentums und der von ihnen vertretenen Sachkunde. Das Ganze einer zusammenstimmenden Sicht des Lebens, die Reflexion auf das Ganze der Welt als Bewusstsein von Prinzipien her ist nicht zu haben ohne Detailkunde, genauer gesagt: ohne die Pluralität verschiedener Spezialistentümer. Weder die Ausblendung solchen Spezialwissens noch die Verabsolutierung eines einzelnen Spezialwissensgebietes wird der Idee der universitären Reflexion gerecht, sondern einzig und allein der komplementäre und kompetitive Diskurs unter dem verbindenden Dach der gemeinsamen Bemühung um eine zusammenstimmende Reflexion auf das Ganze des Lebens und der Welt. Darin liegt der moderne Sinn der universitären Fächervielfalt.

Viertens: die Vielzahl einzelner Universitäten. In das Konzept der idealistischen Universitätsreform ist des Weiteren der Gedanke der Vielfalt eigenständiger Lokaluniversitäten eingeschlossen. Die deutsche Universität ist in Wahrheit die Vielzahl von Einzeluniversitäten. Was das bedeutet für einen Gewinn durch Wettbewerb, lehrt der Seitenblick auf die zeitgleichen Entwicklungen in Frankreich. Als Napoleon 1806 seine „Kaiserliche Universität" gründet, ist dies eine zentrale Verwaltungskörperschaft, die die bestehenden zweiundzwanzig Universitäten Frankreichs praktisch aufhebt, indem diese degradiert und zu taktisch dislozierten Fachschulen gemacht werden, die, zentral geleitet, das zu lehren haben, was der Staat zu seinem Nutzen ihnen zu lehren befiehlt. Das aber bedeutete in letzter Konsequenz die Substitution der lehrenden und forschenden Wissenschaft durch den unterrichtenden Staat. Wenn daher Humboldt, Fichte und Schleiermacher die Idee einer „Universität im *deutschen* Sinne" so stark betonen, so keineswegs nur aus Ressentiment gegenüber dem französischen Eroberer, sondern vor allem auch aus der Opposition gegen ein staatlich monopolisiertes Hochschulsystem, wie es in Frankreich eben eingerichtet worden war.[6] Für die deutsche Universität leitend ist dagegen zum einen der Gedanke der relativen Eigenständigkeit der universitären Reflexion von den Maßgaben des Staates, zum anderen aber auch der Gedanke der Kompetition und der Konkurrenz der vielen universitären Parallelkosmen.

Fünftens: die der Universität eingeschriebene Fähigkeit zur institutionellen Selbsterneuerung. Zuletzt zu nennen ist in diesem Abschnitt über Institutionalisierungsformen der universitären Leitidee schließlich die stabile Fähigkeit der Universität zu ihrer Selbsterneuerung. Die Bewegung, die zur Gründung der Berliner Universität 1810 und damit zur Modernisierung des deutschen Universitätswesens überhaupt führte, vollzieht sich als Reform durch Überwindung. Denn ihr Erneuerungszug ist bestimmt durch eine Verbindung von Inanspruchnahmen der institutionellen Möglichkeiten der Universität einerseits mit dem Widerspruch gegen das institutionelle Wesen der bestehenden Universität andererseits. Damit vollzog sich aber ein universitätshistorisch völlig normaler Vorgang. Seit es Universitäten gibt, gibt es Universitätsreformen, die sich als Selbsterneuerung der Institution verstehen. Und immer schon atmeten sie jenes Pathos, das etwa in einem von Luther mitverfassten Entwurf zur Reformation des Wittenberger Studiums 1518 ebenso polemisch wie selbstkritisch bezeichnet wurde als „Austreibung der gesamten Barbarei". Unter dem Gesichtspunkt der Stabilität der universitären Institution kann die vielbeschworene ‚Krise der Universität' also als ihr Normalzustand angesprochen werden, ohne dass dies am dauerhaften Bestand der Institution als solcher rüttelt. Der Wandel muss als Konstante gelten.

3. Reflexionsformen der Leitidee

Hinsichtlich der Reflexionsformen, die mit der Leitidee der klassisch-idealistischen Universitätsreform verbunden sind, sind hier vor allem zwei Aspekte zu nennen: Zum einen die Freiheit der universitär institutionalisierten Reflexion von unmittelbarer Nutzanwendung, zum anderen – und eng damit verbunden – die Orientierung an der reinen Wissenschaft.

Zunächst zur Freiheit von der Nutzanwendung. Es wäre ein Missverständnis, diese Freiheit von unmittelbarem Nutzen gleichzusetzen mit einer etwaigen Zweckfreiheit der universitären Reflexion. Dabei ginge die Pointe möglicherweise gerade verloren. Vielmehr ist es so, dass die universitäre Reflexion gerade um der Erfüllung ihres Zweckes willen auf unmittelbare Nutzanwendung verzichten muss. Freiheit von Nutzanwendung bedeutet demgegenüber zum einen natürlich die Sicherstellung der geistigen und ökonomischen Unabhängigkeit des universitären Denkers, es bedeutet zum anderen aber insbesondere die Sicherstellung eines Denkmodus, der eine reflektierende Distanz zum unmittelbar angewandten wissenschaftlichen Können kultiviert. Es bedeutet, eine geistige Erhebung und Besinnung zu pflegen, in der Denken und Handeln von einem Punkt aus geleitet werden, der gerade jenseits unmittelbarer empirischer Verwertbarkeit liegt. Schelling polemisiert am Anfang seiner fünften Vorlesung gegen die herrschende Tendenz seines Zeitalters, die Reflexionsgegenstände nicht in den Horizont ihrer Idee einzuzeichnen, sondern ihre Erscheinungsformen schon für bare Münze zu nehmen. Diese Ideenleerheit birgt nach Schellings Auffassung die Gefahr trivialen Moralisierens in sich.

„Fade oder heuchlerische Schwätzer, die da meinen, ein gewisses süßliches Gemenge sogenannter sittlicher Grundsätze an die Stelle der Ideenherrschaft zu setzen, verraten nur, wie wenig sie selbst von Sittlichkeit wissen. Es gibt keine (Sittlichkeit) ohne Ideen, und alles sittliche Handeln ist es nur als Ausdruck von Ideen. Die andere Richtung, welche die Auflösung all dessen, was auf Ideen gegründet ist, herbeiführen muß, ist die auf das bloß Nützliche [...] Nach dem Maßstab derselben wäre die Erfindung des Spinnrades wichtiger als die eines Weltsystems, und die Einführung der spanischen Schafzucht in einem Lande für ein größeres Werk zu achten, als die Umgestaltung einer Welt durch die fast göttlichen Kräfte eines Eroberers."[7]

Das Spiegelbild der zweckmäßigen Freiheit des Denkens von Nutzanwendung besteht in der Orientierung an der reinen Wissenschaft bzw. in der Einsicht in die reine Wissenschaft. Damit ist, zumindest bei Wilhelm von Humboldt, etwas gemeint, was man vielleicht als intellektuelle Disziplin bezeichnen könnte; Schleiermacher spricht gelegentlich von der Aufgabe, „den Kopf aufzuräumen".[8] Eine intellektuelle Disziplin des Menschen, die diesen innerlich ganz auf sich selbst und auf sich allein stellt, denn nur so kann dem Menschen seine Handlungsselbständigkeit, seine Autonomie bewusst werden, die sowohl eine umfassende Verantwortung für das Ganze, aber zugleich eine unendliche Freiheit des Denkens und Handelns ist und als prinzipielle Unabgeschlossenheit des Denkens und Handelns besteht, als dessen strukturelle Offenheit. Rein wissenschaftlich zu denken, heißt demzufolge, wie Schelling sagt, „im Geiste des Ganzen" zu denken, oder, wie Humboldt sagt, im Blick auf die „Ganzheit des Menschen" zu denken.[9] Die Pflege der „reinen Wissenschaft" ist mithin das Gegenteil irgendeines weltabgewandten Habitus. Sie kultiviert vielmehr das selbsttätige, produktive Denken und erzieht zu sittlichem, prinzipiellen Handeln; der so normativ eingestimmte, gebildete Mensch ist im Leben der gemeinnützigste und leistungsfähigste. Humboldt spricht diese Überzeugung emphatisch prinzipiell aus in dem bekannten Diktum: „Dann gießt die Wissenschaft oft ihren wohltätigen Segen auf das Leben aus, wenn sie dasselbe gewissermaßen zu vergessen scheint [...]"[10]

4. Individualitätssublimierende Konsequenzen dieser Grundidee

Dieser Punkt weist am Schluss wieder auf den Anfang zurück, nämlich auf die Frage nach den individualitätssublimierenden Konsequenzen, die in der Leitidee der klassisch-idealistischen Idee der universitären Institution liegen, und damit bin ich bei meinem vierten und letzten Punkt. Gegenstand des universitären Bildungsvorganges ist die Inbezugsetzung von Wissens- und Wertetraditionen mit der Anlage und dem Lebenskreis eines sich entwickelnden Geistes, und sein Ziel ist die Aufnahme dieser Werte in das Erleben, die Gesinnung und die Schaffenskräfte dieses Menschen, mit dem Ziel einer geschlossenen, objektiv leistungsfähigen und in sich selbst befriedigten Persönlichkeit.[11] Die Bildung des Einzelnen ist dabei freilich von einer über den Einzelnen hinausgehenden, überindividuellen und allgemeinen Bedeutung. Schleiermacher bringt diesen Zusammenhang knapp folgendermaßen zum Ausdruck: „Die Wissenschaft [...] soll den Einzelnen zur Erkenntniß hinanbilden, und der Einzelne soll auch wiederum an seinem Theil die Wissenschaft weiter bilden."[12] Hier findet sie sich also wieder, die Spannung zwischen Individuellem und Allgemeinem mit der Priorität des Individuellen. „Der Universität ist vorbehalten, was nur der Mensch durch und in sich selbst finden kann, die Einsicht in die reine Wissenschaft", heißt es denn auch bei Wilhelm von Humboldt, und in vergleichbarem Sinne konnte der an der Gründung der Berliner Universität 1809 bzw. 1810 beteiligte Philosoph Henrik Steffens die Universität auch als „Schule der Selbstbildung" bezeichnen.[13] Was nach Humboldts und Steffens' Auffassung hier der Universität vorbehalten bleibt, das heißt also: was offensichtlich andere gesellschaftliche Institutionen nicht in vergleichbarer Weise zu leisten vermögen, das ist jene Selbstbildung und Selbstwerdung zur sittlichen Individualität. Die Universität ist der klassische Ort jener Selbstbildung, der klassische Ort der Vermittlung von institutionell verbürgtem Allgemeinem und dessen individueller Aneignung mit der Priorität des Individuellen.

Bisher ist es, so meine ich, noch keiner Kritik der humboldtschen Universität gelungen, das in deren Programm angelegte Verhältnis zwischen dem Allgemeinen und dem Individuellen, also zwischen prinzipiellen Verbindlichkeiten und ihrer Überführung in die tatsächlichen, je konkreten Lebensverhältnisse, plausibel zurückzuweisen oder zu überwinden. Für die humboldtsche Universitätsidee ist kennzeichnend, dass sie die Spannung von Individualität und Institution nicht zugunsten der einen oder der anderen Perspektive auflösen will, sondern dass diese Spannung in der Idee der Universität auf institutionell gesicherte Dauer gestellt ist. Institution und Individualität sind in der Idee der Universität nicht als Alternative aufgefasst. Vielmehr ist in der Universitätsidee der im Sinne der Humanität des Menschen unverzichtbare Charakter sowohl des institutionellen wie des individuellen

Handelns erkannt und die Priorität des Individuellen festgehalten. Die Aufdauerstellung der Spannung zwischen dem allgemeinen institutionellen Rahmen und dem Besonderen gegebener Lebensführung hat ihren Grund in der Bewusstwerdung, Bildung und Verfeinerung von Individualität und zielt also auf den reflektierten Umgang mit Individualität. Anders gesagt: Das Ziel der Vermittlung zwischen dem, was institutionell gewusst und gefordert werden kann und dem, was in der individuell erfahrbaren Wirklichkeit eingeholt und realisiert werden kann, ist die zur Vernunft gekommene Individualität.

Die humboldtsche Universitätsidee bedeutet damit die Konkretisierung eines protestantischen Bildungsethos. Denn Bildung als Selbstbildung, als Verfeinerung der eigenen Individualität im Horizont der institutionell gegebenen und selbständig beurteilbaren Ansprüche an diese Individualität fungiert als Gegenentwurf zu jedweden Autoritätsansprüchen von Wahrheiten des Glaubens und der Erkenntnis. Bildung im Sinne dieser christlich-protestantischen Wurzeln ist hervorgegangen aus der Umbildung dogmatisch festgeschriebener Gehalte des Christentums in Ansprüche an eine individuell einzuholende und individuell zu verantwortende Lebensführung.

Vorausgesetzt ist in einem solchermaßen protestantisch grundierten Bildungsprogramm allerdings die Auffassung, dass der Bildungsbegriff professionsspezifische, theoriebestimmende Konkretionen dann und nur dann gewinnt, wenn der Bildungsbegriff nicht primär inhaltlich (etwa durch die Ineinssetzung mit materialen Bildungsgütern oder Beständen des Bildungswissens) bestimmt wird, sondern wenn er formal verstanden wird als eine zur Selbstaufklärung über die eigenen Handlungsmöglichkeiten, Handlungsfähigkeiten und Handlungsbedingungen bereite Haltung.[14]

Es ist diese formale Struktur, die das in der humboldtschen Universität konkretisierte, seiner Herkunft nach christlich-protestantische Bildungsprogramm so schlagend macht. Es ist ein Bildungsprogramm, das offen ist für jede Form der historischen, soziologischen oder politischen Kritik, ohne sich in der Aufnahme dieser Kritik selbst preisgeben zu müssen. Dieses Bildungsprogramm ist darum ein Programm, das schwer überbietbar ist, weil es die Fähigkeit zur Selbstmodifikation in sein eigenes Wesen integriert hat. Bildung im protestantischen und die Universitätsidee leitenden Sinne ist insofern immer Selbstbildung, ja: Selbst*um*bildung, müsste man pointiert sagen, – und es ist und bleibt Unbildung, wenn das nicht mehr gewusst wird – auch dann, wenn solches Nichtwissen sich in den Dienst von Universitätsreformen stellt und in der Verachtung der humboldtschen Universität konkretisiert.[15]

Ich meine, und damit komme ich zum Schluss, es ist eine gegenwärtig noch zu wenig diskutierte Frage, ob die zweifellos notwendigen Reformen der Universität darin bestehen sollten, dieses Erbe der klassischen humboldtschen Universitätsidee zu aktualisieren oder auszuschlagen. Die gegenwärtigen Reformtendenzen gehen, mehr oder weniger absichtsvoll, in die zweite Richtung. Die Eindämmung der Geisteswissenschaften, die Forderung nach unmittelbar praktischer Verwertbarkeit universitären Denkens, die zunehmende Bewertung wissenschaftlicher Leistungen unter ökonomischen Gesichtspunkten führt ersichtlich in die Verschulung des Universitätsbetriebes, in die Pflege des fachwissenschaftlichen Tunnelblicks und in die liebevoll-entmündigende Kontrolle des Wissenschaftlers. Solche Tendenzen fördern die Entautonomisierung des Einzelnen. Denn dem Einzelnen – sei er Erstsemester, sei er Universitätspräsident – wird weder zugetraut noch zugemutet, den Prozess der Selbstbildung zu gehen. Damit aber droht die moderne Universität am Ende in eine paradoxe Institution verwandelt zu werden: in einen Ort der Bildungsfeindschaft.

Andreas Gotzmann

Jüdische Bildung in Deutschland

Charakteristiken und Problemlagen in zwei Jahrhunderten

Es ist nicht einfach, zentrale Grundzüge jüdischer Pädagogik vom Beginn der Emanzipation bis zum heutigen Tag zunächst in den verschiedenen deutschen Staaten, im Kaiserreich, der Weimarer Republik, im Vorfeld des Holocausts sowie im Rahmen eines allmählichen Wiederaufbaus jüdischen Lebens in Deutschland auch nur zu skizzieren. Zu unterschiedlich und zu vielfältig sind die Ansätze und Entwicklungen, was zum einen der Vielfalt jüdischer Entwürfe zu verdanken ist, sich zum anderen aber durch die jeweils unterschiedlichen Haltungen der Gesetzgeber sowie die erheblichen Veränderungen in diesen zwei Jahrhunderten erklärt. In diesem Sinne können hier nur einleitende sowie beispielhafte Bemerkungen zu einem weiten Feld gemacht werden, das im Detail eine Fülle verschiedenartigster Entwicklungen aufweist.

Ausgangspunkt ist stets die jüdische Bildung am Ende der Frühen Neuzeit, die sich im Wesentlichen in zwei Hauptstränge untergliedert. Allgemeine Grundlage war ein kulturelles Konzept von Gelehrsamkeit, das Wissen und Lernen zu einem unverzichtbaren Teil der religiös-kulturellen Tradition machte, eine Sichtweise, die zudem durch die Notwendigkeit einer alltagstauglichen, beruflichen Ausbildung ergänzt wurde. Diese Vorgabe der religiösen Tradition mit der Notwendigkeit, dass Männer sich in dem komplexen Gewebe stetiger ritualisierter kultischer Handlungen zumindest selbständig orientieren konnten, wurde mit der Vorstellung einer prinzipiellen Parität aller männlichen Personen verknüpft, was das Lernen in religiösen Schriften zu einem allgemeinverbindlichen Begriff machte. Eine grundlegende schulische Ausbildung strebte über das Beherrschen der hebräischen und letztlich auch der aramäischen Sprache sowie die Kenntnis zentraler Gebete und des Rituals hinaus idealerweise ein selbständiges Studium der religiösen Texte an. Das wurde letztlich von jeder männlichen Person gefordert, blieb jedoch zu einem ganz erheblichen Teil sicherlich ein fernes Ideal. Dennoch bedingte dieselbe Forderung im Rahmen des Religionsgesetzes einer generellen Erziehungspflicht für die männlichen Nachkommen in diesen religiösen Dingen, zugleich auch eine Ausbildung im Hinblick auf einen Broterwerb. Beides oblag zunächst dem Vater; bei dessen Fehlen oder falls dieser dazu nicht in der Lage war, übertrug sich diese religiöse Verpflichtung jedoch auf die Gemeinschaft.

Hier wird bereits die grundlegende sozial bedingte Gliederung primärer Bildung erkennbar, denn der ökonomisch gesicherte Teil der Bevölkerung bediente sich hierzu in der Regel privat angestellter Hauslehrer. Allenfalls in größeren Gemeinden entwickelte sich insbesondere für die Mittelschicht durch gemeinsam angestellte Lehrer – wobei sich hier vereinzelt eine Tendenz hin zu informellen Privatschulen in der Regel jedoch mit nur einer Lehrkraft erkennen läßt – ein allerdings weiterhin der individuellen Wahl anheim gestelltes, rudimentäres Schulsystem. Dem stand in den meisten Gemeinden für all jene Familien oder Waisenkinder, die sich eigenständig keinen Zugang zur Bildung verschaffen konnten, ein durch die Gemeinde über Steuern und Spenden organisiertes Armenschulwesen entweder mit einzelnen Lehrern oder mit Studienstipendien zur Seite. Insbesondere auf dem Land – und die überwiegende Mehrzahl der jüdischen Bevölkerung lebte damals noch recht verstreut auf dem Land – war der gemeinsame Unterricht bei einem privat und zugleich über solche Stipendien besoldeten Lehrer meist die einzige Unterrichtsmöglichkeit, da die finanziellen Mittel einzelner Personen ebenso wie der weitgehend verarmten Bevölkerungsteile kaum für mehr hinreichten. Eine weitere Bildungsmöglichkeit bestand durch Lehrinstitutionen, die in der Regel von privaten Gönnern als Gedächtnisstiftungen begründet wurden, und die häufig ausschließlich oder zusätzlich als Armenschulen je nach Ausstattung mit einem bis hin zu etlichen Lehrern fungierten, wobei etliche dieser Stiftungseinrichtungen in die höhere religiöse Bildung überleiteten beziehungsweise von vorn herein als solche, als Talmudschulen (*Jeschiwot*) gegründet worden waren.

Die höhere, eigentlich theologische Bildung soll hier zwar außen vor bleiben, doch wurden in diesen spezifischen Einrichtungen im Rahmen der Allgemeinbildung primär religiöse Inhalte von der Bibellektüre über Kenntnisse des religiösen Rituals und Kalenders, im Rahmen der höheren Bildung dann weitere religiöse Schriften wie der Talmud, rabbinische Kommentaren und Homiletik, sowie die rabbinische Rechtsliteratur vermittelt. Die ganz überwiegende Mehrzahl der männlichen Jugendlichen erhielt jedoch wohl kaum länger als bis zum 12. Lebensjahr Unterricht und erwarb wenig mehr als die genannten Grundzüge religiösen Wissens. An sozusagen bürgerlichen Inhalten wurde dagegen der überwiegenden Mehrzahl der Schüler in diesem Zusammenhang – sozusagen nebenbei – das Schreiben und Lesen und dies sowohl in Hebräisch als auch in Jiddisch vermittelt, wie neuere Forschungen belegen seit dem 18. Jahrhundert aber zugleich häufiger auch allgemeine Grundkenntnisse etwa in Mathematik. In der Regel folgte darauf eine nicht organisierte und geregelte, sondern von den individuellen Möglichkeiten der Familien abhängige berufliche Ausbildung, wobei man sich über Privatlehrer zusätzlich Kenntnisse verschaffte, häufig aber lediglich sozusagen in die Lehre ging, also im Geschäft eines Verwandten arbeitete oder vom Vater als Handlungsgehilfe zu einem Kaufmann oder als Knecht in ein anderes Haus gegeben wurde. Der überwiegende Anteil der Männer arbeitete von da an für den Rest seines Lebens in diesen Gewerben und Stellungen, dies schon aufgrund der rigiden Beschränkungen des Wachstums der jüdischen Bevölkerung von christlicher Seite, die ein Ansässigmachen nur im Rahmen festgelegter, zum Teil über Jahrhunderte hinweg kaum veränderter Quoten erlaubte. Als unverheirateter Knecht oder Handlungsgehilfe konnte man zwar durchaus überleben. Jedoch nur wer selbst oder mit Hilfe der Familie die meist erheblichen finanziellen Mittel aufbringen konnte, um sich einen festen Matrikelplatz und ein volles Gemeinderecht zu erkaufen, konnte eine Familie gründen. In diesem Sinne war eine gute Bildung als eine Voraussetzung für den beruflichen Erfolg für Juden stets auch im bürgerlichen Leben überlebenswichtig gewesen.

Für den besser situierten Teil der Bevölkerung galt dagegen, dass schon der Beruf in der Regel als Händler, Pfandleiher, Geldwechsler und meist zugleich Kleinkreditunternehmer – von den wenigen wohlhabenden Personen, die im Großhandel sowie in umfänglicheren Kreditgeschäften tätig waren einmal ganz abgesehen – eine entsprechende, profunde Ausbildung erforderte, weshalb sich in den größeren Gemeinden auch Sprachlehrer sowie Lehrer in allgemeinen Fächern wie Mathematik und Geographie fanden. Diese vermittelten jenseits einer schulischen Organisation eine in Ansätzen dem Stadtbürgertum vergleichbare bürgerliche Bildung im Sinne einer allgemeinen Berufsvorbildung, dies zumal Juden bestehende christliche Institutionen bis hin zu den Universitäten – mit Ausnahme einiger medizinischer Fakultäten – verschlossen blieben.

Für die Frauen sah die Situation weit schlechter aus, denn für diese bestand kulturell-religiös kein zwingender Bildungsauftrag an Eltern und Gemeinden. Dennoch wird man davon ausgehen können, dass sogar arme Eltern, soweit sie dies irgend leisten konnten, ihren Töchtern grundlegende Kenntnisse wie Schreiben und Lesen zukommen ließen. In städtischen Gemeinden dürfte dies zumindest von der Mittelschicht aufwärts sogar die Regel gewesen sein, wobei zugleich sicherlich auch ein ebenso informeller Unterricht in haushälterischen und häuslich handwerklichen Fertigkeiten stattfand. Für die jüdische Oberschicht findet sich eine deutlich an einer bürgerlichen Bildung orientierte, privat finanzierte Ausbildung sogar der Mädchen in Schreiben, Lesen, Fremdsprachen, aber auch in Musik, Sticken und Nähen. Trotz der weitgehenden Verarmung erheblicher Teile der jüdischen Bevölkerung war der allgemeine Kenntnisstand, zumindest was grundlegende kulturelle Techniken wie Lesen und Schreiben anging, in der überwiegenden Regel gesichert, was gerade für die arme sowie die ländliche christliche Bevölkerung keineswegs der Fall war.[1]

Während die kulturell geforderte Bildung primär auf ein Vermitteln religiösen Wissens hin ausgerichtet war, blieb der Begriff des Lernens im Wesentlichen durch die bereits veraltete, religiös bestärkte und zudem durch die mystische Lehre überhöhte Vorstellung eines repetitiven Verinnerlichens und Auswendiglernens anstelle einer intellektuellen Durchdringung von Inhalten gekennzeichnet. Dies sollte sich erst am Ende des 18. Jahrhunderts ändern, als sich unter dem allgemeinen Einfluss der Spätaufklärung in einigen Gemeinden – allen voran Berlin, Königsberg und Hamburg, Prag und Wien, aber auch in einigen kleinen, abseits gelegenen wie Dessau – Kreise jüdischer Aufklärer bildeten. Diese blieben zwar zahlenmäßig überschaubar, sie bewirkten jedoch insbesondere durch ihre medienbewusste Propaganda und durch das Aufgreifen des neuen religionskritischen, aber auch spätaufklärerisch staatstheoretischen Gedankenguts eine Öffnung der internen hin zur christlich gelehrten Debatte und erreichten gerade was ihre pädagogischen Entwürfe anging einen ungemeinen, lang anhaltenden Einfluss auf die Entwicklung neuer Modelle jüdischer Existenz. Neben den nunmehr angestoßenen frühen Emanzipationsdebatten, also der Frage, inwieweit gesellschaftliche Randgruppen in den Territorialstaat mit seiner insbesondere auf rechtlichem Gebiet standesübergreifend wirksam werdenden neuen Politik zu integrieren seien, erweisen sich gerade die dabei geführten breiten Bildungsdebatten und die daraus hervorgegangenen neuen Bildungseinrichtungen für die moderne jüdische Pädagogik als ausschlaggebend.

Anknüpfend an eine christliche, zu erheblichen Teilen antijüdisch geprägte Sichtweise des Judentums als verdorben und auf minderem religiösem und kulturellem Stand verharrend, betonte man, dass sich dieses und die jüdische Bevölkerung sowohl hinsichtlich der Frage der Gewährung gleicher bürgerlicher Rechte als auch im Hinblick auf die Integration in einen imaginierten christlich kulturellen Rahmen grundlegend zu verändern und zu integrieren habe, um akzeptabel zu sein. Zugleich versuchte man das Diktat einer primär religiösen Bildung und des typisch memorierenden Lernens zu brechen, indem man auf die Notwendigkeit einer allgemeinen bürgerlichen Bildung gerade für die verarmten Bevölkerungsteile hinwies. Es galt dieser im Rahmen des bestehenden, rudimentären und keineswegs wirklich fixen Katalogs religiöser Lerninhalte einen eigenständigen breiten Raum zu verschaffen. Zugleich übernahm man das Konzept allgemeiner Schulbildung wie es etwa in Preußen zwar formuliert, jedoch kaum umgesetzt, im Bereich der K.u.K. Monarchie unter der Josephinischen Reformgesetzgebung aber bereits verpflichtend gemacht worden war.[2]

In der überwiegenden Mehrzahl setzte man diese neuen Konzepte gerade im Rahmen der durch die jüdischen Gemeinden finanzierten Armenschulen um, in denen der Bildungsstandard schon aufgrund der Finanzierungsschwierigkeiten fraglos problematisch war. Teilweise dürfte dies wohl auch aus dem Grund geschehen sein, dass die jüdischen Aufklärer sich selbst einen Lebensunterhalt, gegebenenfalls als Pädagogen sichern mussten. Die vermögende Schicht konnte sich bereits über christliche Privatlehrer, dann zunehmend auch über entsprechend gebildete jüdische Personen zusätzliche Bildungsmöglichkeiten verschaffen; die christlichen Schulen blieben aber meist weiterhin verschlossen, so dass man zumindest für diejenigen, die darauf angewiesen waren, ein eigenes Bildungssystem schaffen musste. Die neuen Bildungskonzepte, die aus verschiedenen Gründen – in der Regel aufgrund der Frage der Gewichtung religiöser gegenüber profanen Inhalten – durchaus auch auf Widerstand von Seiten des religiösen Establishments, zu einem deutlich geringeren Teil von Seiten der Führungseliten der Gemeinden stießen, formulierten daher im Sinne einer karitativen Fürsorgepflicht insbesondere für verarmte Kinder und Waisen Erziehungsprogramme. Erst über diese entstanden allgemein gültige Konzepte, wobei man sich bestehende Fördermittel von Gedächtnisstiftungen ebenso wie neue karitative Schulgründungen zu Nutze machte, um dies organisatorisch zu verankern. Auf diese Weise entstanden bis etwa 1815 zehn solcher Reformschulen an denen zum Teil mit Unterstützung der Landesherren eine Erziehung verarmter jüdischer Jugendlicher im Sinne einer Erziehung hin zum eigenständigen und rechten Erwerb des Lebensunterhalts stattfand, wobei die hierbei entwickelten Konzepte durchaus auf das Gesamt der jüdischen Bevölkerung abzielten.[3]

Mit dem Beginn des 19. Jahrhunderts kam es aufgrund des nahezu durchgängigen Eingriffs der sich reorganisierenden Staaten in die Bildungslandschaft zu einem deutlichen Entwicklungsschub, da im Rahmen der allgemeinen Bildungspolitik nunmehr in nahezu allen deutschen Staaten auch eine spezifische Schulbildung für die jüdische Bevölkerung gefordert und skizziert wurde. Diese Ansätze konnten völlig unterschiedlich sein, sie konnten reine Religionsschulen fordern und die öffentlichen Schulen weiterhin für jüdische Kinder geschlossen halten oder diese parallel zu einem jüdischen Schulwesen öffnen, beziehungsweise zunehmend für einen reinen Religionsunterricht plädieren oder separate jüdische Einrichtungen als Schulen anerkennen und sogar finanziell oder aber auch gar nicht unterstützen – alles Grundsatzentscheidungen, die sich innerhalb eines Staates in der Zeit bis zur Reichsgründung sogar mehrfach ändern konnten, was die jüdische Bildungslandschaft entsprechend stark beeinflusste.[4] Man wird übergreifend sagen dürfen, dass die Repressionen gegen die neuen jüdischen Schüler mit der Einführung einer allgemeinen Schulpflicht bei Öffnung des christlichen Schulwesens groß, Beleidigungen und Übergriffe von Seiten der Schüler wie auch der Lehrer so sehr an der Tagesordnung waren, dass viele Eltern und infolgedessen auch Gemeinden es vorzogen, ihre Kinder (weiterhin) auf eigene Einrichtungen zu schicken. Etliche Staaten votierten jedoch ohnedies für staatlich kontrollierte konfessionelle Schulen, weshalb unter erheblichem finanziellem Aufwand ein eigenes Erziehungssystem aufgebaut werden musste. Insbesondere dort, wo größere jüdische Bevölkerungen existierten, zumal im deutschen Süd-Westen mit seiner überwiegenden auf dem Land lebenden jüdischen Einwohnerschaft, entstand daher ein breit angelegtes eigenständiges Schulsystem. Diesem mangelte es zunächst eigentlich an nahezu allem, unter anderem auch an ‚modern' ausgebildeten jüdischen Pädagogen, was selbst einige der aufklärerischen Reformschulen für einige Zeit dazu zwang, christliche Lehrer anzustellen. Da die Universitäten Juden noch weitgehend verschlossen blieben, mussten in der Folge zudem eigene Lehrerausbildungsseminare gegründet werden, an denen neben dem allgemeinen, sich gerade am Ende des 19. Jahrhunderts nochmals erheblich zugunsten der Naturwissenschaften verändernden Fächerkanon vor allem jüdische Fächer wie Hebräisch, Geschichte, Bibel und Moral unterrichtet wurden.[5]

Die Geschichte des jüdischen Schulwesens, das nunmehr entstand, ist komplex und vielen, insbesondere lokalen Faktoren verbunden, so dass es schwer ist, übergreifende Aussagen zu treffen. Sicherlich waren die Verhältnisse in Staaten, die lange ein separates jüdisches Schulwesen forderten, dieses zum Teil auch finanziell förderten und sogar verpflichtend machten, deutlich andere als etwa in solchen wie Hannover oder Preußen mit einer eher ablehnenden, weit komplexeren Politik. Aufgrund der zunehmenden Landflucht brach das zunächst aufgebaute jüdische Schulwesen in der zweiten Hälfte des 19. Jahrhunderts mit wenigen spezifischen Ausnahmen jedoch wieder weitgehend in sich zusammen. Dies auch, da selbst Staaten, die zuvor separate Einrichtungen begünstigt hatten, ihre Politik nun zunehmend zugunsten konfessionsübergreifender Schulen, den so genannten Simultanschulen, veränderten. So etwa im Großherzogtum Baden, wo diese seit 1876 als einzig zulässige Schulform anerkannt wurde. Dem stand aber gleichzeitig die recht durchgängige Stützung eines eigenständigen jüdischen Schulwesens im Königreich Bayern zur Seite.[6] Zudem finden sich unter den jüdischen Einrichtungen schon sehr früh auch einzelne Schulen, die zusätzlich christliche Schüler aufnahmen. Neben der eher traditionellen Armenschule, die den Schülern grundlegende Fertigkeiten für ein selbständiges Leben vermitteln sollte, über private Schulen bis hin zu orthodoxen Separatschulen finden sich am Ende des 19. Jahrhunderts nahezu alle erdenklichen Formen sowohl der Organisation als auch der inhaltlichen Ausprägung, dies bis hin zur Wissensvermittlung durch reine Religionslehrer und sogar erneut durch Wanderlehrer, die den inzwischen wenigen, verstreut auf dem Land lebenden Familien reisend ein gewisses religiöses Bildungsangebot vermitteln sollten.

In Regionen mit einer großen jüdischen Bevölkerung wie etwa in den preußischen Ostprovinzen, im Posenschen Land, hielten sich solche separaten Einrichtungen natürlich eher und hatten auch durchgängig einen entsprechenden Zulauf, während diese insbesondere in kleinen Gemeinden, zumal im Bereich ländlicher Streusiedlung letztlich gar nicht zu finanzieren waren und spätestens, im Rahmen der erheblichen Landflucht in der zweiten Hälfte des 19. Jahrhunderts rapide abnahmen. Dies schon aus dem Grund, da mit der zunehmenden Verbürgerlichung der jüdischen Bevölkerung ein grundlegendes Primärbildungssystem nicht genügte, während eine darauf aufbauende, eigene gymnasiale Bildungsstufe jedoch selbst innerhalb großer Gemeinden kaum zu finanzieren war. In den 1920er Jahren existierten im gesamten Reich nur zehn höhere jüdische Schulen, was zwar durchaus erstaunlich ist, den Bedarf aber bei weitem nicht abdeckte. Insofern brach das neu aufgebaute, breite jüdische Schulsystem bereits um die Jahrhundertmitte an eben jenem Punkt wieder in sich zusammen, an dem die soziale und ökonomische Aufwärtsbewegung und damit die zunehmende Abwanderung in die industriellen städtischen Zentren griffen. Eine jüdische Pädagogik musste sich dementsprechend aus pragmatischen Gründen notwendigerweise von dem Konzept eigener Institutionen fort, hin zu einem in der Breite gesicherten Religionsunterricht entwickeln, ein Schritt, der jedoch im Rückblick gesehen so nicht wirklich getan wurde und demgemäß auch kaum gelang, weshalb man schon gegen Ende des 19. Jahrhunderts immer wieder klagte, dass ein erheblicher Prozentsatz der jüdischen Jugend inzwischen keinerlei religiöse Unterweisung erhielt.[7]

Schaut man sich die Lehrinhalte jüdischer Schulen an, so lässt sich in der Formierungsphase sicherlich sagen, dass bei der überwiegenden Mehrzahl der Schulen die Veränderungen wohl nicht so abrupt waren, wie sich dies im Nachhinein darstellt. Nachdem im Gefolge des staatlichen Eingriffs in die Bildung auch die Lehrerausbildung geregelt wurde, kam es zu einem breiten Verbot – sowohl im christlichen wie im jüdischen Bereich – so genannter *Winkelschulen*, ein Begriff, durch den die zweifelsohne meist schlecht oder gar nicht spezifisch ausgebildeten Privatlehrer mit ihrem im eigenen Haus oder in einer öffentlichen Stube veranstalteten Einklassenunterricht diskreditiert wurden. Wiewohl im jüdischen Bereich ebenso wie für andere jüdische Ritualberufe wie Schächter und Kantoren bereits zuvor ein lockeres Prüfungssystem durch Gemeinde- oder Landesrabbinate bestanden hatte, hätte diese Regelung das Aus für die alte Schulform und ein Neubeginn mit veränderten Bildungsinhalten bei spezifisch ausgebildetem Personal bedeuten müssen: In der großen Mehrzahl der Fälle wird man jedoch davon ausgehen müssen, dass die neuen Institutionen schon aus Mangel an anderen, nach neuen Maßgaben gebildeten Lehrern und vereinzelt Lehrerinnen dennoch auf vorhandene Personen zurückgriffen, wobei man diese durch eine Nachprüfung legitimierte oder den hierbei versagenden sogar einen Dispens erteilte.[8] Dennoch wurden diese durch eine üblicherweise direkt von staatlicher Seite eingerichtete Aufsicht, häufig durch christliche Geistliche als die auf christlicher Seite schon zuvor für das Bildungswesen Verantwortlichen, auf den veränderten Bildungsauftrag und die entsprechend neuen Inhalte eingeschworen. Auf diese Weise veränderten sich die Lehrinhalte trotz alledem rapide, wobei man insbesondere in den Reformschulen beobachten kann, wie das Schwergewicht innerhalb weniger Jahrzehnte eindeutig verlagert wurde. So etwa im Rahmen des allgemeinen Spracherwerbs, der den meisten Raum innerhalb des Lehrangebots einnahm. Dabei verschob sich die Gewichtung ganz erheblich zugunsten des Unterrichts im Hochdeutschen, wohingegen der hebräische Spracherwerb, was Bibellektüre sowie das Erlernen von Gebeten und Ritualen mit einschloss, eingeschränkt wurde. Dies schon aufgrund der diskriminierenden Integrationsdebatte im Sinne eines Erziehungsdiskurses, der als spezifisch jüdisch begriffene Eigenarten auszumerzen gedachte, so etwa den Sprachklang der allgemein nicht als Sprache, sondern als korrupten Dialekt diffamierten Muttersprache der jüdischen Bevölkerung, also des West-, in weiten Teilen Preußens des Ostjiddischen. Aus diesem Grund legte man auf jüdischen Schulen auch im Vergleich zu christlichen einen ganz besonderen Wert auf die einwandfreie Beherrschung der sich zeitgleich erst allmählich durchsetzenden hochdeutschen Sprache, was der jüdischen Bevölkerung im Rahmen des allgemeinen Verbürgerlichungsprozesses durchaus einen Vorsprung gegenüber den starken regionalen Sprachtraditionen etwa im Hinblick auf die Mobilität sowie auf einen übergeordneten bürgerlichen Bildungsbegriff gab. Gleiches galt für das Vermitteln darin eingeschlossener, spezifisch bürgerlicher Tugenden wie Reinlichkeit, Pünktlichkeit sowie gewisse Umgangsformen, also all jene neuen Techniken der Beherrschung des Körpers, der Regelung von Zeit und des sozialen Umgangs.[9] Auf all diese Dinge wurde an jüdischen Schulen besonderer Wert gelegt, da das antijüdische Stereotyp auf eben dies achtete und man Erziehung inzwischen nicht nur im Sinne des bürgerlichen Ideals der Menschenbildung verstand, sondern im Rahmen des Emanzipationsprozesses auch als zentrales Mittel zur Integration und Anerkennung durch die Umwelt. Das kulturell vorhandene Bildungsethos gemeinsam mit dem sozialen Aufstiegswillen führte zudem dazu, dass diese Erziehung und sogar die höhere Bildung über familiale Netzwerke und Stipendienprogramme selbst ärmeren Personen zugänglich gemacht wurden, so dass diese Erziehungsinhalte die jüdische Bevölkerung wohl auch im Hinblick auf die sozialen

Grenzziehungen durchgängiger erfassten als dies etwa im Hinblick auf die christliche Bevölkerung der Fall gewesen war.[10]

In dem Maße, in dem diese neue Bildung als individueller Weg zum gesellschaftlichen Aufstieg angenommen wurde und die Wissensvermittlung griff, verdrängte diese wie gesagt jedoch die eigenständigen Bildungsinstitutionen, da bereits der Aufstieg in die nächst höhere Stufe schulischer Bildung in den meisten Fällen den Übergang in das nunmehr allgemeine Schulwesen erforderte, was ein Abkoppeln von dem in weiten Teilen noch als Armenschulen, in überwiegendem Maß hinsichtlich des Leistungsniveaus als schlechter begriffenen separaten jüdischen Schulwesen nahezu notwendigerweise nach sich zog. Sicherlich gab es auch jüdische Privatschulen sowie einige ausgezeichnete gemeindefinanzierte Bildungseinrichtungen, die wie das Frankfurter *Philanthropin* auch weiterhin *au courant*, zum Teil sogar wegweisend in Bildungs- und Erziehungsfragen blieben. Insgesamt gesehen befanden sich die separaten Bildungseinrichtungen jedoch von wenigen Ausnahmen wie einigen orthodoxen Schulen bzw. wenigen Einrichtungen zentraler Großgemeinden abgesehen am Ende des 19. Jahrhunderts aber im Niedergang.[11]

Die Existenz jüdischer Schulen war in der jüdischen Gemeinschaft jedoch schon von Beginn an ein äußerst kontrovers diskutiertes Thema gewesen. Sicherlich erkannte ein ganz erheblicher Anteil der Eltern deren Funktion als ein geschützter Raum gegen die Anfeindungen und Hänseleien durch christliche Mitschüler und womöglich Lehrer an. Dieser Aspekt besserte sich jedoch im Verlauf des Jahrhunderts zweifellos, wiewohl es in klarem Bezug zur Virulenz des Antisemitismus in der Gesellschaft auch Schwankungen und durchaus Rückentwicklungen gab. Dennoch überwogen die pragmatischen Überlegungen einer bürgerlichen Lebens- und Karriereplanung. Dies, da auch an jüdischen Schulen recht klar zwischen *jüdischen* und *allgemeinen* Fächern unterschieden wurde. Zumal man die Kontakte mit der christlichen Umwelt und die Aufgabe eines spezifisch jüdischen Curriculums gerade im Bereich der höheren Bildung aufgrund des meist unvermeidlichen Übergangs von jüdischen auf christliche Einrichtungen ohnedies nicht verhindern konnte, von der allgemeinen Lebensrealität einer am Ende des Jahrhunderts kaum mehr als 1% der Gesamtbevölkerung umfassenden Minderheit einmal ganz abgesehen. Ein zunehmender und sehr bald ein überwiegender Teil der Eltern sprach sich ebenso wie ein erheblicher Teil der jüdischen Wortführer, darunter durchaus auch Rabbiner, auf dem Hintergrund des allgemeinen Verständnisses einer Trennung säkularer und religiöser Fächer trotz eines gegenseitigen Bedingens der Inhalte und aufgrund des allgemein anerkannten Erziehungsziels einer Integration im Sinne einer bürgerlichen Erziehung als Deutsche sogar direkt gegen eine separate Schulbildung, also gegen segregative Konzepte aus. Insgesamt wird man sagen können, dass der Aspekt einer integrierten oder wie es zeitgenössisch hieß einer *simultanen* gemeinsamen Erziehung unterschiedlicher religiöser Gruppen zusammen mit dem Wunsch nach einer bestmöglichen Ausbildung letztlich bei allen Parteiungen, sogar in der Orthodoxie griff, die überwiegend lediglich auf eine zusätzliche Vermittlung spezifischer religiöser Grundlagen Wert legte.

Fragt man in diesem Sinne erneut nach den spezifisch jüdischen Lehrinhalten, so lässt sich klar konstatieren, dass diese selbst in jüdischen Einrichtungen schon in den ersten Jahrzehnten des 19. Jahrhunderts zum einen im Rahmen der eindeutigen Differenzierung und Betonung von allgemeinen Wissensinhalten, also zugunsten des allgemeinen Spracherwerbs und zunehmend auch der Mathematik und Geografie, des Schreibens und weiterer Fächer deutlich zurück gedrängt wurden. Zum anderen führte die spezifische Form des für Westeuropa kennzeichnenden Säkularisierungsprozesses als ein christlich geprägter dazu, dass das Primat einer christlichen Aufsicht und Einflussnahme – und dies meint keineswegs nur eine kirchliche – über die Bildung und auf deren Inhalte letztlich erhalten blieb, was der jüdischen Seite die im Rahmen der Emanzipationsdebatte – wie wir heute wissen nur vermeintlich – versprochene Gleichbehandlung aller Religionen und Bevölkerungsgruppen tatsächlich vorenthielt, ein Zustand, der letztlich bis heute nahezu ungebrochen andauert. Dies, obwohl auch in der allgemeinen Auseinandersetzung um das Verhältnis von Staat und christlicher Kirche die spezifisch religiösen Inhalte im Rahmen eines klar begrenzten, und zunehmend verringerten Religionsunterrichts gleichermaßen zurück gedrängt wurden. Dennoch blieben christliche Inhalte, Feiertage und gesamtkulturelle Sichtweisen etwa im Rahmen des Geschichtsunterrichts erhalten, was entweder jüdische Inhalte und Zugänge außen vor ließ, vielfach wie etwa im Geschichts- oder im Rahmen des Deutschunterrichts aber sogar ein dezidiertes, geschlossenes Negativbild des Judentums vermittelte, das zunächst religiösen Ursprungs war, zunehmend aber von nationalistisch ausschließenden Konzepten überlagert wurde. Hier boten die jüdischen Schulen durchaus einen anderen Ansatz, da man die Vorzeichen sozusagen umkehren und dieser kulturellen Missachtung begegnen, wenn nicht sogar eine insgesamt jüdische Perspektive vermitteln konnte. Wiewohl es gewiss zu einer Entschärfung dieser stetigen kulturellen Missachtung und der externen Anfeindung kam, finden sich jedoch dezidiert jüdische Erziehungskonzepte, zumal solche übergreifender Natur, für die meisten jüdischen Schulen dennoch nicht. Dies mag insbesondere in den ersten Jahrzehnten am Mangel an entsprechenden Lehrkräften gelegen haben, was zur Anstellung christlicher Lehrer für die so genannten bürgerlichen Fächer führte. In jenen jüdischen Schulen, die auch christliche Schüler aufnahmen, kam es sicherlich gleichfalls nicht zu einer solch durchgreifenden, spezifisch jüdischen Pädagogik. Gerade bei den herausragenden Einrichtungen finden sich jedoch besondere Formen einer gesamtgesellschaftlich gedachten, in ‚religiösen' Inhalten sozusagen meta-religiös orientierten allgemein bürgerlich-ethisch orientierten Erziehung, ein Ansatz, der eben nicht in seiner religiösen Spezifik, sondern in seiner Offenheit nahezu als *jüdisch* charakterisiert werden kann. Die überwiegende Mehrheit der anderen Schulen entwickelte beides nicht, sondern betonte ‚lediglich' eine Stärkung jüdischer Fächer oder Inhalte, die jedoch nur vereinzelt, aber keineswegs konzeptionell in den allgemeinen Geschichtsunterricht oder die allgemeine Lektüre hineinragten.

Einen deutlichen Unterschied hierbei machten jene Schulen, die von der entstehenden Orthodoxie gegründet oder reorganisiert wurden. Da das neue jüdische Schulwesen im Ursprung und auch in der Folge ganz überwiegend der religiösen Reformbewegung zuzuordnen war, galt es, sich dieser noch vor der Übernahme der Rabbinate strukturell verfestigenden Konkurrenz gerade im Bereich der Erziehung nachkommender Generationen entgegen zu stellen. Denn die breite Übernahme der Bildung durch Reformer, die Beeinflussung der Lehrinhalte und der Lehrerausbildung durch deren Gedankengut strebte im mindesten Fall durch die Integration bürgerlicher Wissensbestände eine Säkularisierung an. In der Regel intendierte man jedoch weit darüber hinaus eine allgemeine Redefinition jüdischer Frömmigkeit von einer ritualisierten Zugangsweise hin zu einem bürgerlichen Begriff verinnerlichter, auf die sittliche Läuterung des Individuums abzielender Religiosität. In der überwiegenden Mehrheit wurden sogar dezidierte Inhalte der sich seit den 1840er Jahren verfestigenden und in den Gemeinden etablierenden jüdischen Reformbewegung transportiert. Umso entscheidender war es für die so genannten *Alt-Gläubigen* und die *Neo-* beziehungsweise *Trennungsorthodoxen*, dem entgegengesetzte Konzepte und zunehmend auch eigenständige Institutionen zu schaffen. Der früheste Entwurf eines umfassenden orthodox jüdischen Bildungskonzepts dürfte auf die Reorganisation der Hamburger Freischule, später *Talmud Tora Schule*, durch den dortigen Oberrabbiner Issac Bernays zu Beginn des 19. Jahrhunderts zurückgehen. Dieser konzipierte ein harmonisches Nebeneinander von bürgerlicher Bildung und religiösen Kenntnissen, wobei den Schülern durch ein Verschränken jüdischer und allgemeiner Lehrinhalte, durch den schulischen Alltag mit einem orthodoxen Lehrkörper jedoch zugleich jenes damals noch neue Lebensgefühl vermittelt werden sollte, dass und wie man in der Moderne als orthodoxer Jude leben könne. Zunächst scheiterte dies offenkundig daran, dass man insbesondere für die allgemeinen Fächer kaum orthodoxe jüdische Lehrer fand, was dazu führte, dass man eher christliche als reformorientierte jüdische Lehrer anstellte.

Dieses Detail verweist auf zwei generelle Probleme, nämlich zum einen, dass die inzwischen gegründeten Lehrerseminare weitgehend der gemäßigten Reform anhingen, die dort ausgebildeten Lehrer also für eine orthodoxe Erziehung ausschieden, was bedeutete, dass sich die Orthodoxie eigene Lehrerseminare schaffen musste, um ihren Schulen die staatliche Anerkennung zu sichern. Zum anderen weist dies auf eine grundlegende Entscheidung auch orthodoxer Eltern hin, die ihre Kinder demzufolge selbst bei Vorhandensein einer jüdischen, aber nicht spezifisch orthodoxen Schule eher in christliche Einrichtungen schickten, bevor man den Nachwuchs dem verderblichen Einfluss jenes neuen, zunehmend als häretisch empfundenen Judentums aussetzte. Damit brach den jüdischen Schulen aber gerade das treueste Klientel für eine dezidiert jüdische Erziehung fort, da diese Gruppe eher bereit war, sich mit den Problemen einer Aufrechterhaltung des Religionsrechts in einer christlichen Schule und einem dort vorgegebenen Schulalltag auseinanderzusetzen, als ein subversives Unterwandern eigener religiöser Überzeugungen durch reformorientierte jüdische Lehrer hinzunehmen.[12] Und im Bezug auf das sehr viel kleinere, da überwiegend separat beziehungsweise zusätzlich finanzierte orthodoxe Schulwesen konnte die generelle, mit der gesellschaftlichen Aufwärtsbewegung verknüpfte Dynamik einer strukturellen Gefährdung eigener Einrichtungen noch weniger beherrscht werden.

Auf dem Hintergrund eigener schulischer Erfahrungen in Hamburg entwickelte der Gründungsvater der so genannten *Austritts-Orthodoxie*, die auf eine vollständige Trennung der orthodoxen von den nunmehr weitgehend reformorientierten Gemeinden und ihren Institutionen pochte, der Frankfurter Vereins-Rabbiner Samson Raphael

Hirsch, ein pädagogisches Konzept eines harmonischen Nebeneinanders, ja nahezu eines gegenseitigen Bedingens von bürgerlicher und religiöser Bildung. Dieses Konzept, das in Übernahme des Bernaysschen Ansatzes unter dem hebräischen Begriff *Torah im Derech Erez*, also ‚religiöser im Verbund mit allgemeiner Bildung' Schule machte, war jedoch wohl an jenen Punkten am innovativsten, an denen es um die ideologische Verbreitung desselben ging und an denen Hirschs ideale Vorstellung griff, nämlich dass eine gute jüdische Schule eigentlich keines spezifischen Unterrichts in jüdischen Dingen bedürfe, da jede Unterrichtseinheit als eine jüdische gestaltet werden könne und sollte.[13]

Die hierbei zu spürende Notwendigkeit eines stetigen Vorlebens jüdischer Orthopraxie im schulischen Umfeld, also des Vertrautmachens mit der Vielzahl alltäglicher Rituale und religiöser Pflichten, wuchs in dem Maße, in dem diese aus der Öffentlichkeit verschwanden und sogar in den Elternhäusern im Rückgang begriffen waren. Dass sich dieses Konzept so nicht umsetzen ließ, zeigt bereits die durch S. R. Hirsch in Frankfurt am Main selbst gegründete Schule, eine separat finanzierte Einrichtung jenes zahlenmäßig kleinen orthodoxen Verbands, der neben der ‚eigentlichen' jüdischen Gemeinde und einer darin integrierten Mehrheit der orthodoxen Bevölkerung mit einem gleichfalls orthodoxen Hauptrabbinat bestand. Die Notwendigkeit, zugunsten einer staatlichen Anerkennung des Abschlusses in einem vorbestimmten Umfang gewisse allgemeine Fächer anzubieten, schränkte die dezidiert jüdischen Fächer gegenüber Hirschs Konzeption bereits erheblich ein. Mit der zunehmenden Änderung der Lehrpläne durch ein Verstärken naturwissenschaftlicher Inhalte gegen Ende des Jahrhunderts hin wurde dieser Druck so groß, dass Hirschs Sohn Mendel als dessen Nachfolger in der Schulleitung letztlich kaum mehr übrig blieb, als selbst den zuvor zum Zentrum jüdischen Wissens erklärten Hebräischunterricht deutlich zurückzunehmen. Wiewohl dieser im Vergleich zu anderen jüdischen Schulen hier sicherlich immer noch mehr Raum einnahm, genügte dies weder dem eigenen pädagogischen Anspruch, noch ermöglichte es einen als angemessen empfundenen Spracherwerb. Infolge dessen sahen sich beispielsweise das konservative Breslauer ebenso wie das orthodoxe Berliner Rabbinerseminar im Bezug auf die Hebräischkenntnisse, in der Folge aber auch auf die Kenntnisse der rabbinischen Literatur insbesondere bei deutschen Studenten gezwungen, Vorprüfungen beziehungsweise vorgeschaltete Aufbaustudiengänge einzurichten. Eine ähnliche Entwicklung betraf an dieser Schule der *Israelitischen Religionsgesellschaft Frankfurt am Main* aber auch die anderen jüdischen Fächer, die insgesamt zunächst etwa die Hälfte der Lehrinhalte umfassten, gegen Ende des Jahrhunderts jedoch etwa nurmehr vier bis sechs Wochenstunden.[14]

Wiewohl dies weit mehr war, als andere Schulen – selbst jüdische – boten, wandte sich wie gesagt letztlich auch die Orthodoxie von dieser Schulform ab. Dass die Frankfurter Schule der Trennungs-Orthodoxie ebenso wie die durch den orthodoxen Hamburger Oberrabbiner Joseph Carlebach nach dem Hirschschen pädagogischen Konzept reorganisierte dortige Schule zu Beginn des 20. Jahrhunderts einen Aufschwung erlebten, verdankten beide der Zuwanderung osteuropäischer Juden seit den 1870er Jahren, die zu erheblichen Teilen fest in der Orthodoxie verankert noch eher nach einer spezifischen Ausbildung – dies aber erneut auch im Hinblick auf eine besondere Hinführung zu allgemeinen Lehrinhalten wie der deutschen Sprache, ein Thema, das sich für die anderen jüdischen Schulen inzwischen erübrigt hatte – für ihre Kinder suchten und diese vermehrt auf jene beiden Schulen schickten. Die Vorstellung, dass man in allen Fächern jüdisches Wissen erwerbe, erwies sich abgesehen von einer gewissen religiösen Vorbildfunktion der Lehrer und einer etwas größeren Betonung allgemeiner jüdischer Inhalte – wie zu erwarten war – aber als wenig tauglich.[15]

Ganz im Gegensatz zu dieser kleinen Sonderform jüdischer Pädagogik war das allgemeine jüdische Schulwesen in Bayern, das durchgängig von der Orthodoxie bestimmt wurde, durchaus erfolgreich. Dies jedoch vor allem, da die Regierungspolitik vom orthodoxen Rabbinat schon früh und dauerhaft gegen die Reformbewegung eingenommen werden konnte und zugleich lange konservativ auf eine Trennung religiöser Gruppen hin ausgerichtet blieb. Beides sicherte dem orthodoxen Rabbinat sowohl seine Vorherrschaft in der überwiegenden Anzahl der Gemeinden bis in das 20. Jahrhundert hinein. Es erhielt hier anders als in vielen anderen Staaten auch die direkte Oberaufsicht über das staatlicherseits verordnete jüdische Bildungswesen sowie über die Lehrerfortbildung, und konnte mit eigenen Lehrerseminaren und Präparandenanstalten ein vergleichsweise geschlossenes System orthodoxer Schulbildung aufbauen, das für die Schüler zudem durch den Staat verpflichtend gemacht wurde, zum Teil auch dessen finanzielle Unterstützung genoss.[16]

Erstaunlicherweise gelang es letztendlich jedoch nicht, den zweiten möglichen Weg einer jüdischen Erziehung zu sichern. Aufgrund der allgemein zunehmenden Bedeutung von Bildung, im Verlauf des sozialen Aufstiegs zunehmend von höherer Schulbildung, zeichnete es sich eigentlich schon früh ab, dass allein aufgrund der drängenden und dauerhaften Finanzierungsproblematik eines separaten jüdischen Schulwesens insbesondere auf dem Hintergrund abnehmender Schülerzahlen das entscheidende Modell letztlich eine in den allgemeinen Unterricht an staatlichen Schulen integrierte jüdisch-religiöse Erziehung sein musste, also ein sich parallel zum christlichen herausbildender jüdischer Religionsunterricht. Dennoch wurde dies in den zeitgenössischen Debatten so nicht wahrgenommen. So entwarfen gerade jene Personen, die sich mit jüdischer Pädagogik befassten, in der Regel sehr viel anspruchsvollere, eigenständige Konzepte. Es lassen sich dafür sicherlich auch ganz andere Gründe nennen, so etwa die heterogenen Ausgangsbedingungen in den verschiedenen Staaten, die es auch einer größeren Minderheit erschwert hätten, entsprechende Ressourcen, Konzepte und Ausbildungsstätten zu entwickeln und bereitzustellen. Sicherlich ist auch die Besoldung jüdischer Lehrer zu nennen, die von einer Übernahme der Kosten durch die Gemeinden – zum Teil bei gleichzeitigem Zwang, neben den jüdischen Schulen zum Erhalt des allgemeinen staatlichen Unterrichtswesens beizutragen, was eine erhebliche Doppelbelastung darstellte –, teilweise staatlicher Zuschüsse bis hin zur Kostenübernahme durch den Staat reichen konnte. Generell blieb das Gehalt für jüdische Lehrer – ganz besonders auf dem Land und noch weit mehr für Lehrerinnen – gering, weshalb ihre bald gegründeten Berufsverbände sich vor allem den ökonomischen und sozialen Problemen widmeten, also Fragen der Besoldung und Pensionierung sowie dem geringen gesellschaftlichen Status dieser Lehrer. Hinzu kam, dass jüdische Lehrer an allgemeinen Schulen überwiegend einen schweren Stand hatten und durchweg die Ausnahme blieben; und selbst dann übernahmen sie einen spezifisch jüdischen Unterricht meist nur jenseits ihrer eigentlichen Dienstpflichten, so dass diese nahe liegende Lösung letztlich nicht umgesetzt werden konnte.[17]

In jedem Fall wies diese Variante im Vergleich zu der gleichzeitig gebotenen christlichen Bildung natürlich einen deutlichen Nachteil auf, was auch alle jüdischen Beteiligten erkannten und weshalb dieses unter pragmatischen Gesichtspunkten sinnvollere Konzept auch so wenig Unterstützer fand. Denn nicht nur, dass damit der eigenständige ethnische, also auch der eigene historische Anteil jüdischer Tradition und Selbstverständnisses weitgehend außen vor blieb – denn für diese Aspekte gab es im Rahmen der öffentlichen Schulen weder Raum noch Zeit, also keine Anerkennung –; auf der christlichen Seite war es keineswegs zu einer durchgängigen Säkularisierung der allgemeinen Lehrinhalte gekommen, so dass grundlegende christliche Deutungsmuster, zu einem erheblichen Teil sogar religiöse Traditionen im allgemeinen Unterricht weiterhin vermittelt wurden, also auch den jüdischen Schulkindern. Der hier letztlich aus einer kulturell eigenständigen Sicht und in diesem Sinn bei aller Integrationswilligkeit auch segregativ agierende Ansatz, der auf der Anwesenheit jüdischer Aspekte als positives Erbe einer Menschheitsgeschichte und womöglich sogar auf eigenständigen Zugangsweisen und Lehrinhalten beharrte, erschwerte abermals die Hinwendung zu einer pragmatischen Lösung.

Die Variante, dass eine Gemeinde der ländlichen Variante vergleichbar innerhalb einer Stadt einen ‚Wanderlehrer' besoldete, der von Schule zu Schule ging, um dort die jüdischen Schüler zu unterrichten, wurde durchaus versucht, konnte sich aber gegenüber Sonntagsschulen oder einem zentralisierten Nachmittagsunterricht nicht durchsetzen, was zweifellos die verpflichtende Teilnahme eher schwinden ließ. Daher wurde schon gegen Ende des 19. Jahrhunderts recht durchgängig geklagt, dass ein Teil der Kinder entweder am christlichen Religionsunterricht teilnehme oder einen erheblichen Teil dieser Stunden einfach ausfallen lasse, während andere aufgrund eines mangelnden Angebots gar nicht erst regulären Unterricht erhielten. Wie sich die religiöse Bildung im freiwilligen Bereich wirklich gestaltete, lässt sich schwer sagen und statistisch letztlich nicht erfassen. Man wird jedoch davon ausgehen müssen, dass nicht nur Teile der orthodoxen Eltern und Gemeinden hier für einen Ersatz etwa durch privaten Unterricht sorgten; insofern ist den dramatischen Zahlen mangelnder jüdischer Bildung wohl nicht ganz zu trauen. Wiewohl entscheidende strukturelle Aspekte gegen eine eigenständige, weitgehend selbst finanzierte, institutionell aufwändige Organisation jüdischer Schulbildung sprachen, erlangte die kostengünstigere und praktikablere Variante einer Integration derselben in das vorgegebene Muster eines nunmehr staatlich festgeschriebenen Curriculums wie gesagt kaum eine entsprechende Bedeutung. Und selbst dort, wo ein solcher Unterricht bestand – und dies galt für die reformorientierte Richtung ebenso wie für die orthodoxe – wurde dieser von vielen Zeitgenossen im Rückblick als Fremdkörper wahrgenommen, als überflüssig und langweilig, und kaum als ein willkommener oder gar notwendiger Teil eigener Bildungsziele und -chancen.[18]

Schaut man sich die Inhalte der spezifischen jüdischen Fächer an, so finden sich hier bereits Hinweise, die dieses Versagen jüdischer Pädagogik ganz im Gegensatz zur unzweifelhaft positiven Entwicklung der allgemeinen Bildungsgeschichte der deutschen Juden erklären. Neben die strukturellen Probleme der Gewährleistung, Finanzierung und Tauglichkeit sowie der ideologischen Fundierung spezifischer Einrichtungen trat nämlich die Frage, was im Rahmen einer jüdischen Bildung denn zu vermitteln sei. Hierbei – dies lässt sich aus dem bereits Gesagten schon erahnen – gab es zweifellos vereinzelt einen Maximalkatalog sowie einen Minimalkonsens, wobei die strukturellen Vorgaben einer deutlichen Stärkung allgemeiner Fächer und eines staatlich geregelten, verpflichtenden Curriculums bereits den Weg in Richtung des Minimalkonsenses vorzeichneten. Das Modell insbesondere der ersten Jahrzehnte des 19. Jahrhunderts einer grundlegenden Strukturierung des Lehrplans in den hebräischen Spracherwerb mit Lektüre, einen spezifischen Geschichtsunterricht sowie einen davon unterschiedenen Religionsunterricht konnte wenigstens im Ansatz letztlich nur in den orthodoxen Schulen gewahrt werden, wobei auch diese erhebliche Schwierigkeit hatten, all dies in den zunehmend starrer und enger werdenden allgemein verpflichtenden Stundenplan zu integrieren. Dies versuchte man häufig, indem der hebräische Spracherwerb mit der Lektüre zentraler Stellen der Bibel zusammengelegt wurde, wobei die reformorientierten Schulen diesen Spracherwerb zunehmend aufgaben und sich allein der Lektüre widmeten. Ein eigenständiger Geschichtsunterricht ließ sich kaum halten, denn parallel zu der Planung christlichen Religionsunterrichts konnten letztlich nur jüdische Religionsstunden in die festgelegten Stundenkontingente eingeschoben werden.

Und gerade im Rahmen dieses spezifischen Religionsunterrichts orientierte man sich schon sehr früh an christlichen Vorgaben religiöser Wissensvermittlung. Alle jüdischen Religionskompendien des 19. Jahrhunderts lehnten sich in der Form und zu einem erheblichen Teil auch in ihren Inhalten an die für den christlichen Bereich typischen religiösen Katechismen an, die im wesentlichen dogmatische Aspekte im Sinne von Lehrsätzen auflisteten. Auch die Form der Wissensvermittlung blieb hier wie dort an diese Vorlagen geknüpft, wobei den Schülern sozusagen ein fester Katalog vermittelt werden sollte, der meist gemeinsam gelesen und abgeprüft wurde. Selbst innovative pädagogische Ansätze kritisierten allenfalls diese wenig kindgerechte Art der Wissensvermittlung. Sie plädierten für ein dialogisches Lernen und zunehmend auch für ein eigenständiges Erschließen der vorgegebenen Inhalte, veränderten diese jedoch bezeichnenderweise nur marginal: Die Lehrbücher geben – wie wir auch aus Autobiographien wissen – daher die eigentlichen Inhalte recht genau wieder.[19]

Wiewohl diese spezifische Form der Wissensvermittlung über das gesamte Jahrhundert hinweg und zwar aus allen religiösen Lagern kritisiert wurde, da sie nach allgemeiner Auffassung der jüdischen Religion widerspreche, zeigt die Fülle der bis etwa 1900 erschienenen, zum Teil mehrfach aufgelegten jüdischen Religionslehren, dass sie mit ganz vereinzelten Ausnahmen dennoch weiterhin dem gesamtgesellschaftlich verbindlichen Format folgt. Dies, obwohl sich bereits deren grundlegende Struktur deutlich an der christlichen Vorstellung eines verbindlichen Katalogs von Glaubensgrundsätzen orientierte, die der Gläubige zu kennen, zu befolgen und zu verinnerlichen habe. Demgegenüber war der Zugang des Judentums zumindest zu Beginn des Jahrhunderts sowie in der Orthodoxie auf eine Orthopraxie, also ein spezifisches Handeln ausgerichtet, wobei die reformorientierte, letztlich aber auch die orthodoxe Seite in Abgrenzung zum Christentum gerade den undogmatischen Charakter des Judentums betonten. Dennoch findet sich beides in diesen Kompendien kaum wieder, sodass sich diese vermutlich aufgrund der engen Orientierung an einer bürgerlichen, letztlich am liberalen Protestantismus orientierten Vorstellung von verinnerlichter Religiosität und allgemeiner Moralität in allgemeinen ethischen Lehrsprüchen, zuweilen mit knappen, überwiegend biblischen Verweisstellen erschöpften. In der frühen Orthodoxie wurde diesen allenfalls ein Zusatzkatalog beigefügt, der über die wichtigsten Rituale und die dabei zu verrichtenden Segenssprüche Auskunft gab. Im Rahmen der sich herausbildenden modernen Orthodoxie und später im Rahmen der Austritts-Orthodoxie versuchte man sich dann ganz vereinzelt an eigenen Ansätzen. Bezeichnenderweise vermochten sich jedoch sogar diese hinsichtlich ihrer Struktur und weitgehend auch im Inhalt ebenso nicht von den reformorientierten Religionskatechismen loszulösen. Zum Teil mag ein Grund dafür auch die Notwendigkeit einer staatlichen Approbation für schulische Lehrbücher gewesen sein, weshalb man sich sozusagen an das gängige Format hielt. Es sind uns jedoch nur vereinzelt dezidierte Ablehnungen von Seiten der beaufsichtigenden Behörden bekannt, so dass der Grund hierfür sehr viel wahrscheinlicher einfach das insgesamt gewandelte, wissentlich über die Generationengrenzen hinweg vermittelte Verständnis von religiösem Ritual und der gesellschaftlichen Bedeutung sowie dem Ort von Religion war.[20] Da die für die Schule sowie für die Erwachsenenbildung verwandten Lehrbücher anders als statistische Daten zur schulischen Erziehung eben auch jenen vermutlich recht großen Bereich einer außerschulischen, zum Teil sogar privaten Vermittlung jüdischer Inhalte dokumentieren, lässt sich konstatieren, dass hier durchgängig ein ganz neues Bild des Judentums vermittelt wurde, das spezifische Strukturen aufweist. Im Vergleich zu dem frühneuzeitlichen und letztlich auch gegenüber dem zumindest von der Orthodoxie theologisch weiter aufrechterhaltenen, aber eben nicht schulisch tradierten Bild von jüdischer Religiosität fehlten die rituellen Aspekte des Judentums nun nahezu vollständig. Und dies nicht nur in ihrer praktischen Umsetzung, sondern bereits in ihrer theoretischen Form. Die Praxis wurde ohnedies recht rasch weitgehend in die Familien verwiesen, dort aber zunehmend nicht mehr geleistet.[21] Die Vielzahl alltäglicher Rituale verschwand fast schlagartig aus der organisierten Bildung nachkommender Generationen – und dies verblüffenderweise in nahezu allen Kompendien, während man sich insbesondere der Vermittlung abstrakter moralischer Inhalte widmete. Diese zielten zudem deutlich in Richtung eines überreligiös verstandenen allgemeinen Humanismus, boten im Rahmen ‚eigener' religiöser Erziehung in diesem Sinne also anderes, aus eigener Perspektive sogar weit mehr als nur das Jüdische. Die Form, in der dies geschah, war, wie gesagt, weitgehend stereotyp. Meist folgten die Kompendien den 13 Glaubensgrundsätzen des Maimonides unter Hinzunahme der zehn Gebote, wobei ein grobes Grundgerüst jüdischen Monotheismus mit einer als allgemein verstandenen Ethik gepaart wurde, die vor allem als integrativ, als anschlussfähig für eine christliche Sichtweise gedacht war; gemeint war damit eine liberal protestantische im Sinne moderner bürgerlicher Religiosität.[22]

Schaut man auf die beiden anderen Sorten von Schulbüchern, so boten die Lesebücher – dies sagte auch schon der Name meist – in der Regel nur ausgewählte Textteile aus der hebräischen Bibel, was gleichermaßen die Anschlussfähigkeit gegenüber dem Christentum bestärken sollte. Aus der reichhaltigen rabbinischen Literatur findet sich, von einigen Sentenzen vor allem aus dem kleinen philosophischen Talmudtraktat *Pirke Awot*, den Sprüchen der Väter, abgesehen, nahezu nichts. Die eigentlichen Quellen des rabbinischen Judentums wurden zumindest in dieser standardisierten schulischen Form nicht mehr vermittelt, da gerade die Reformbewegung diesem Erbe kritisch gegenüber stand. Schaut man in die Geschichtslehrbücher, von denen jedoch nur einige wenige auch dezidiert Eingang in den schulischen Unterricht fanden, so beschränkte sich die Mehrzahl ausschließlich auf biblische Geschichte und endete häufig schon mit dem Beginn der rabbinischen Ära, klammerte also abermals die Besonderheiten der eigenen religiösen Tradition aus. Diejenigen, die zumindest die Gründungsphase des rabbinischen Judentums erwähnten oder sogar darüber hinausgingen, taten dies ausgesprochen summarisch und selbst die wissenschaftlichen Geschichtsdarstellungen entwickelten eine ganz spezifische Sichtweise, die hier jedoch nicht eingehender dargestellt werden kann. In einem Punkt mag sie dennoch erwähnenswert sein: Die sehr verbreitete negative Darstellung der rabbinischen Tradition bereits der talmudischen, jedoch insbesondere der nach-talmudischen Zeit paarte sich direkt mit einem weitgehenden Auslassen der eigenen Geschichte im Sinne der direkten Vorgeschichte der eigenen Gemeinden und Familien. Ersteres erklärt sich aufgrund der negativen Bewertung einer rabbinischen, dem antijüdischen Argument folgend als engstirnig, verfehlt und juristisch versponnen begriffenen religiösen Tradition, zweiteres aus dem Empfinden, dass die eigene Vorgeschichte aufgrund der eingegrenzten und gefährdeten Lebenssituation vor der Emanzipation allenfalls den kulturellen und letztlich auch moralischen Verfall dokumentiere, eine Situation, die zu jener Verdorbenheit der jüdischen Gesellschaft geführt habe, aus der man sich nun mittels einer Menschenbildung zu erheben gedachte. Vermutlich wäre das geschichtliche und auch das religiöse Ausagieren eigener Sichtweisen gerade gegenüber den christlichen Traditionen von außen auch gar nicht toleriert worden. Es sprach aber bereits gegen die grundlegende Vorstellung jüdischer Erziehung im Sinne einer positiv gedachten Integration, weshalb man sowohl ein Aufrechnen historischer Schuld als auch eine klare Darstellung religiöser Differenzen vermied.[23]

Wiewohl damit ein ganz neues Konzept und ein völlig verändertes Wissenskonvolut zum Judentum geschaffen und durchaus erfolgreich vermittelt wurde – was zweifellos auch den erstaunlich raschen Aufstieg der jüdischen Reformbewegung erklärt –, war dessen Eigenständigkeit, also das spezifisch Jüdische, gegebenenfalls sogar das zur Umwelt Widerständige zwar in gewisser Weise durchaus erkennbar. Es zeichnete sich jedoch durch eine Abwendung fort von einer gemeinschaftlichen, ritualisierten religiösen Praxis hin zu einem bürgerlich verinnerlichten Verständnis individualisierter Konfession aus, die zudem eine allgemein ethische Gesamtausrichtung zum eigentlichen und zum eigenen Inhalt erhob, also die Auflösung religiös trennender Inhalte mit einschloss und damit mögliche spezifisch ‚jüdische' Inhalte wieder verschwimmen ließ. Gerade in dem Maße, in dem man in Richtung einer zwar durch das Judentum entwickelten und vermittelten, jedoch die gesamte Menschheit betreffenden moralischen Grundkonstitution argumentierte und strebte, musste der ohnedies schon strukturell zurückgedrängte Aspekt einer ethnischen und historischen Eigenständigkeit nunmehr auch auf ideologisch religiöser Ebene unklarer werden, weshalb er zunehmend in den Hintergrund trat. Im Rahmen dieser bürgerlich orientierten Bildungszusammenhänge, die nicht durch spezifische orthodoxe Intentionen eine besondere Färbung erhielten, die hier einiges hinzufügten, jedoch wohlgemerkt auch kein grundlegend anderes Konzept boten, lässt sich deutlich beobachten, wie Eltern und Kinder mit dem Erfolg dieser Erziehung, die eben mehr als eine reine Wissensvermittlung war, diesen spezifisch jüdischen Zugang zu den allgemein moralischen Werten nicht mehr als entscheidend begriffen, da man jene ohnedies verinnerlicht hatte. Dies zumal, wenn die Lebensplanung eine Entscheidung zwischen besserer allgemeiner Schulbildung oder dem Erhalt eines jüdischen Religionsunterrichts forderte. Die bekannten statistischen Daten eines erheblichen Mangels an schulischer Bildung in jüdischer Religion etwa in der Weimarer Republik können deshalb kaum verwundern, zumal der Bestand an jüdischem Wissen ganz erkennbar – sicherlich auch im Rahmen der Orthodoxie, wiewohl hier weit mehr vermittelt wurde – insgesamt zurückging, und dies durchaus auch in den Augen all jener jüdischen Reformtheologen, die sich gleichfalls andere Ergebnisse erwartet hatten.

Wiewohl insbesondere in Großgemeinden wie Berlin gerade zu Beginn des 20. Jahrhunderts mehrfach Anstrengungen unternommen worden waren, hieran etwas zu ändern, erwiesen sich diese Versuche insgesamt gesehen als wenig erfolgreich.[24] Der Aufschwung der nun entstehenden, sicherlich auch als Generationenkonflikt zu verstehenden Bewegungen hin zu einem neuen Zugang zur eigenen Geschichte und Kultur – wobei Religion jedoch weit eher als historisches denn als ein das Leben leitendes Phänomen angesehen wurde – steht in direktem Zusammenhang mit diesem Mangel an kulturspezifischer Bildung. Dies gilt sowohl für die sich nun entwickelnden jüdischen Lehrhäuser, die im Sinne der Volkshochschulen eine ganz spezifische jüdische Erwachsenenbildung letztlich von Laien für Laien boten, wie auch für die Vielzahl jüdischer Jugendverbände. All diese neuen Ansätze standen im Spannungsfeld eines spürbaren und auch politisch virulenten Antisemitismus gepaart mit neo-romantisch nationalen und ethnischen Konzepten. Ebenso wie die Lehrhäuser wollten auch die jüdischen

Jugendverbände mit klarem Bezug zur *Wandervogelbewegung* die spezifische Gruppenzugehörigkeit stärken oder neu begründen, was man mit einer Vermittlung spezifischer jüdischer Inhalte verband. In diesem Sinne wurde sicherlich auch für den nunmehr erstarkenden jüdischen Nationalismus, vor allem den Zionismus, ein neues Bild entworfen und neue Kenntnisse ‚eigener' Kultur und Lebensweisen benannt. Diese verwiesen bezeichnenderweise auf das modernisierungskritische Konstrukt eines von den Identitätskonflikten der Moderne angeblich noch unberührten Judentums in Osteuropa, dem gegenüber die im Westen etablierte jüdische Lebensweise nunmehr als saturiert und vor allem als assimiliert wahrgenommen wurde. Als verpönte bürgerliche Kultur besaß sie nur wenig Reiz, da die Lebensentwürfe der Eltern ungeachtet des reichen jüdischen Lebens angeblich ihr Zentrum, ihren jüdischen Selbstbezug verloren hatten, wogegen das zitierte Bild wahren jüdischen Lebens hochgradig konstruiert und damit, im Gegensatz zur Lebensrealität in Osteuropa, ungefährdet war.[25]

Mit der Machtergreifung der Nationalsozialisten änderte sich all dies in rapider Abfolge zunehmender Diskriminierungen, dann der Verdrängung aus dem Berufsleben und der Öffentlichkeit, und schließlich der Vertreibung und Ermordung der jüdischen Bevölkerungen Europas, eine Geschichte, die hier ebenso wie die Geschichte des Wiederaufbaus jüdischer Gemeinden nach dem Holocaust nur stichwortartig Erwähnung finden kann. Nun erfuhren die bestehenden jüdischen Einrichtungen aufgrund der zunehmenden Diskriminierung jüdischer Kinder in den allgemeinen Schulen einen ganz erheblichen Zulauf. Die Situation änderte sich abermals schlagartig, als mit der Entlassung jüdischer Lehrer aus dem Staatsdienst diesen ein Betätigungsfeld und ein Einkommen geschaffen werden mussten, was *ad hoc* zum Anwachsen sowie zu Neugründungen jüdischer Schulen führte, die dann mit dem Ausschluss der jüdischen Jugend aus dem allgemeinen Schulwesen diese Generation aufzufangen versuchten. Wiewohl das nunmehr entstehende Schulwesen primär die allgemeine Schulbildung ersetzen sollte, wurden in Reaktion auf die umfassenden Ausgrenzungen und Anfeindungen nunmehr zugleich auch spezifisch jüdische Lehrinhalte aufgegriffen, wobei viele – ähnlich wie die bereits zuvor entstandenen, häufig auch landwirtschaftlich orientierten Sommercamps und Workshops von zionistischer Seite – bereits die Auswanderung, den dafür notwendigen Spracherwerb im Englischen oder Spanischen, aber auch im Hebräischen, sowie eine spezifische, zum Aufbau einer Lebensgrundlage als notwendig erachtete Berufsvorbildung insbesondere handwerklicher oder landwirtschaftlicher Natur boten. Die nun für wenige Monate und Jahre entstehenden beziehungsweise verstärkt besuchten jüdischen Schulen dienten damit nicht nur als Schutzraum für die gefährdete Jugend, sondern durchaus als ein Medium, in der Bedrohungs- und Verfolgungssituation noch einen Rückhalt und im Rahmen des Möglichen eine Zukunftsplanung durch eine auch als spezifisch jüdisch gedachte Erziehung zu bieten. Dies endete mit der Vernichtung des europäischen Judentums.[26]

Während in den letzten Jahren diese Zeit des Überlebenskampfes zunehmend in den Fokus der Forschung gerückt ist, liegen für das Erziehungswesen der Zeit nach der Zerstörung bislang nahezu keine Daten und Arbeiten vor, so dass hier – insbesondere was die jüngeren Entwicklungen angeht – kaum mehr als eine allgemeine Einschätzung, insbesondere aufgrund persönlicher sowie durch Gespräche vertiefter Kenntnisse geboten werden kann. Eine spezifisch jüdische Erziehung fand, wie neuere Untersuchungen zeigen, nach der Befreiung aus den Konzentrations- und Arbeitslagern in jenen Auffanglagern statt, in denen die Überlebenden der Vernichtung zum Teil noch über Jahre hinweg interniert waren. Nachdem es in den Jahren nach 1945, in dem Maß, in dem man sich des Wunders, der Vernichtung entgangen zu sein, bewusst wurde, zu einem kleinen *babyboom* in den Reihen der verschleppten, vollkommen verarmten und ihrer Angehörigen beraubten Überlebenden kam, bildeten sich hier ein zunächst weitgehend improvisiertes, dann zunehmend strukturiertes Primärbildungssystem heraus, das jedoch auf die einzelnen Lager wie etwa jenes in Föhrenwald begrenzt bleibt und allenfalls durch ausländische Hilfsorganisationen wie der *UNRRA* übergreifende Verbindungen erhielt.[27] Für diese neue Generation wurden innerhalb der Camps so genannter *Displaced Persons* (DPs) bei Unterstützung jüdischer Organisationen insbesondere aus den USA sowie zionistischer Gruppen weitgehend eigenständig eigene Schulen aufgebaut, in denen eine ‚jüdische Erziehung' die Regel war, dies schon in dem Sinne, da der allgemeine Unterricht auf der Suche nach einer gemeinsamen Sprache für die mehrheitlich aus Osteuropa stammenden Überlebenden häufig auch auf Jiddisch gehalten wurde. Inwieweit hier religiöse Inhalte gemäß spezifisch vereinbarter Vorstellungen vermittelt wurden, wurde bislang nicht untersucht; es wird jedoch davon auszugehen sein, dass die erheblichen Differenzen in der politischen und religiösen beziehungsweise säkularen Ausrichtung der aus ganz unterschiedlichen Ländern, mit ganz persönlichen Hintergründen zusammengewürfelten Gruppen dies pragmatisch nach Mehrheiten entschieden. Recht durchgängig wird sich sagen lassen, dass der Unterricht insgesamt häufig eine starke zionistische Komponente aufwies, da man generell die Auswanderung plante, häufig nach Palästina. Diese schwachen Ansätze zu einem eigenen jüdischen Erziehungswesen blieben bewusst von der Umgebungsgesellschaft der ehemaligen Mörder getrennt, dies zumal diese noch über Jahre hinweg stark antisemitisch eingestellt blieb. Mit der Auflösung der DP-Camps brach dieses improvisierte Schulsystem jedoch zusammen, da die dort aufwachsenden Kinder mit dem Umzug meist in die Städte nunmehr in allgemeine Schulen eingeschult wurden, was in der überwiegenden Regel sowohl aufgrund der eigenen Geschichte als auch der bislang gehabten Erziehung – gerade auch bei jenen, die Zuhause und in den Camps weitgehend nur Jiddisch beziehungsweise andere Sprachen sprachen – eine erhebliche Hürde mit bleibenden Reibungspunkten darstellte.[28] Im Rahmen des zunächst teilweise von deutschen Holocaustüberlebenden und zugleich, später dann zunehmend von jenen häufig landsmannschaftlich organisierten Überlebendengruppen osteuropäischer Herkunft organisierten Aufbaus jüdischer Gemeinden versuchte man neben Gottesdiensten sowie sozialen Hilfsangeboten meist auch einen Unterricht für die Jugend einzurichten, der sich wohl weitgehend als Religionsunterricht im engeren Sinne darstellte. Von einem Wiederaufbau jüdischen Lebens in Deutschland kann man zu diesem Zeitpunkt jedoch letztlich noch nicht sprechen, da die Vorstellung, in jenem Land, von dem die Vernichtungspolitik ausgegangen war, im Umfeld der Mörder, zumindest aber der Zuschauer des Völkermords zu bleiben, unerträglich war und die Zeichen für lange Zeit zunächst auf Auswanderung, dann auf eine Übergangslösung und erst allmählich auf ein dauerhaftes Provisorium hin ausgerichtet blieben.[29] Letztlich zog sich diese Phase trotz klarer Stabilisierungstendenzen spätestens seit den 1960er Jahren bis nahezu in die 1990er Jahre hin, bis – insbesondere die nachgewachsene Generation – allmählich den *status quo* eines Lebens in Deutschland zwar immer noch als problematisch, aber doch in vielfacher Weise auch als legitim ansah.

Hinsichtlich der schulischen Erziehung finden sich heute nur wenige jüdische Schulen, wie etwa jene in Frankfurt a.M., Berlin, Düsseldorf, München und Köln; insgesamt sieben Schulen an fünf Standorten.[30] Die ganz überwiegende Mehrzahl der Gemeinden orientiert sich prinzipiell an dem im allgemeinen Schulwesen etablierten Modell eines Religionsunterrichts, der innerhalb desselben erteilt beziehungsweise außerhalb organisiert in die bestehenden Curricula hineingestellt wird. Wiewohl hierfür keine Daten vorliegen, war in den mehrheitlich überalterten, kleinen Gemeinden, die von ganz wenigen Ausnahmen abgesehen weitgehend allein von öffentlichen Zuschüssen abhängig waren und ihre Institutionen sowie das hierfür benötigte Personal nicht eigenständig finanzieren konnten, trotz des seit den 1960er Jahren durchgängigen Aufstiegs in die Mittelklasse selbst dies kaum zu leisten. Trotz sicherlich vielfacher Anstrengungen, die jedoch in erheblichem Maß vom persönlichen Einsatz einzelner Personen und dem jeweiligen Umfeld der spezifischen Gemeinden abhängig gewesen sein dürften, war die Situation eines durchgängigen jüdischen Religionsunterrichts gerade in der Zeit einer allmählichen Konsolidierung der Gemeinden von den 1960er bis mindestens in die späten 1980er Jahre hinein insgesamt gesehen sicherlich schwierig. Gerade in den kleineren Gemeinden dürfte für die wenigen Jugendlichen aufgrund mangelnder Lehrkräfte häufig gar kein entsprechender Unterricht erteilt worden sein. Insbesondere dort, wo nur wenige Jugendliche lebten, wo es aber gar keine eigene Gemeinde gab, konnte diese Situation abermals entweder notdürftig durch ‚Wanderlehrer' oder durch das Verlagern des kontinuierlichen Unterrichts auf kompakte Lehreinheiten allenfalls abgemildert werden. Und selbst dort, wo die Gemeinden hierauf reagierten und reagieren konnten, dürfte für männliche Jugendliche ein regelmäßiger Unterricht vor allem in Verbindung mit ihrer Bar Mizwa stattgefunden haben, wobei Mädchen, obwohl sie von diesem Ritual (noch) ausgeschlossen blieben, eigener Beobachtung nach dennoch häufiger an diesen Stunden teilnahmen.

Zudem stellte sich das Problem mangelnder, entsprechend ausgebildeter Lehrkräfte, ein Problem, das die Gemeinden in dem genannten Zeitraum insbesondere dadurch zu lösen versuchten, dass man direkt als geeignet angesehene Personen anstellte. Gerade in den ersten Jahrzehnten dürften diese kaum über eine entsprechende Ausbildung verfügt haben, wenn man einmal von dem Unterricht absieht, der von den wenigen Rabbinern beziehungsweise Kantoren persönlich gegeben wurde. Schätzungsweise mit Ende der 1970er Jahre waren dies zunehmend Personen, die aus Israel zugewandert waren, und wenigstens zum Teil wohl eine grundlegende, meines Wissens in der ganz überwiegenden Regel jedoch keine spezifische Ausbildung, geschweige denn eine adäquate Anerkennung pädagogischer Qualifikationen seitens deutscher Schulämter vorweisen konnten. Während im Bereich des weiteren, meist über Workshops oder Sommerkurse vermittelten Bildungsangebots für Jugendliche beiderlei Geschlechts insbesondere von Seiten zionistischer Verbände beziehungsweise durch hierzulande gebildete Jugendvereine beziehungsweise studentische Gruppen einige Angebote an jüdischer Bildung bestanden, die die Generationen nach dem Holocaust wohl zu erheblichen Teilen auch erfassten, führte dies zu entscheidenden strukturellen Vorgaben. Die Gemeinden bevorzugten aufgrund ihrer starken Fixierung auf den Staat Israel und mit dem für lange Zeit gültigen Argument, dass niemand nach Deutschland zu kommen bereit wäre, eher weniger geeignetes Personal mit einer israelischen Bildung gegenüber Personen aus der so genannten *Diaspora*, also etwa aus Frankreich oder den Vereinigten Staaten.[31] Dies war zweifellos auch eine Kostenfrage, stellte in jedem Fall jedoch auch eine Richtungsentscheidung dar. Diese Orientierung führte – wie etwa die verwendeten Lehrbücher sowie einige entworfene, häufig jedoch kaum durchgesetzte Curricula erkennen lassen – dazu, dass der Aspekt einer religiösen Bildung eher in den Hintergrund gedrängt wurde und allenfalls in der Vermittlung rudimentären Wissens wie des Festkalenders oder zentraler Rituale bestand. Dies wurde zweifellos auch dadurch bestärkt, dass die ganz überwiegende Mehrheit der Gemeindemitglieder bis heute nicht im Sinne der Orthodoxie religiös ist, die generelle Ausrichtung der Gemeinden jedoch ebenso wie die Erwartungshaltung der meisten Gemeindemitglieder aber weitgehend auf diese spezifische Form jüdischer Religiosität hin ausgerichtet blieb. Erst seit etwas mehr als einem Jahrzehnt gelingt es den zunächst kleinen Splittergruppen religiös anders, also konservativ oder liberal reformorientierter Personen, sich in den Gemeinden Gehör und allmählich auch Anerkennung zu verschaffen, wohingegen sich das Rabbinat in der Mehrzahl der Gemeinden inzwischen deutlich zunehmend aus den für Israel kennzeichnenden, ultra-orthodoxen Kreisen speist.[32]

Im Gegensatz zu Erziehungsmodellen, wie sie etwa in den Vereinigten Staaten, in England, Frankreich und den Niederlanden entwickelt wurden, die in Reflektion der gesellschaftlichen Position des Judentums in den jeweiligen Staaten auf eine pluralistisch offene, ethnisch und religiös gestimmte Erziehung mit direktem Bezug zur allgemeinen Schulbildung abzielen, blieb die in Westdeutschland übliche Erziehung soweit sich hier verallgemeinernde Aussagen machen lassen, also soweit überhaupt Konzepte vorliegen beziehungsweise diese eingehalten wurden, vor allem auf Bruchstücke einer in Israel gebräuchlichen Grundschulerziehung hin ausgerichtet.[33] Hierbei wurde – willentlich oder nicht – eine deutlich zionistisch nationale Sicht des Judentums vermittelt, also eine auf Autonomie und Geschlossenheit hin ausgerichtete Selbstwahrnehmung, was lange Zeit sicherlich dem vorsichtigen Distanzhalten jüdischer Bürger gegenüber der deutschen Bevölkerung entsprach. Zugleich bedeutete dies im Gefolge der antireligiösen politischen Ausrichtung, die für Israel bis mindestens zum Ende der 1960er Jahre kennzeichnend blieb und die sich erst dann allmählich zugunsten national-religiöser Identifikationsmodelle veränderte, dass der jüdischen Jugend in Deutschland zugleich eine weitgehend säkularisierte Sichtweise vermittelt wurde. Diese reflektierte aufgrund der nationalen Konzeption von Identität darüber hinaus den für die Diaspora kennzeichnenden gesellschaftlichen Minderheitenstatus allenfalls im Zusammenhang mit der Abwehr von Antisemitismus. Dementsprechend blieb der Blick nicht nur der Jugendlichen, sondern auch der Gemeindevertreter und Institutionen auf sozusagen ‚eigenständige' Wahrnehmungsmodelle ausgerichtet, weshalb man in den zunehmenden Debatten um ein Fortbestehen der jüdischen Gemeinden in Deutschland hinsichtlich der Erziehung nahezu niemals auf die nahe liegende Möglichkeit verfiel, sich etwa auch im Bezug auf die Gestaltung und Organisation gemeindlicher Institutionen an jenen erfolgreichen Modellen und Inhalten zu orientieren, wie sie andere Diasporagemeinden seit langem entwickelt hatten. Ergänzt wurde dieser eigentlich säkulare Zugang einer Identitätsstiftung notgedrungen durch jene knappe Vermittlung rudimentärer Inhalte der religiösen Tradition, dies schon, da der eigene Anspruch sowie die durch das Curriculum vorgegeben Anforderungen dennoch religiöser Natur waren, ohne jedoch in dem dabei vorgegebenen Sinne selbst religiös zu sein.[34]

Ein grundlegendes Problem, gewiss weniger im Bezug auf jüdische Lehrer als auf Rabbiner, war, wie gesagt, zweifellos die Schwierigkeit, ausländische Personen von einem Leben in Deutschland und der Mitwirkung beim Aufbau jüdischen Lebens dort zu überzeugen. Wiewohl Ende der 1970er Jahre das zentrale Organisationsforum jüdischer Gemeinden in West-Deutschland, der *Zentralrat der Juden*, mit staatlicher Unterstützung und Anerkennung eine eigene akademische Institution für Jüdische Studien in Heidelberg schuf, die von Beginn an auch die Ausbildung von Rabbinern, vor allem aber von Lehrern übernehmen sollte, zeigt die Entwicklung dort recht deutlich, wie problematisch die Situation, aber auch wie gering das Interesse seitens der Gemeinden an diesem Thema trotz aller Klagen letztlich war. Denn obwohl schon zuvor einige Absolventinnen und Absolventen der Heidelberger *Hochschule für Jüdische Studien* beziehungsweise Graduierte universitärer Einrichtungen für Judaistik/Jüdische Studien in den Gemeinden als Religionslehrer/innen arbeiteten, erwiesen sich diese private Anstellungen ähnlich wie vor dem Holocaust, wie die erhebliche Fluktuation der Lehrkräften bis hin zu einem vollständigen Ausstieg aus der zunächst angestrebten Karriere belegt, aufgrund der Bezahlung sowie entscheidender Statusmängel als nicht unproblematisch. Ganz bezeichnend für die gesamte Situation ist, dass diese Institution trotz der direkten Trägerschaft durch den Zentralrat und trotz seiner direkten Einflussnahme auf Inhalte und Entwicklungen in dieser über zwanzig Jahre (von 1979 bis 2002) benötigte, bis – von vereinzelten Veranstaltungen abgesehen – überhaupt ein spezifischer Ausbildungsgang für Lehrer eröffnet wurde. Dieser nunmehr bestehende Abschluss ermöglicht durch eine Kooperation mit der örtlichen Pädagogischen Hochschule ein reguläres Lehramtsstudium unter Hinzunahmen des Faches Jüdische Religion. Damit geht man erstmals etliche der drängenden strukturellen Probleme einer eigenständigen jüdischen Schulbildung an, indem nunmehr wie im christlichen Bereich auch staatlich anerkannte und letztlich ebenso wie christliche Religionslehrer öffentlich angestellte und besoldete Lehrer ausbildet werden, ein Modell, dass unter den gegebenen Umständen sicherlich am naheliegendsten und Erfolg versprechendsten ist, sich aus Kostengründen – und dies dürfte für die Gemeinden wie für die öffentliche Hand gleichermaßen gelten – vermutlich jedoch nur für die größeren Gemeinden wird realisieren lassen.

Auf dem Hintergrund der ganz erheblichen Zunahme der jüdischen Bevölkerung in den vergangenen eineinhalb Jahrzehnten durch die Einwanderung von Juden aus Gebieten der ehemaligen Sowjetunion von geschätzten 25.000 bis 30.000 Gemeindemitgliedern auf nunmehr etwa 105.000 Personen lässt sich im Sinne der bereits skizzierten, weiterhin auf Eigenständigkeit bedachten Planung verstärkt ein Aufbau weiterer jüdischer Erziehungseinrichtungen beobachten, und dies vereinzelt – etwa in Frankfurt am Main oder Berlin – auch bis zur Gymnasialstufe. Auf dem Hintergrund der finanziellen Leistungsfähigkeit der nun erneut armen, im Verhältnis zu anderen Glaubensgemeinschaften jedoch äußerst kleinen jüdischen Gemeinschaft und unter dem Vorzeichen zunehmend schwindender öffentlicher Mittel sind gegenüber dieser Strategie schon aus wirtschaftlich-organisatorischen Gründen erhebliche Zweifel angebracht. Es ist fraglich, ob die nunmehr aufblühenden Institutionen in den größeren Gemeinden – und dies schließt Kindergärten, Schulen, Altenheime, Gemeindezentren und Synagogen mit ein – den erheblichen Aufwand unter diesen Gesichtspunkten rechtfertigen. Denn die überwiegende Mehrzahl der Gemeinden ist fraglos schon rein zahlenmäßig gar nicht in der Lage, diese selbständig aufrecht zu erhalten, und dies selbst, wenn die derzeit noch ausstehende Integration der Neuzuwanderer in das Berufsleben vollzogen sein wird. Zudem stellen sich die bereits bestehenden jüdischen Schulen – ich beziehe mich hierbei insbesondere auf die mir vertrauteren Einrichtungen in Frankfurt am Main und Berlin – letztlich als ein Privatschulmodell dar, das jedoch weitgehend von der öffentlichen Hand getragen wird, dementsprechend auch allen Konfessionen offen stehen muss. Neben dieser allgemeinen, durchaus positiv zu bewertenden Offenheit auch für andersgläubige Schüler, beeinflusst diese notwendigerweise enge Einbindung sicherlich auch die Frage einer eigenständigen Bildung, weshalb man letztlich eine ganz übliche Allgemeinbildung vorfindet, die sich von dem Unterricht an öffentlichen Schulen allenfalls durch ein Zurückdrängen sozusagen subversiver christlicher Bildungsinhalte und vielleicht ansatzweise einer verstärkten Nutzung ‚jüdischer Beispiele' beziehungsweise einer spezifischen Sektion zur jüdischen Vergangenheit etwa im Geschichtsunterricht unterscheidet. Insbesondere im Vergleich etwa mit älteren neo-orthodoxen Konzepten etwa der S. R. Hirschschen Pädagogik sind die ‚jüdischen' Inhalte zurückhalten formuliert kaum zu benennen und werden wie in öffentlichen Schulen auch weitgehend in einen spezifischen Religionsunterricht verwiesen. Für diesen gelten an jüdischen Schulen jedoch die selben Voraussetzungen und Strukturen wie für die allgemeinen: Während die Lehrer für alle anderen Fächer auch an den jüdischen Schulen in der ganz überwiegenden Regel Nichtjuden sind, fehlt den jüdischen Religionslehrern umgekehrt gemessen am deutschen Bildungssystem eine adäquate Vorbildung, sodass sich insbesondere auf dem Hintergrund pragmatischer Kostenerwägungen durchaus die Frage stellt, worin – abgesehen von dem gleichermaßen zu diskutierenden Aspekt eines Schutzraums für Jugendliche und Kinder, was jedoch abermals in die Frage der Selbstverortung in der allgemeinen Gesellschaft mündet, zumal der Übergang in allgemeine höhere Schulen ohnedies die Regel ist – nunmehr der besondere jüdische Charakter und Vorteil dieser Einrichtungen liegen soll.

Will man eine in die Zukunft weisende Prognose auf der Grundlage dieser ohnedies vagen Einschätzung riskieren, so scheinen mir diese eigenständigen Institutionen auf die Dauer gesehen kaum überlebensfähig zu sein. Das durchaus auch nicht unproblematische, aber dennoch weit praktikablere und wie ich meine der Situation angemessenere Modell stellt eine in die bestehenden Bildungsstrukturen integrierte religiöse Bildung dar. Auf diese Weise ließen sich nicht nur klarere pädagogische Konzepte entwickeln, sondern auch dringend benötigte Ressourcen zur Bewältigung der enormen Integrationsleistungen bei einer so großen Anzahl an Immigranten freisetzen. Dies zumal auf dem Hintergrund der letztlich immer noch ausstehenden Identitätsdebatten innerhalb der jüdischen Gemeinden in Deutschland, die über lange Jahre aus begreiflichen Gründen nicht in Gänze, aber doch in ganz spezifischer Hinsicht immer wieder vertagt wurden und erst in den vergangenen Jahren unter einem veränderten Selbstbewusstsein allmählich an Dynamik gewinnen. Erst in dem Maße, in dem die sich derzeit ganz erheblich neu formierenden, in ihrem alten ebenso wie ihrem neuen Bevölkerungsanteil jedoch im Hinblick auf das Selbstverständnis alles andere als gefestigt darstellenden Gemeinden sich zugunsten eher säkularisierter historischer sowie ethnischer Identitätsmodelle gleich welcher Ausrichtung entscheiden – was derzeit für die ganz überwiegende Mehrheit der Gemeindemitglieder zweifellos die Selbstwahrnehmung kennzeichnet – oder deutlich – und dies nicht nur im Nachvollzug der allgemeinen rechtlichen Vorgaben religiöser Körperschaften oder einer gefühlten, aber nicht gelebten religiösen Verpflichtung – zugunsten einer in die persönliche Lebensführung eingebetteten Religiosisierung gleich welcher religiösen Denomination entscheiden, wird die Frage einer jüdischen Erziehung zu klären sein. Wie die Eröffnung eines jüdischen Bildungszentrums in Berlin im Spätsommer diesen Jahres durch die ultra-orthodoxe, aufgrund ihrer messianischen Lehren selbst im Rahmen der Orthodoxie in die Kritik geratene Bewegung des *Chabad*-Chassidismus belegt, ist dieser von den jüdischen Gemeinden offenkundig nicht wirklich bestimmte und strukturierte Bildungsmarkt einer nunmehr nachwachsenden jüdischen Gemeinschaft in Deutschland gerade im Hinblick auf deren jüdische Identität zunehmend auch hierzulande umkämpft. Es gilt umso mehr, sich den hier angeschnittenen Fragen zu stellen.

Bildungs- und religionstheoretische Zugänge

Manfred Eckert

Geisteswissenschaftliche Pädagogik und ihre religiösen Bezüge

Einleitung: Über die Grundlagen und die Grenzen von Wissen und Wissenschaft

Wissenschaft und Religion in Zusammenhang zu bringen, ist immer riskant. Wissenschaft zielt auf systematisches, methodisch abgesichertes Wissen über die Natur oder über die gesellschaftliche Wirklichkeit einschließlich ihrer Kultur und ihrer Geschichte. Was Wissenschaft auszeichnet, sind Kriterien wie die intersubjektive Nachprüfbarkeit der Ergebnisse und ihres Entstehungszusammenhangs, die Unabhängigkeit von der forschenden Person, die sichere Abgrenzung des Forschungsgegenstandes. Insgesamt geht es um eine spezifische Form von Rationalität. In diesem Horizont haben die Dimensionen des Religiösen zunächst gar nichts zu suchen. Religion und persönlicher Glaube sind völlig andere Kategorien. In diesem Beitrag soll es zunächst darum gehen zu zeigen, dass Wissenschaft immer auch an Voraussetzungen gebunden ist, die sie selbst „wissenschaftlich" gar nicht erweisen kann. Diese Voraussetzungen lassen sich zwar offenlegen und diskutieren, aber sie müssen am Ende als gegeben vorausgesetzt werden. Damit gerät die Reflexion aus dem Bereich des sicheren Wissens in den der Metaphysik.[1] Hier ist die Trennlinie zwischen sicherem Wissen und Glauben nicht mehr scharf zu ziehen. Freilich lässt sich damit kein Weg in die großen Religionen bahnen. Die Vorstellung einer christlich, muslimisch oder buddhistisch geprägten Wissenschaft und die Überschneidung wissenschaftlicher und kirchlicher Institutionen ist eher gruselig als befreiend.

Das Feld der metaphysischen und spekulativen Grundlagen von Wissenschaft zeichnet sich deutlicher ab, wenn der Blick auf die Frage nach der „sicheren Erkenntnis"[2] gestellt wird und damit auf die Erkenntnistheorie und ihr altes Grundproblem zurückgegangen wird. Die im Folgenden aufzunehmende Frage nach dem metaphysischen Grund bewegt sich in jenem Feld, in dem Philosophie und Religion gleichermaßen ihre Basis haben können. Allerdings muss Religion dann nicht als eine strikte Offenbarungs- und Erlösungs-, sondern auch als eine Erfahrungsreligion angesehen werden. Mit der Evidenz der (religiösen) Welt- und Selbsterfahrung werden dann jene Glaubensmomente eines universalen Weltzusammenhangs vorausgesetzt, die später in den Geisteswissenschaften immer noch mitschwingen, um dieser Wissenschaft ihr tief liegendes Fundament zu geben. Radikaler gedacht kann durchaus die These entwickelt werden, dass jede Wissenschaft auf solchen Fundamenten aufbaut, auch wenn sie das mit aller Konsequenz aus ihrem Reflexionshorizont ausblendet und die Sicherheit ihrer Erkenntnisse nur durch spezifische Methoden und Methodenlehren oder andere Evidenzen aufbauen will.[3]

Wie gering jedoch das Potenzial ist, dass Wissenschaft sich selbst als Produzent sicheren Wissens beweisen kann, hat sich in der Kontroverse zwischen Kant und Hegel, die letzterer in der Phänomenologie des Geistes eröffnet, gezeigt. Dabei war es Kant selbst, der in seiner „Kritik der reinen Vernunft" sehr klar dargelegt hat, welche „Vernunftideen" vorausgesetzt werden müssen, damit sicheres Wissen denkmöglich sei.[4] Habermas zeigt, wie die Prämissen der Kantschen Erkenntnistheorie von Hegel mit scharfsinnigen Überlegungen kritisiert worden sind. Schon der Grundansatz des kritizistischen Ansatzes bei Kant sei uneinlösbar. Es sei ein Zirkelschluss, wenn gefordert würde, das erkennende Subjekt solle sich vor dem Erkennen seines Erkenntnisvermögens versichern. Auch diese Selbstvergewisserung sei ein Teil jener Erkenntnis, deren Bedingungen ja erst geklärt werden sollen.[5] Drei erkenntnistheoretische Vorgaben, so hat Hegel in der Vorrede zur Phänomenologie des Geistes[6] herausgearbeitet, seien bei Kant problematisch. Erstens der normative Begriff von Wissenschaft, der eine bestimmte Kategorie von Wissen als „wissenschaftliches Wissen" festlegt[7], zweitens ein normativer Begriff des Ich, das sich selbst setzen oder als gegeben annehmen will, und drittens die Trennung von theoretischer und praktischer Vernunft, bei der das, was ist, streng von dem geschieden wird, was sein soll bzw. was durch vernünftiges menschliches Handeln zu regeln sei.[8] Die moderne Wissenschaftstheorie plagt sich mit solchen Fragen nicht mehr ab. Der von Descartes herausgestellte und auch von Kant aufgenommene radikale erkenntnistheoretische Zweifel ist in den Hintergrund getreten. An seine Stelle ist eine Methodenlehre getreten, deren Rationalität eine „Glaubenssache" sei, „[...] eine Meinung wie andere Meinungen auch [...]"[9]. In einer solchen Zuspitzung verliert das Thema dieses Vortrages seinen Sinn.

In einem geisteswissenschaftlichen Wissenschaftsverständnis sind die drei angesprochenen Voraussetzungen gleichermaßen fragwürdig. Zwar wird auch hier an einem klaren Rationalismus in Bezug auf das methodische Vorgehen festgehalten[10], aber es steht außer Frage, dass geisteswissenschaftliche Forschungsergebnisse ihre Bedeutung in der Geschichte erweisen müssen, dass sie historisch-relativ sind. Zeitlos, evident und völlig sicher gültig, wie für Kant die Mathematik als Exempel sicheren Wissens, sind geisteswissenschaftliche Erkenntnisse nicht. Aus geisteswissenschaftlicher Sicht ist das forschende Subjekt selbst in die Kultur und in die Geschichte eingebunden, sodass sich seine Voreinstellungen und Vorverständnisse wandeln – und dass es gerade eine reflektierende und auf Kommunikation angelegte Wissenschaft sei, die diesen Wandel als ein Erkenntnisinstrument akzeptiert und systematisch nutzt. Hier könnte die Diskussion um die verstehende geisteswissenschaftliche Methode, die Hermeneutik, unmittelbar angeknüpft werden. Die Kantsche Vorstellung eines transzendentalen und damit immer gleichbleibenden Subjekts, das vor aller Erfahrung und aller Erkenntnis bereits gesetzt ist, lässt sich hier nicht vertreten.

Weitaus tiefer noch liegt das Erkenntnisinteresse, das die modernen empirischen Wissenschaften von dem geisteswissenschaftlichen Denkansatz trennen: Geht es bei Ersterer um eine methodisch abgesicherte, wertfreie Beschreibung der Wirklichkeit und um die Analyse ihrer Wirkmechanismen und Kausalitäten, so zielt Letztere auf Orientierung in einer historisch und kulturell sich wandelnden Welt. Gerade die geisteswissenschaftliche Pädagogik hat den unmissverständlichen Anspruch, durch die historische, kulturelle und gesellschaftliche Reflexion den je eigenen Standpunkt aufzuklären, die Normen, Werte, Weltanschauungen und kulturellen Bindungen in ihren Kontexten sichtbar- und verstehbar zu machen, um sie in einer aufgeklärten Weise einer kritischen Prüfung und gegebenenfalls auch einer Revision zu unterziehen. Dabei geht es hier eben nicht nur um eine „theoretische" Reflexion, sondern um vernünftiges, über sich selbst aufgeklärtes Handeln in der gesellschaftlichen, politischen und pädagogischen Praxis. Pädagogik ist ein Handlungsfeld, das in die politische, kulturelle und historische Praxis eingebunden ist. Für Schleiermacher, der der geisteswissenschaftlichen Pädagogik wichtige Anstöße gegeben hat, gilt: „beide Theorien, die Pädagogik und die Politik, greifen auf das vollständigste ineinander ein"[11]. Das für die geisteswissenschaftliche Pädagogik typische Wissenschaftsverständnis zielt deswegen auch kaum auf einen Wissensbestand, mit dem eine sozial- oder lerntechnische Optimierung des Erziehungsprozesses erreicht werden soll, wie das im modernen empirischen Forschungsparadigma angestrebt wird, sondern auf die Aufklärung der in der vorherrschenden Erziehungspraxis vorfindbaren Bedingungen einschließlich der diese Praxis leitenden pädagogischen und gesellschaftlichen Normen und Werte.[12] In dieser Aufklärung liegt die Chance ihrer Umgestaltung. Die Frage der Gestaltung der pädagogischen Praxis kann hier nicht weiter verfolgt werden, ist aber angesprochen, um zu zeigen, in welcher Weise eine geisteswissenschaftliche Pädagogik an ihren Gegenstand herangeht und welche Fragen sie aufzuklären verspricht. Was aber hat das alles mit „religiösen Bezügen" zu tun? Dazu soll zunächst der Blick auf die Vertreter der geisteswissenschaftlichen Pädagogik, insbesondere auf Spranger gerichtet werden, dann soll der für diesen Ansatz zentrale Bildungsbegriff aufgenommen werden, um am Schluss die Grundlagen des Wissenschaftsverständnisses zu reflektieren.

Geisteswissenschaftliche Pädagogik und der Bildungsbegriff

Wissenschaften folgen langen Traditionslinien. Sie gegeneinander abzugrenzen, ist immer riskant. Das gilt auch für die geisteswissenschaftliche Pädagogik. Stark aufbauend auf die Arbeiten von Wilhelm Dilthey (1833–1911) sind hier Namen zu nennen wie Friedrich Paulsen (1846–1908), Theodor Litt (1880–1962), Eduard Spranger (1882–1963), Hermann Nohl (1879–1960), aber auch Wilhelm Flitner (1889–1990), Erich Weniger (1894–1961), Martinus Langeveld (1905–1989), Josef Derbolav (1912–1987), Wolfgang Klafki (1927) u.v.a. Bis in die neuere Schulpädagogik hinein hat sich die geisteswissenschaftliche Pädagogik sehr stark ausgewirkt, und zwar in Klafkis „didaktischer Analyse"[13], die ja in der Lehrerausbildung nach wie vor von Bedeutung ist. Hier wird die Grundstruktur geisteswissenschaftlichen Denkens sichtbar, denn die didaktische Analyse transformiert gesellschaftliche Ansprüche an Schule und ihren Lehrplan in einen Bildungsprozess, bei dem das zu bildende Subjekt – die Schülerinnen und Schüler und eben auch ihr Bildungsanspruch – sehr stark in den Mittelpunkt gestellt werden. Was aber verbindet die vielen aufgeführten Namen zu einer pädagogischen Hauptströmung?[14] Hier ist sicher erstens die deutliche historische Orientierung anzusprechen: Pädagogik und pädagogisches Handeln sind in kulturelle Traditionen eingebunden, die es aufzuklären gilt, weil sie bis in die Gegenwart hinein wirkmächtig sind.[15] Die Forschungen von Spranger über Humboldt, von Dilthey über Schleiermacher sind dafür Beispiele. Aber nicht nur die pädagogische Ideengeschichte[16], auch die Geschichte des Schulwesens wird der Reflexion zugänglich gemacht.[17]

Zweitens ist der im Zentrum der geisteswissenschaftlichen Pädagogik stehende Bildungsbegriff anzusprechen. Die Klärung dieses pädagogisch zentralen Begriffs ist in mehrfacher Hinsicht von Bedeutung – und nach wie vor aktuell: Der Bildungsbegriff fasst jene Normen und Werte zusammen, die pädagogisches Handeln leiten oder leiten sollen. Und da der geisteswissenschaftliche Ansatz nicht auf die dogmatische und normative Begründung von Begriffen zielt, auch nicht auf die Entwicklung von Begriffssystemen und die Ableitung von pädagogischen Konsequenzen gerichtet ist, sondern auf das Auffinden und Interpretieren von bildungstheoretischen Leitvorstellungen in ihren kulturgeschichtlichen Traditionen und in der aktuellen pädagogischen Praxis (!), geht es um Aufklärung dieser Praxis, und zwar sowohl über ihre historischen Bezüge als auch über ihre impliziten Normen, Werte und Bildungsvorstellungen. Das setzt voraus, dass Tradition und Praxis zwar als miteinander verschränkt angesehen werden, aber dass diese Verbindungen den praktischen Akteuren keineswegs immer vollständig bewusst sind. Sowohl der Bildungsbegriff als auch die pädagogische Praxis sind in historische Kontexte eingewoben, die in der kritischen historischen Reflexion und in der Selbstreflexion des eigenen pädagogischen (Lehrer-)Handelns zugänglich und durchschaubar gemacht werden sollen. Deshalb macht es aus geisteswissenschaftlicher Sicht keinen Sinn, Begriffe wie „Bildung" definieren zu wollen. Viel wichtiger ist der Versuch einer begründeten historischen Explikation dieses Begriffs, wie sie sich an vielen Beispielen zeigen lässt, von denen hier nur eines ausgewählt worden ist:

„Nach der Etymologie bedeutet Bildung allgemein die Gestaltung eines Stoffs durch eine vorher seiende Form oder ein Bild, im besonderen die von innen heraus sich vollziehende Entwickelung eines organischen Wesens aus der noch unbestimmten Anlage zur vollendeten Gestalt, dann auch diese Gestalt selbst. Sie entspricht insofern dem aristotelischen Begriff der Entelechie: die zur vollendeten, das Wesen der Art darstellenden Gestalt entwickelte Anlage. Ein gebildeter Mensch wäre demnach ein Mensch, der den Typus oder das Wesen des Menschen in voller und reiner Gestaltung darstellt. Da bei der Schätzung des Menschen das Hauptgewicht auf das Innenleben fällt, und da dieses nur durch die erziehende Einwirkung der elterlichen

Generation zu voller Entwicklung kommt, so können wir nun so sagen: gebildet ist ein Mensch, in dem durch Erziehung und Unterricht die menschliche Anlage zu einer das menschlich-geistige Wesen rein und voll darstellenden individuellen Gestalt entwickelt ist."[18]

Dieses Beispiel zeigt den Versuch, wie Friedrich Paulsen im Jahre 1903 den Bildungsbegriff zu bestimmen versucht hat. Aus geisteswissenschaftlicher Perspektive betrachtet wird darin keinesfalls eine zeitlose Begriffsdefinition deutlich. Die kritische Analyse zeigt jedoch, dass viele Teile dieser Bestimmung noch heute von Bedeutung sind, insbesondere die Orientierung am einzelnen Individuum, an seinen Entwicklungspotentialen und an seinem expliziten Recht, diese zu entfalten. Später ist mit diesem Ansatz weitaus stärker ein gesellschaftskritischer Anspruch verbunden worden, denn es sind ja gerade jene gesellschaftlichen Determinanten mit in den Blick zu nehmen, die die menschliche Entwicklung behindern – und die es umzugestalten gilt: „Die Pädagogik ist der Politik koordiniert" – diese Festlegung Schleiermachers ist ja bereits angesprochen worden.

Ein Grundproblem dieses Ansatzes ist die Vermittlung von Individuum und Gesellschaft. Konkret gefragt: Wie ist individuelle Entwicklung und Entfaltung im gesellschaftlichen Kontext möglich? Wie muss eine Gesellschaft aussehen, die eine solche Entfaltung zulässt? Welchen gesellschaftlichen Ort muss ein junger Mensch einnehmen und einnehmen können, damit dieser Entfaltungsprozess stattfinden kann? Für Spranger sind es die „Lebensformen", die zwischen individuellen Dispositionen und gesellschaftlich-kulturellen Handlungsräumen vermitteln. Er unterscheidet den theoretischen, den ökonomischen, den ästhetischen, den sozialen Menschen, den Machtmenschen und den religiösen Menschen.[19] Wahrscheinlich würden wir solche Kategorisierungen, die immer mit Idealisierungen einhergehen, heute nicht mehr teilen. Bedeutungsvoll ist aber der normative Anspruch, dass es einen gesellschaftlichen Ort geben muss, an dem jeder einzelne Mensch sich entfalten kann. Einerseits geht es darum, diesen Ort zu finden, andererseits aber auch, ihn sowohl pädagogisch adäquat zu gestalten als auch ihn politisch herzustellen. Anders formuliert: Es besteht sowohl der pädagogische als auch der politische Auftrag, in die Sozialisationsmilieus junger Menschen gestaltend einzugreifen, sodass eine gelingende persönliche Entwicklung möglich ist. Das ist ein pädagogischpraktischer und ein bildungs- und gesellschaftspolitischer Auftrag. Damit ist zugleich die Möglichkeit unterstellt, dass die Welt eine solche Gestaltbarkeit eröffnet. Das ist eine Grundvorstellung der geisteswissenschaftlichen Pädagogik: Pädagogik, Gesellschaft und Politik sind immer aufeinander bezogen! Diese Botschaft ist nach wie vor aktuell. Die pädagogischen Handlungsfelder und das pädagogische Handeln sind immer in gesellschaftliche, soziale und historische Kontexte eingebettet, und zwar schon bevor darüber theoretisch reflektiert wird! Diese Reflexion anzuleiten, ist das Grundanliegen geisteswissenschaftlicher Pädagogik.

Das Wissenschaftsverständnis und die Methode der Geisteswissenschaften

Wer die Normen und Grundorientierungen des eigenen Handelns im Kontext von Kultur und Geschichte der Reflexion zugänglich machen will, muss auf alles verzichten, was diese Reflexion blockiert. Solche Blockaden entstehen durch theoretische Voreinstellungen, die entweder die gegenständliche Wirklichkeit verabsolutieren oder das Denken selbst vergegenständlichen, die es wie einen zeitlosen Gegenstand der Naturwissenschaften vorpräparieren und dementsprechend behandeln. So ist es aus geisteswissenschaftlicher Sicht auch kaum zulässig, wissenschaftliches Wissen als ein Produkt von Begriffssystemen und Definitionen erzeugen zu wollen. Die kritische Reflexion wird durch definitorische Vorabfestlegungen ebenso zerstört wie die Festlegung des Gegenstandes auf ein unhistorisches, kontextfreies Konstrukt. Schülerinnen und Schüler sind eben kein zeitloser, biologischer oder neurophysischer Informationsverarbeitungsapparat, der nach dem Input-Output-Vergleich analysiert und optimiert werden kann, damit möglichst viel Wissen gespeichert wird. Ebenso wenig ist der Lehrer ein bloßer Bildungstechniker, der nach lern- und sozialtechnischen Regeln das Lernen und das Verhalten seiner Schülerinnen und Schüler steuert. Pädagogik ist keine Technologie.[20] Sicher gibt es Erfahrungswissen darüber, wie Lernprozesse bei jungen Menschen aufgebaut werden müssen, damit sie erfolgreich sind. Dessen Wert und Wichtigkeit wird niemand bezweifeln. Unzulässig ist es aber, das Lehrerhandeln auf diese Dimension einzuschränken. Schule hat es mit Kindern, Jugendlichen und jungen Erwachsenen zu tun, die in ihren eigenen, teils kulturell höchst unterschiedlichen Lebenswelten oder -milieus verankert sind, die in eine historisch und kulturell, gesellschaftlich und politisch geprägte Institution eintreten und mit einem Lehrer konfrontiert werden, der wiederum eine eigene Biographie, eine berufliche Sozialisation und eigene kulturell geprägte Wertvorstellungen in das Handlungsfeld hineinträgt – und der zum Teil auch vor widersprüchlichen Anforderungen steht: gründlich oder viel vermitteln, fördern oder selektieren, frontal oder handlungsorientiert unterrichten, stoff- oder projektorientierten Unterricht organisieren, alltagswelt-, berufs- oder wissenschaftsorientiert lehren, Beziehungen eingehen oder Distanz halten, formale Regelungen einführen oder lockere Umgangsformen prägen u.s.w. Hier steht eine ganze Vielzahl von Fragen an, die der professionelle Lehrer souverän klären, seine Entscheidungen erläutern und ggf. auch revidieren muss. Dazu sind Verstehensprozesse von besonderer Bedeutung: die Schüler (und die Eltern) in ihren biographischen und sozialen Lagen und ihren Alltagskulturen, die Bedeutung der gesellschaftlichen Anforderungen an Schule, die Entwicklungs- und Bildungsinteressen der Schülerinnen und Schüler, ihre gesellschaftlichen Integrationsrechte und -chancen, ihre Lernwiderstände, ihre Disziplinprobleme, ihre Benachteiligungen und die daraus resultierenden Befindlichkeiten – alles das gilt es zu reflektieren, wenn Unterricht nicht unzulässigen Verkürzungen anheim fallen soll und professionelles Lehrerhandeln nicht auf Lern- und Sozialisationstechniken reduziert werden soll. Genau dieses Verstehen zu fördern und es nicht nur in die wissenschaftliche Arbeit, sondern auch in die Alltagspraxis der Pädagogen und Lehrkräfte einfließen zu lassen, ist ein Grundanliegen geisteswissenschaftlicher Pädagogik. Dabei ist sie nicht in dem Sinne „theoretisch", in dem wir heute Theorie verstehen – als interessenlose und wertfreie Betrachtung. Eine verstehende Reflexion erschließt neue Horizonte – und im günstigen Falle erweitert sie damit das Handlungsrepertoire. Das führt zu neuer Klarheit und zu neuen Wegen, um mit konkreten Problemen umzugehen. Es verändert Handlungssituationen, indem es den Akteur selbst verändert – modern gesprochen: es trägt zu pädagogischer Kompetenzentwicklung bei, und das beinhaltet immer auch eine persönliche Entwicklung (wenn Kompetenzen nicht nur als reine Handlungstechniken verstanden werden). Im hermeneutischen Reflexionsvorgang werden Akteur und Handlungssituation gleichermaßen verändert!

Das Selbstverständnis der Wissenschaften

Wissenschaftsverständnisse sind unterschiedlich. Der letzte große Streit um Wissenschaftskonzeptionen ist im sogenannten Positivismusstreit ausgetragen worden. Hier standen sich auf der einen Seite das Selbstverständnis der empirisch orientierten Wissenschaften und des „kritischen Rationalismus" und auf der anderen Seite die „kritische Theorie" und die Frankfurter Schule der Sozialforschung gegenüber.[21] Die Traditionen der beiden unterschiedlichen Wissenschaftsrichtungen sind indes weitaus älter, und diese Unterschiede waren auch den geisteswissenschaftlichen Pädagogen durchaus bewusst. Spranger schreibt dazu:

„Drei Richtungen der Wissenschaft, in denen sie sich aus theologisch-scholastischer Hülle losringt, sind schon damals deutlich erkennbar: die mathematisch-rationale, verkörpert durch Descartes, die empiristische, angebahnt durch Baco, und die neuplatonisch-mystische".[22]

Wenn man die Lebensspannen der beiden angesprochenen Philosophen (Bacon 1561–1626; Descartes 1596–1650) betrachtet und als Vertreter der neuplatonisch-mystischen Richtung Comenius (1592–1670) hinzu nimmt, dem der zitierte Spranger-Aufsatz gewidmet ist, so zeigt sich, dass die hier angesprochenen Wissenschaftsrichtungen zu Beginn der frühen Neuzeit hervorgetreten sind. Mit einiger Vorsicht lässt sich die These aufstellen, dass diese drei Richtungen noch heute aktuell sind und sich auffinden lassen. Dabei ist die geisteswissenschaftliche Traditionslinie auf jene Wissenschaftsrichtung aufgebaut, die Spranger als neuplatonisch-mystische kennzeichnet. Dazu ließe sich durchaus der Bezug zu Comenius herstellen, in dessen Pädagogik in ganz erheblichem Maße Elemente geisteswissenschaftlicher Pädagogik auffindbar sind – was darzustellen aber den hier gegebenen Rahmen sprengen würde.[23] Stattdessen soll der Blick auf die Grundfigur des mystischen Denkens gerichtet werden.

Dualistische und monistische Weltbilder

Die angesprochene Unterscheidung von dualistischen und monistischen Weltbildern ist unserem heutigen Denken fremd. Wir denken weithin dualistisch. Der Mensch steht der Welt und den Gegenständen gegenüber, so wie es von Descartes exponiert vertreten worden ist. Das Gute und das Böse sind ebenso wie Vernunft und Unvernunft, Ideal und Realität strenge Gegensätze. Auch Gott und die von ihm geschaffene Welt sind auseinandergefallen.[24] Vom Grundsatz her ist dies auch das Denkmuster der mathematisch-rationalen und der empiristischen Wissenschaften. Es zu verlassen, wird häufig als Abgleiten in unwissenschaftliches Denken und Spekulieren abgetan, und es wird damit selbst dualistisch interpretiert und kritisiert: Rationales Denken, das sich selbst und seine Gegenstände (dualistisch) auseinanderhält, soll als gute Wissenschaft gelten, alle Formen einer Vermischung werden davon ausgeschlossen und radikal abgewertet. Friedrich Paulsen[25] indes war dieser Unterschied so wichtig, dass er bereits am Anfang seiner Einleitung in die Philosophie beide Positionen zeigt und klarstellt, dass er selbst eher dem monistischen Weltbild zuneige. Was hat es damit auf sich?

Das monistische Weltbild ist sehr stark im mystischen Denken verankert[26], es geht eindeutig auf den Neuplatonismus (Plotin, um 204–270) zurück, bei dem, vielleicht mit einigen Bezügen zur antiken Kosmologie, davon ausgegangen wird, dass sich das Eine der Weltseele im universalen Geist und in den Einzelseelen ausprägt. So kann von einer All-Einheit gesprochen werden, die sich in den Einzelseelen, vielleicht auch in der Natur und in den Kulturen ausprägt. In mystischer Sprache ist dabei von der unio-mystica die Rede, jener All-Einheit, die die Einzelseelen miteinander, aber auch mit Gott verbindet. Eine Konsequenz ist die Aufwertung der Erfahrung der Innerlichkeit, die sich mit der Erfahrung der Außenwelt, vielleicht auch durch Arbeit, verbinden kann.[27] Dieser Grundgedanke ist im abendländischen Denken weitaus tiefer verwurzelt, als allgemein angenommen wird – obwohl von den streng rationalistischen Denkern die Vorwürfe der Irrationalität und der (Welt-)Flucht in die Innerlichkeit durchaus kritisch zu bedenken sind. Sicher ist, dass sich eine lange, monistisch orientierte Denktradition in vielen verschiedenen Ausprägungen über Spinoza, Leibnitz, Goethe und Herder und die Romantiker, über Hegel, Marx und eben auch in die Geisteswissenschaften fortgesetzt hat. Dabei ist gerade in den Geisteswissenschaften ausführlich thematisiert worden, wie ein wissenschaftlicher Anspruch mit der Methode der Hermeneutik realisiert werden kann.[28] Aber im „Verstehen" stehen sich Subjekt und Objekt nicht fremd gegenüber – wie in den empirischen Wissenschaften –, sie hängen vielmehr miteinander zusammen. Spranger formuliert: „[...] ‚Verstehen' können wir nur, was als ewige Form des Lebens auch in uns schlummert – bis es durch einen Helden der Geschichte oder durch den Seherblick des Künstlers wachgerufen wird".[29]

Der Prozess des Verstehens ist durch eine Verbindung zwischen dem Verstehenden und dem zu Verstehenden gekennzeichnet.[30] Das monistische Denken, das hinter diesem Ansatz steht, zielt auf Gestaltung, auf Verbesserung der Welt, nicht auf Weltflucht und Innerlichkeit. Bei Comenius ist dies die emendatio rerum, der Auftrag der „Entfehlerung der Welt"[31], im chassidischen Denken des Judentums zeigt sich eine deutliche Parallele: der Mensch trägt die Verantwortung für die „Einwohnung" Gottes in die Welt.[32] So lässt sich, auch wenn man Lebensläufe und Aktivitäten der Mystiker betrachtet (z. B. Meister Eckhart), sehr klar erkennen, dass es hier überhaupt nicht um Weltflucht, sondern um Weltgestaltung geht.[33] Diese knüpft immer an eine reale Situation an, ist immer auf einen historischen und kulturellen Zeit- und Standpunkt bezogen, und sie ist im Handeln selbst ein Erkenntnis- und ein Entwicklungsprozess, in dem sowohl der die Welt gestaltende Mensch als auch die von ihm gestaltete Welt sich verändern.[34] Es geht um einen Bildungsprozess, der beides umfasst: den sich bildenden Menschen in seiner Reflexions- und Gestaltungsarbeit und die Welt, an der sich seine gestaltende Aktivität vollzieht. Freilich: ein Monopol oder ein sicheres, vielleicht sogar „objektives" Kriterium für moralisch richtiges Handeln lässt sich hier nicht angeben. Zwar lässt sich technisch richtiges, erfolgreiches Handeln beweisen, aber moralisch richtiges Handeln ist dagegen immer auf Reflexion, Kommunikation und kommunikativ vermittelte Evidenz angewiesen, und es ist zeit- und kulturgebunden.

Die hier referierte Einheitsvorstellung ist eine nicht beweisbare Voraussetzung des monistischen Denkens, sie fällt in den Bereich der Metaphysik. Ihre Vertreter würden sie als erfahrbar und evident auszuweisen versuchen, ihre Gegner als sicheren Wissensbestand völlig verwerfen. Freilich, alle Wissenschaft hat, wie oben dargelegt, solche Voraussetzungen, die keineswegs als sicherer Wissensbestand gelten können, selbst wenn sie nicht eingestanden werden. Wichtiger ist aber, dass diese Einheitsvorstellung zugleich eine Basis religiösen und geisteswissenschaftlichen Denkens ist. Darin liegen die Bezüge, und wenn die Traditionslinie der religiös engagierten Pädagogen rekonstruiert würde, so wäre eine lange Liste aufzustellen, in der sich Namen wie Comenius, Salzmann, Herder, Schleiermacher, auch Spranger und von Hentig wiederfinden würden. Jedoch lässt sich eine religiöse Vorstellung, die ihre Offenbarungsvorstellung streng auf die heiligen Schriften konzentriert und die einem schroffen Dualismus zwischen Gott und Welt das Wort redet, hier gar nicht anknüpfen. Insofern bleibt der im Thema dieses Beitrages unterstellte geisteswissenschaftlich-pädagogische „Bezug zur Religion" doch immer ambivalent. Das kann hier nicht weiter verfolgt werden. Aber dass dieser Bezug weniger in der persönlichen Angelegenheit des Glaubens als in der geisteswissenschaftlich geprägten Praxis sichtbar wird, soll abschließend gezeigt werden.

Pädagogische Konkretisierungen des religiösen Bezuges geisteswissenschaftlicher Pädagogik

Wie neuplatonisches Denken auch in Bildungs- und Berufsbildungstheorie nachwirkt, lässt sich an Sprangers bekanntem Zitat zur Bedeutung des Berufes sehr gut zeigen. Er proklamiert 1952:

„Und an welchen Sternen wollt ihr zuletzt die gefährliche Fahrt eures Lebensschiffleins orientieren? Ist nicht der Beruf das, was euch zunächst den festen Standort gewährt, aber damit auch an andere bindet, für das Ganze verantwortlich macht, zuletzt vor einem Höchsten und Größten bindet, so daß ihr doch nicht im bloßen Beruf wurzelt, sondern in einer Berufung, die ihr mehr zu achten habt als alle bloß gesellschaftliche Ehre?"[35]

Mit etwas Mut interpretiert ließe sich dieses Zitat auch als die pädagogisch zu bewältigende Aufgabe beschreiben, den einzelnen Menschen in seinem Bildungsgang in das hineinzuführen, was ihn seinen Ort in dem All-Einen – dem „Höchsten und Größten" – finden lässt. Auch hier vollzieht sich die bereits angesprochene Synthese von Individuellem und Allgemeinem im Medium des Berufs. Zwar lässt sich über die Zeitgemäßheit dieses Ansatzes durchaus streiten, hervorzuheben ist aber, dass Spranger in guter bildungstheoretischer Tradition nicht Wissensvermittlung, sondern Integration in den Vordergrund stellt. Diese Integrationsleistung ist an Voraussetzungen gebunden: Lernen wird als Erfahrungsprozess verstanden, in dem die Ordnung der Welt angeeignet wird. Dahinter steht ein Modell von Erfahrung, das sie als einen hermeneutischen Prozess ausweist, in dem die Ordnung der Welt bewusst wird. Das setzt voraus, was für geisteswissenschaftliches Denken fast selbstverständlich ist: Die vorgängige Vertrautheit des Menschen mit seiner Welt. Diese Vorstellung zeigt sich in vielen didaktischen Ansätzen und Konzeptionen, zum Beispiel im genetisch-sokratisch-exemplarischen Lernen bei Wagenschein, im Projektunterricht oder im handlungsorientierten Lernen. Durch diese Methoden werden vorgängig angeeignete, vorreflexive und vorrationale Handlungsstrukturen bewusst gemacht. Die Lernsituation ist genau so zu gestalten, dass das zu Lernende bzw. das Bewusst-zu-Machende zum Ziel einer Handlung in einer vorgegebenen Situation wird.[36]

Abschließend sei dieser Gedankengang an dem schon älteren Konzept der Heimatkunde noch einmal gezeigt, wie sie auch von Spranger (1967) vertreten worden ist:

„Sie geht von jener ‚zuhandenen' Welt, jenem ‚gebrauchend-hantierenden' Umgang aus und führt in abrundender Darstellung wieder auf diese Lebenswelt zurück. Sie ist daher immer Kunde für eine bestimmte Wirklichkeit. Sie nimmt bewußt den Standort des Erkundenden als konstituierendes Merkmal mit auf. Sie erhält aber dadurch auch den Bedeutungsbezug, sie bringt die Stoffe in die Subjektnähe des Kindes und in den Fragehorizont des Schülers".[37]

Lernen wird in diesem geisteswissenschaftlichen Verständnis als ein Erfahrungsprozess organisiert. Es ist aber nicht die technisch-instrumentelle Erfahrung, nach der sich erschließen lässt, ob und wie etwas funktioniert, sondern es ist die Erfahrung eines Ordnungszusammenhangs, der sich aus der Welterschließung und dem Weltverstehen ergibt. Dem ist auch die Geisteswissenschaft verpflichtet, und dazu würde sie die Naturwissenschaften in ein untergeordnetes Dienstverhältnis nehmen. Der Wert einer solchen Welterschließung als pädagogisches und bildungstheoretisch begründetes Programm erweist sich aber nur dadurch, dass unterstellt wird, dass der Mensch - in seiner (metaphysischen) Bestimmung – die Welt und sich selbst auf eine gute Weise zu gestalten vermag und darüber zu einer universalen Vernunft einen (bescheidenen) Zugang finden kann, der auch seine positiven Gestaltungskräfte frei setzt.

DETLEF ZÖLLNER

Zusammenhang und Differenz von Meinung, Glaube und Wissen

Um Ihnen den Zusammenhang und die Differenz von Meinung, Glaube und Wissen deutlich zu machen, muss ich zunächst eine systematische Verhältnisbestimmung dieser Begriffe vornehmen. Zu diesem Zweck werde ich mich im ersten Teil meines Vortrags Klaus Prange, einem Professor für Allgemeine Pädagogik in Tübingen, der ein hermeneutisches Wissenskonzept vertritt, und seiner Interpretation von Platons Menon zuwenden.[1] Möglicherweise werden Sie diesen Teil meines Vortrags als ermüdend und als etwas anstrengend empfinden, und ich bitte Sie schon jetzt um etwas Geduld. Ich glaube Ihnen versprechen zu können, dass Sie in den folgenden Teilen meines Vortrags von dieser Begriffsklärung sehr profitieren werden.

Klaus Prange setzt ein ‚klassisches‘, seiner Ansicht nach veraltetes Erkenntnismodell von einem ‚modernen‘ Erkenntnismodell ab, das er selber vertritt.[2] Das veraltete Erkenntnismodell besteht demnach in einer isolierten Beziehung zwischen Erkenntnissubjekt und Erkenntnisobjekt, in der das Erkenntnissubjekt einzig und allein aus der Wahrnehmung seines Objekts heraus, in seiner von Vorurteilen und Meinungen unbeeinflussten, planmäßigen Beobachtung und im experimentierenden Umgang mit diesem Objekt, seine Einsichten und Erkenntnisse gewinnt. Prange kritisiert an diesem Erkenntnismodell, dass jeder Erkenntnisprozess und jedes Wissen sowohl eine Geschichte als auch einen Kontext hat. Es gibt immer schon ein Vorwissen in Bezug auf alle möglichen Erkenntnisobjekte, und es gibt immer auch einen sozialen Kontext, von dem her ein Erkenntnissubjekt sich überhaupt erst für einen Gegenstand zu interessieren beginnt. Es kommt im Erkenntnisprozess also alles auf dieses Verhältnis von Vorwissen und Wissen an.[3] Vorwissen kann hierbei sowohl die Lebensgeschichte des Erkenntnissubjektes meinen als auch seinen sozialen Kontext, in den seine Erkenntnisbeziehung zu seinem Erkenntnisobjekt eingebettet ist.

Dies versucht Prange nun zu belegen, indem er sich mit der Sklavenszene im Menon, einem von Platons Dialogen, auseinandersetzt.[4] Bevor

Prange auf die Sklavenszene im Einzelnen eingeht, erinnert er an die Situation im Haus des Menon, wo Sokrates und Menon versuchen, gemeinsam zu klären, was ‚Tugend' ist.[5] Dabei kommen sie zur Frage, ob Tugend lehrbar sei, d.h. ob Tugend ein Wissen ist. Sokrates und sein Gastgeber Menon sind sich nämlich darin einig, dass alles Wissen lehrbar ist, weil eine seiner ersten Bedingungen ist, dass es in verständlicher und widerspruchsfreier Form mitgeteilt werden kann. Prange gelangt schließlich zu dem Punkt, an dem alle Versuche, eine entsprechende Definition für den Tugendbegriff zu finden, scheitern und das Gespräch zwischen Menon und Sokrates in eine Sackgasse gerät. Prange fährt fort:

„In der sokratischen Lehrkunst ist dies nun keineswegs eine Katastrophe, die zur Resignation zwingen soll, sondern vielmehr ein höchst erfreulicher Zustand: Am Anfang der Einsicht steht nicht ruhige Sammlung und Anhäufung von Wissensbeständen, sondern die aporetische Hilflosigkeit. Das richtige Lernen des Menon beginnt erst in dem Augenblick, wo ihm klar wird, dass er das Gesuchte nicht kennt. In der Tradition ist dies die ‚docta ignorantia'; denn auch dieses Nichtwissen ist eben doch eine Erkenntnis; sie zerstört das Scheinwissen, die bloße ‚doxa', das Meinen und beruhigte Fürwahrhalten. In moderner Form ließe sich sagen: es ist eine ‚kognitive Dissonanz' [...] erzeugt, die nach einer Auflösung verlangt. Vom Lehrer her gesehen liegt darin: er hat eine Spannung erzeugt, durch die das Weiterfragen und Suchen motiviert wird. Das Lehren besteht nicht darin, dass der Lehrer (Sokrates) dem gutwilligen Schüler eine fertige Antwort gibt, die er schon im Hinterkopf hat, sondern er reinigt ihn erst von seinen Vormeinungen und dem Durcheinander seiner ungeklärten Vorstellungen. Das geschieht, indem er deren Unstimmigkeit zeigt."[6]

Im Verhältnis von Vorwissen und Wissen geht es also zunächst darum, das vermeintliche Wissen als Unwissen, als Nicht-Wissen zu entlarven. Erst als Menon erkennt, dass er nicht weiß, was Tugend ist, wird er fähig, sein bisheriges Wissen zu untersuchen und zu prüfen, wieviel davon bloße Meinung ist und was möglicherweise einer gemeinsamen kritischen Prüfung standhält und sich so als wahres Wissen erweist. Diese Form der gemeinsamen Prüfung im Gespräch bezeichnet Prange mit Sokrates als Erinnerungsarbeit.[7] Wir suchen in unseren Erinnerungen nach jenem Vorwissen, das nicht nur Meinung ist, sondern einer gemeinsamen kritischen Prüfung standhält.

Dieses Verfahren können wir auch als hermeneutischen Zirkel bezeichnen. Kein Wissen ist wirklich neu, sondern schon in unserem Vorwissen ansatzweise vorhanden; und zugleich gilt: keine Meinung

Zusammenhang und Differenz von Meinung, Glaube und Wissen 137

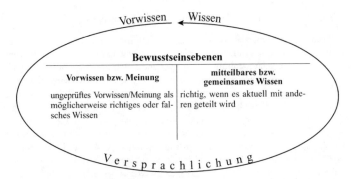

ist wirklich falsch. Wir müssen nur in der Auseinandersetzung mit unserem Gegenstand und gemeinsam mit unseren Mitmenschen klären, was an unseren Meinungen falsch ist und was richtig. Ausserdem gilt: kein Wissen ist dauerhaft. In einem anderen Kontext und mit anderen Gesprächspartnern können wir auch zu anderen Ergebnissen kommen. Und schließlich – und das finde ich das Bedenkliche an diesem Ansatz – gilt auch: Anspruch auf Richtigkeit und Wahrheit kann nur das Sagbare erheben. Was sich nicht sagen lässt, ist von solchen Ansprüchen grundsätzlich ausgeschlossen.[8]

Aber ist dies wirklich die sokratische Position? Zunächst einmal berücksichtigt Prange überhaupt nicht den Seelenwanderungsmythos, den Sokrates erzählt. Demnach besteht nämlich das wahre Wissen ausschließlich in der vorgeburtlichen Schau der Ideen, die die Urbilder aller irdischen Dinge darstellen. Alles das vergessen wir, wenn wir geboren werden, und alle Erfahrungen, die wir nachgeburtlich machen, sind zunächstmal nur Meinungen, über die wir uns erst im gemeinsamen Gespräch einigen müssen, um sie als Wissen gelten lassen zu können.

Was das betrifft, ist die Parallele zur Hermeneutik durchaus gegeben. Aber bei der Frage nach der Tugend kommt das Gespräch an seine Grenzen. Sokrates zeigt nun eine andere Möglichkeit auf, sich Wissen anzuzeigen: nämlich durch Rückerinnerung an die vorgeburtliche Schau der Ideen. Und da sehen wir, dass Pranges hermeneutischer Zirkel hier überhaupt nicht mehr funktioniert. Erstens geschieht der Sprung in die Erinnerung unvermittelt und plötzlich, und zweitens geht es hier um Wissen, dem kein anderes Wissen mehr vorausgeht. Es ist ursprüngliches und endgültiges Wissen, immerwährend und unwandelbar, was es so in Pranges Hermeneutikkonzept gar nicht geben kann.

Detlef Zöllner

Prange erzählt die Sklavenszene in folgender Weise:

„Sokrates läßt einen Sklaven rufen, von dem man annehmen kann, daß er nichts gelernt hat. An ihm soll gezeigt werden, wie man ein latentes Wissen aktiviert. Dieser Sklave kommt also herbei und erhält die Aufgabe, die Fläche eines Quadrats zu verdoppeln. Damit die Aufgabe auch klar wird, malt Sokrates ein Quadrat in den Sand, mit je zwei Fuß Seitenlänge. [...] Es ist nun so, daß Sokrates mit dem Sklaven einzelne Lösungswege durchgeht. Er läßt ihn nicht beliebig probieren, sondern gibt Wege vor, wie man den doppelten Flächeninhalt zu einem gegebenen Quadrat finden könne. So geht es also dem Sklaven nicht anders und besser als vordem dem guten Menon. Er glaubte zu wissen, wie man das Quadrat verdoppelt, jetzt sieht er, daß das auf den bisherigen Wegen nicht geht. Er weiß nicht weiter; aber er weiß, daß er dies nicht weiß. Der Lehrer (Sokrates) hat ihm auch nichts mitgeteilt oder vorgesagt, er hat nur die Fälle durchprüfen lassen, und dabei stellt sich heraus, daß das gewünschte Ergebnis nicht erreicht worden ist. Inhaltlich trägt Sokrates nichts zur Lösung bei; er versteht sich nur als Wegbereiter des Lernens und Suchens. Und wie es sich gehört, ruft nun auch der Schüler-Sklave aus:

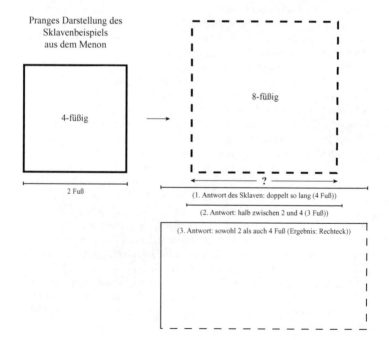

„Aber beim Zeus, Sokrates, ich weiß es nicht!' [...] Der ‚fruchtbare Moment im Bildungsprozeß' [...] ist erreicht; aber es fragt sich nun doch, wie das Neue wirklich gelernt wird, wie aus dem latenten Wissen (Anamnese) ein aktuelles und wirkliches Wissen wird. In diesem Fall heißt das: Wie findet der Schüler die richtige Lösung der Aufgabe, den Flächeninhalt des Quadrats zu verdoppeln?

Das geschieht in der Weise, daß Sokrates in das ursprüngliche Quadrat die Diagonale einzeichnet, und der Sklave erkennt natürlich sofort durch Augenschein, daß das Quadrat halbiert ist. Wenn man nun das große Quadrat von 16 Fuß (im Quadrat) nimmt und entsprechend teilt, dann muß das neu entstehende, eingezeichnete Quadrat die Hälfte von 16 ausmachen. Das ist die Lösung. Der Schüler hat gelernt, wie man ein Quadrat verdoppelt, indem man nämlich auf der Diagonalen ein neues Quadrat errichtet. Nicht ohne Genugtuung wendet sich Sokrates wieder an Menon: ‚Was meinst du dazu, Menon, hat dieser Sklave irgendeine Meinung geäussert, die nicht seine eigene wäre?' – Menon: „Nein, nur seine eigene!"[9]

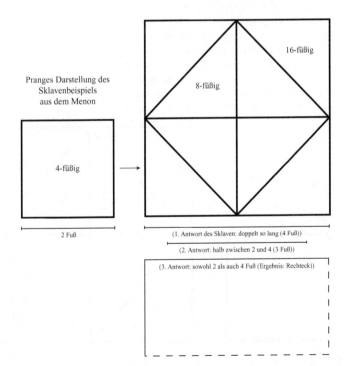

140   *Detlef Zöllner*

Es bleibt festzuhalten, dass Prange die Sklavenszene in bezeichnender Weise falsch erzählt. Es geht nicht um die Verdopplung eines gegebenen Quadrates, sondern um die Seitenlänge des doppelt so großen Quadrates.[10] Was die Flächeninhalte betrifft, haben der Sklave und Sokrates überhaupt keine Probleme: acht Quadratfuß sind natürlich doppelt so viel wie vier Quadratfuß! Das weiß der Sklave von Anfang an. Das lässt sich nämlich einfach rechnen. Sokrates stellt seine Frage hinterhältiger Weise aber so, dass sich überhaupt nichts mehr rechnen lässt. Das Seitenverhältnis von Quadraten zu ihren Diagonalen ist niemals in ganzen Zahlen ausdrückbar; auch nicht in Bruchzahlen! Die Seitenlänge des acht Quadratfuß großen Quadrats, nach der Sokrates entgegen der Darstellung von Prange fragt, ergibt eine irrationale Zahl, die der Sklave gar nicht *sagen* kann, sondern nur durch geometrische Konstruktion der in den Sand gezeichneten Quadrate *sichtbar* machen kann. D.h.: man kann die Lösung nur sehen, nicht sagen.[11] Außerdem entspricht der plötzlichen Einsicht, dass die Diagonale die gesuchte Seite des doppelt so großen Quadrats darstellt, kein innerweltliches, durch vorangegangene Erfahrungen entstandenes Vorwissen. Diese Einsicht kommt uns unvermittelt und sprunghaft von außerhalb, nach Sokrates aus der Zeit vor unserer Geburt. Wir haben es ihm zufolge mit einer Ideenschau zu tun, die sich als eine einsame und isolierte Erkenntnisbeziehung zwischen dem Sklaven als Erkenntnissubjekt und den geometrischen Figuren im Sand erweist.

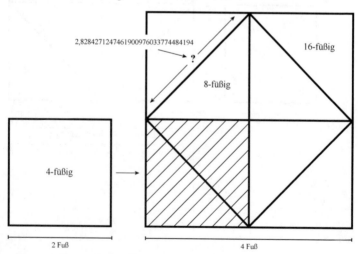

Sokratische Seelenwanderung: Beispiel „Slavenszene"	Hermenneutischer Zirkel
– man kann die Lösung nur *sehen*, nicht *sagen!*	– Nur, was sich mitteilen/ versprachlichen lässt, kann Anspruch auf Gültigkeit haben – Es bedarf einer gemeinsamen Klärung im Gespräch, was in unserem Vorwissen richtig oder falsch ist.
– Alles innerweltliche Wissen ist nur Meinung!	– Kein Vorwissen ist völlig falsch.
– Die Einsicht ereignet sich sprunghaft und unvermittelt! – Der Einsicht entspricht kein innerweltliches Vorwissen. (Nichts, was wir über Quadrate wissen, bereitet und auf die Erkenntnis vor, dass die Diagonale eines gegebenen Quadrates die gesuchte Seite des doppelt so großen Quadrates ist)*	– Kein Wissen ist wirklich neu, sondern immer schon ansatzweise im Vorwissen vorhanden.
– Die Einsicht ist zeitlos gültig.	– Diese gemeinsame Klärung ist niemals endgültig und dauerhaft. bei jedem neuen gespräch kann sich scheinbar richtiges Wissen als falsch erweisen.

* Man könnte argumentieren, dass im Begriff des Quadrates auch schon das Verhältnis der Diagonale zum doppelt so großen Quadrat mitgesetzt ist. Das ist aber lediglich eine logische Folge der Definition, die nichts mit unserem Vorwissen zu tun hat.

Sokrates suggeriert letztendlich mit diesem Beispiel, dass er sich eine ähnliche Auflösung für die Frage nach der Tugend denken könnte. Sie lässt sich zwar nicht eindeutig auf den Begriff bringen und ist in diesem Sinne eben doch nicht lehrbar. Aber sie lässt sich *zeigen*, nämlich am Beispiel des tugendhaften Menschen, so dass wir uns mit dessen Hilfe – wie beim Anblick der in den Sand gezeichneten Quadrate – zurückerinnern können an die Schau der Ideen vor unserer Geburt.

Im frühen Mittelalter des siebten, achten und neunten Jahrhunderts ging im weströmischen Reich das Wissen der alten Römer und Griechen verloren. Unter dem Einfluss der weströmischen Kirche wurde nicht länger zwischen Meinung und Wissen unterschieden, sondern beide wurden im christlichen Glauben ununterscheidbar miteinander verschmolzen. Meinung wurde zur Lehrmeinung, zum Dogma – darin steckt doxa, das griechische Wort für ‚Meinung'. Das Dogma wurde nicht gelehrt, – es wurde verkündigt. Und im Katechismusunterricht wurde es nicht diskutiert, sondern auswendig gelernt und abgefragt. Der Unterschied zwischen dem sokratischen ‚Dialog' und dem ‚Katechismus' ist offensichtlich, stammt doch das Wort von kata = herab, entgegen + echein = schallen, tönen. Die Lehrmeinung, der wahre Glaube wurde also von der Kanzel, vom Katheder herab dem Schüler entgegengerufen, dessen einzig angemessene und geduldete Haltung dazu die geistige Unterwerfung war.

In dieser auf ein passives Publikum gerichteten Verkündung von wahren Meinungen steckt noch eine Grundhaltung der Rhetorik, gegen die sich Sokrates in seinen Gesprächen mit den Sophisten immer gewehrt hat: den Sophisten ging es nämlich vor allem ums Überreden, weniger ums Überzeugen. Das Publikum sollte sich der Meinung des besten Redners auf dem Marktplatz (Agora) anschließen, und nicht etwa im sokratischen Dialog seine eigenen Meinungen prüfen. In übersteigerter Form stellen der Katechismusunterricht und die christliche Missionierung von Heiden nur eine logische Konsequenz aus dieser geistigen Grundhaltung dar.

Erst unter dem Einfluss von Gerbert von Aurillac um 972 wurde mit Hilfe der von den Arabern aufbewahrten Originalschriften des Aristoteles auch die Logik wiederentdeckt. Mit der Logik wurde Wissen erstmals wieder prüfbar und bloße Meinungen wurden wieder unterscheidbar von richtigem Wissen. So entwarfen z.B. die sogenannten Averroisten im 13. Jahrhundert erstmals eine Theorie der doppelten Wahrheit: was für den Glauben wahr ist, kann für die Vernunft falsch sein, und wurden prompt von der römischen Kirche für diese Ansicht öffentlich verdammt.

Mit der Einführung der arabischen Zahlenrechnung kam zur Logik die Mathematik hinzu, und schon im 12. Jahrhundert entstehen erste Ansätze zur Verbindung von Mathematik, Experiment und Naturbeobachtung bei Albert Grosseteste (1175–1253) und im 13. Jahrhundert bei Roger Bacon (1214–1292), einem Namensvetter von Francis Bacon. Damit haben wir das geistige Rüstzeug beisammen, das zur Überwindung der unerschütterlichen römisch-katholischen Glaubenswelt des Mittelalters beitrug. Bisher hatte als einzige Erkenntnisquelle die Bibel gedient; später kamen die Bücher des Aristoteles hinzu, und noch in den seit dem 13. Jahrhundert entstehenden Universitäten erweiterte sich dieses Repertoire nur um einige Handbücher, die die Studenten in ihren jeweiligen Fakultäten zu studieren hatten. Es gab kein Wissen außerhalb dieser Bücher. Vor allem die Bücher des Aristoteles steckten den Umfang alles Wissens ein für allemal ab. Somit haben wir letztlich – so lange die Autorität des Buches unhinterfragbar blieb – nach wie vor das Primat der Meinung über das Wissen. Denn ob wir es nun mit heiligen oder mit profanen Büchern zu tun haben: die Autoren sind immer Menschen, und so lange sie der gemeinsamen Klärung von richtigem und falschem Wissen grundsätzlich entzogen bleiben, haben wir es nur mit unhinterfragten Meinungen, mit Vorurteilen zu tun.

Aber nach und nach trat die Naturbeobachtung an die Stelle der Lektüre von Büchern. Und schon im 15. Jahrhundert konnte ein Autor wie Leon Battista Alberti (1404–1472) sagen:

„[...] wenn daher einer von denen, die den ganzen Tag lesen, zu mir sagt: ‚so ist es', glaube ich ihm dennoch nicht, wenn ich nicht einen offensichtlichen Grund sehe, der mich überzeugt, dass es so ist. Und wenn mir ein der Bücher Unkundiger denselben Grund anführt, so glaube ich ihm, ohne mich auf eine Autorität zu berufen wie der, der das Buch zum Beweis anführt; denn ich denke, dass der Schreiber ein Mensch wie ich war."[12]

Damit hat endgültig die neuzeitliche Form der Erkenntnissuche den Sieg über die mittelalterliche Einheit von Wissen und Glauben davongetragen. Die Naturerkenntnis tritt an die Stelle der Lektüre von Büchern. Nur die Naturerkenntnis sichert Wissen. Alles andere ist bloße Meinung. Für die neuzeitliche Naturwissenschaft liegt deshalb das höchste Erkenntnisideal in der völligen Vorurteilsfreiheit. Meinungen und Vorurteile sollen vollständig – wie Unkraut mit Stumpf und Stiel – aus dem wohlgeordneten Garten der Erkenntnis ausgerottet werden.

Aber welche Hoffnungen verbanden sich überhaupt mit der Naturerkenntnis? Um welche Art Wahrheit ging es dabei? Zunächst war die Naturforschung nichts anderes als Physikotheologie, d.h. es ging nach wie vor um die Erkenntnis Gottes, nur eben nicht mehr über die Bibel, sondern über die Natur als das eigentliche ‚Buch Gottes'. Bei der Bibel hatte sich Gott der Hilfe der Menschen bedient und deren Irrtümer und Fehler hatten sich beim Schreiben mit in die heiligen Texte hineingeschlichen. Die Natur hingegen, als Gottes Schöpfung, galt den Physikotheologen als unmittelbarer Ausdruck von Gottes Willen. Die Natur war also in ihren Augen auf gewisse Weise beredt, geradezu geschwätzig. Die Naturgegenstände galten dem gläubigen Forscher als Hieroglyphen, als Buchstaben, die es nur zu entziffern galt. So hoffte man, die Irrtümer der Bibelautoren zu vermeiden und zum wahren Gottesglauben zu finden. Zunächst trennten sich also gewissermaßen zwar Meinung und Glaube, aber nur damit der Glaube nun ganz auf die Seite des Wissens treten konnte.

Mittelalter: Primat der Lehrmeinung	17./18. Jahrhundert: Primat der Naturerkenntnis	
Meinung = Glaube = Wissen	Meinung	Glaube = Wissen

Wir hatten es beim Glauben nun nicht mehr mit einer Lehrmeinung, mit einem Dogma zu tun, sondern mit einem Glauben, der auf reiner Verstandeserkenntnis beruht. Bei aller Verschiedenheit zwischen der Physikotheologie des 17. und 18. Jhdts. und der Naturwissenschaft, wie wir sie heute kennen, macht die Physikotheologie doch vor allem diese strikte Trennung zwischen Meinung und Wissen, dieses grundlegende Misstrauen gegenüber menschlichen Vorurteilen und traditionellen Lehrmeinungen zu einem Wegbereiter der modernen Naturwissenschaft.

Inwiefern aber kann die Naturerkenntnis eigentlich dazu beitragen, den Menschen von seinen Meinungen und Vorurteilen zu befreien? Schließlich haben nicht alle unsere Meinungen und Vorurteile etwas mit den Naturgesetzen zu tun. Bei den menschlichen Angelegenheiten geht es auch um soziale Belange, um Sinnfragen, um Gefühle wie Liebe und Vertrauen, um Vergeltung und Gerechtigkeit, um nur einiges zu nennen. Wenn einem z.B. das Problem der Gerechtigkeit auf den Nägeln brennt, kann man eben doch besser in der Bibel nachlesen, was dort dazu geschrieben steht, als sich an Naturvorgängen zu orientieren. Die Erkenntnis der Naturgesetze kann uns da in keiner Weise Antworten liefern, es sei denn, wir betrachten wie die Physikotheologen die Naturphänomene als ein Gleichnis, an dem wir uns beim

Ordnen unserer menschlichen Angelegenheiten orientieren. Übrigens nicht nur die Physikotheologen: auch Sozialdarwinisten neigten zu einer ganz ähnlichen Einstellung der Natur gegenüber. Bis heute gibt es immer wieder Wissenschaftler, die glauben, ihre durch ihre Forschung erworbenen Erkenntnisse unmittelbar – ohne zusätzliche Interpretation, ohne selbstkritische Einschränkung ihrer Gültigkeit – auf die Entwicklung der menschlichen Gesellschaft übertragen zu können. Dieser Glaube an die Unbezweifelbarkeit wissenschaftlicher Autorität ist im Grunde nichts anderes als Physikotheologie.

Doch es gibt noch andere Möglichkeiten des Umgangs mit Naturerkenntnissen. Die finden wir z.B. bei Jean-Jacques Rousseau in seinem Buch „Emile oder Über die Erziehung" (1762). Rousseaus Naturbegriff ist sehr vielschichtig, und ich will hier nicht alle seine Inhalte aufzählen. Es soll vor allem auf zwei Aspekte hingewiesen werden. Zum einen versteht auch Rousseau – wie die Physikotheologen – die Natur als Schöpfung Gottes. Aber darauf will ich gleich noch eingehen, – im Zusammenhang mit dem Glaubensbekenntnis des savoyischen Vikars.[13] Zum anderen – und das soll uns jetzt vor allem interessieren – geht es Rousseau bei der Natur vor allem um einen Erkenntnisgegenstand, an dem wir lernen, unseren Verstand zu schulen. Als Wissen lässt Rousseau nämlich nur das gelten, was wir vor unserem eigenen Verstand als richtig anerkennen können. Immanuel Kant greift dies später wieder auf, als er definiert, was Aufklärung ist. Aufklärung besteht demnach vor allem darin, den Mut zu haben, den eigenen Verstand zu gebrauchen, und zwar ohne Anleitung durch einen anderen. Überall aber, wo wir mit anderen Menschen zu tun haben, orientieren wir uns auch an ihrem Verstand! Wir lernen, unseren eigenen Verstand zu gebrauchen, indem wir uns daran orientieren, wie andere ihren Verstand gebrauchen, – indem wir uns von anderen darin anleiten lassen, was wir für richtig und falsch halten dürfen.

Um dieser Verführung durch den Verstand der anderen aus dem Weg zu gehen, verlegt Rousseau die Erziehung des Emile von der Stadt auf das Land. Emile soll möglichst wenig in Kontakt mit Erwachsenen treten, die ihm einreden, was er denken soll. Emile soll auf dem Land im Umgang mit der Natur selbst herausfinden, wie man denkt. Warum im Umgang mit die Natur? Weil die Natur im Unterschied zu den Menschen stumm ist. Sie ist nicht gesprächig. Sie sagt ihm nicht, was er denken und wie er denken soll. Emile muss im Umgang mit der stummen Natur selbst herausfinden, was es bedeutet, seinen eigenen Verstand zu gebrauchen. Kein Erzieher und kein Erwachsener soll sich zwischen diese stumme Natur und Emile stellen und ihm erklären, was es mit der Natur auf sich hat. Auf diese Weise lernt Emile auch seine wahren Bedürfnisse kennen und schaut sie sich nicht von der Erwachsenengesellschaft ab. Und in demselben Lernprozess lernt Emile auch, sich seine Bedürfnisse selbst zu befriedigen, ohne dabei von der Hilfe anderer Menschen abhängig zu sein. Er wird ein starkes Kind, das nur wenige Bedürfnisse hat und deshalb überschüssige Kräfte, die es ins Lernen investieren kann, weil es seine wertvolle Zeit nicht mit den falschen Bedürfnissen der städtischen Zivilisation vergeudet.

Entsprechend zu Rousseaus Darstellung der erwachsenen Stadtbewohner mit ihren beschränkten Vorurteilen und undurchdachten Meinungen soll Emile auch keine Bücher lesen. Solange Emile nicht gelernt hat, seinen eigenen Verstand zu gebrauchen, soll er sich nicht durch Bücher dazu verleiten lassen, sich daran zu gewöhnen, sich dem Verstand der Anderen, in diesem Fall der Autoren, zu unterwerfen. Nur ein einziges Buch will Rousseau seinem Emile zugestehen: Daniel Defoes „Robinson Crusoe", den Rousseau hinsichtlich seines eigenen Erziehungsziels für vorbildlich hält. So wie Crusoe auf seiner Insel lernen muss, sich selbst ohne Hilfe eines Mitmenschen am Leben zu erhalten, so soll auch Emile lernen, seine Bedürfnisse selbst zu befriedigen. Und diese Bedürfnisse lernt er vor allem im Umgang mit der Natur kennen, die ihm keine falschen Bedürfnisse einredet, wie die Menschen, und ihn damit schwächt. Denn je mehr Bedürfnisse Emile sich angewöhnt, um so mehr wird er von den Meinungen und Vorurteilen seiner Mitmenschen abhängig. Um sich ihrer Unterstützung und Hilfe zu vergewissern, muss er sich ihnen gefällig erweisen, – und das allererst in dem, was sie denken.

Es ist also nicht die Naturerkenntnis als solche, die das Glück des Menschen sicherstellt. Es ist auch nicht die Naturerkenntnis als solche, die uns die Frage nach dem Sinn des Lebens zu beantworten vermag. Sondern es ist im Gegenteil die stille Weigerung der Natur, diesen allzumenschlichen Erwartungen ihr gegenüber zu entsprechen. Denn aufgrund dieser stummen Distanz zwischen der Natur und dem Menschen ist der Mensch auf sich selbst zurückgeworfen und gezwungen, sich die Fragen, die er der Natur stellt, selbst zu beantworten. Die Natur nimmt ihm das Denken nicht ab. Und wenn sich zwischen Emile und die Natur keine besserwisserischen Erwachsenen dazwischendrängeln, wird Emile – so die Hoffnung Rousseaus – gar nichts anderes übrig bleiben, als selber denken zu lernen, und sich schließlich die Frage nach dem Sinn des Lebens selbst beantworten.

Es ist also vor allem die stumme Natur, die unseren Verstand beansprucht und in deren Umgang wir unsere eigenen Bedürfnisse entdecken, – nicht die gesprächige der Physikotheologen, die uns schon alles vorhergesagt hat, bevor wir überhaupt gelernt haben, selber zu denken. Entsprechend ist Rousseaus Einstellung der Religion gegenüber. Auch Rousseau geht, wie gesagt, davon aus, dass die Natur Gottes Schöpfung ist. Aber was bedeutet das für Emile? Auch Emile soll etwas über Religion lernen. Dazu hat Rousseau in seinen Roman das Glaubensbekenntnis des savoyischen Vikars eingebaut.

Zunächst einmal hält Rousseau grundsätzlich fest, dass es hier nicht um das Auswendiglernen eines Katechismus geht:

„Vor allem in den Fragen der Religion triumphiert die Meinung. Wir aber, die wir entschlossen sind, in jeder Hinsicht ihr Joch abzuschütteln, die wir der Autorität nichts zugestehen und unsrem Emile nichts beibringen wollen, was er nicht in jedem Land von sich aus lernen könnte – in welcher Religion werden wir ihn unterrichten?"[14]

Es ist also mit der Religion nicht anders bestellt als mit allen anderen menschlichen Dingen. Wir haben es hauptsächlich mit ungeprüften Meinungen zu tun, nicht mit selbsterarbeitetem Wissen. Wie also sollen wir zu einem angemessenen Urteil über religiöse Fragen kommen, – einem Urteil, das die Integrität unseres Verstandes respektiert, anstatt ihm Behauptungen zuzumuten, die er nicht verstehen und denen er sich nur unterwerfen kann?

Der Vikar, der Emile sein Glaubensbekenntnis darlegt, beginnt folgendermaßen:

„Ich bin kein großer Philosoph und möchte auch kaum einer sein. Manchmal habe ich aber gesunden Menschenverstand und immer liebe ich die Wahrheit. Ich will nicht mit dir argumentieren, sogar nicht einmal den Versuch machen, dich zu überzeugen; es genügt mir, dir darzulegen, was ich in der Einfalt meines Herzens denke. Befrage das deine, während ich spreche – das ist alles, was ich von dir verlange."[15]

Anders als im Katechismusunterricht wird also Emile alle Freiheit gelassen, selbst zu entscheiden, ob er an Gott glauben will oder nicht. Ziel und Zweck des Gesprächs ist nicht, dass Emile an Gott glauben soll, sondern dass er gemeinsam mit dem Vikar seine Meinungen prüft. Erst auf der Grundlage dieser Prüfung unter der einzigen Autorität des eigenen Verstandes wird Emile in die Lage dazu versetzt, selbst zu entscheiden, ob er über die Grenzen des Verstandes hinausgehen und glauben will. Jetzt können wir die Natur auch als Gottes Schöpfung thematisieren und möglicherweise glauben. Aber es ist nicht diese Göttlichkeit, die die Naturerfahrung zu einem Mittel unserer Verstandesschulung macht, sondern ihre Stummheit.

Wie wichtig und zugleich wie schwierig diese Unterscheidung zwischen der Natur als Gegenstand der Erkenntnis und der Natur als Gottes Schöpfung ist, können wir an einem Thüringer Pädagogen sehen, an Christian Gotthilf Salzmann, der Rousseau in vielem beerbt hat, nicht zuletzt auch, was die Bewertung von der Natur und den Büchern als Erkenntnisgegenständen betrifft. So hält er z.B. in seiner Schrift „Noch etwas über Erziehung nebst Ankündigung einer Erziehungsanstalt" (1784)[16] fest, dass seine Schüler vor allem selber denken lernen sollen.[17] Da Bücher aber nur Zeugnisse der Denkleistung von Anderen sind und oft nicht einmal Wissen über die reale Welt, sondern Phantastereien und Mythologien enthalten, besteht immer die Gefahr, dass sich die Kinder daran gewöhnen, andere für sich denken zu lassen. Wahrheit sei aber nicht etwas, das jemand Anderes denkt, sondern bestehe ausschließlich in der Übereinstimmung der eigenen Vorstellungen mit den Dingen.[18]

Auch die Lehrer sollen sich deshalb im Unterricht zurückhalten und nicht etwa die Schüler belehren, die dann eben nur lernen können, was der Lehrer denkt. Stattdessen sollen sie die Schüler dazu anhalten, sich alles selber beizubringen, da man nur so selbständig denken lerne.

Der beste Gegenstand für diese Art des Lernens ist aber die Natur, da wir nur dort unsere eigenen Erfahrungen machen und weil wir nur hier unmittelbar die Gegenstände vorfinden, an denen wir unsere Vorstellungen prüfen können, was wie gesagt Salzmanns einziges Kriterium für Wahrheit ist. Dann aber – nach allem Negativen, was Salzmann über Bücher zu sagen hat – heißt es plötzlich, die Natur sei das „Buch Gottes".[19] Wer sich mit der Natur beschäftige, komme unweigerlich zum Gottesglauben. Die Naturgegenstände seien allesamt Buchstaben und Hieroglyphen, an denen wir Gottes Willen unmittelbar ablesen können. – Wo bleibt jetzt die Übereinstimmung unserer Vorstellungen mit den Dingen? Wo bleibt jetzt das selbständige Denken? Wo ich etwas nachlesen kann, so hält Salzmann ja ausdrücklich fest, brauche ich nicht mehr selber zu denken. Ich kann das Denken dem Autor überlassen. Und nun gar Gott als allmächtiger Autor des Buches der Natur! Hier habe ich als selbständiger Denker keine Chance mehr. Ich werde nun zum eifrigen Leser und Hörer des Wortes Gottes, dessen Autorität ich nicht mehr in Zweifel ziehen kann.

Anders auch als Rousseau lässt Salzmann deshalb den Kindern nicht mehr die Freiheit, selbst zu entscheiden, ob sie an Gott glauben wollen oder nicht. Sie müssen sich den Tatsachen fügen, denn zu so einer Tatsache stilisiert Salzmann die Göttlichkeit der Natur und fällt damit hinter Rousseau zurück in die Physikotheologie.

In der jüngsten Zeit erleben wir immer wieder, wie verschiedene Religionsgemeinschaften, insbesondere Christen und Muslime für ihre religiösen Überzeugungen ein besonderes Privileg in Anspruch nehmen. Religiöse Gefühle beleidigende Karikaturen und Satiren gelten als strafwürdige Blasphemien. Mein Problem dabei ist, dass ich nicht den Unterschied sehen kann zwischen einfachen menschlichen Gefühlen und religiösen Gefühlen. Inwiefern sind religiöse Gefühle andersartig? Haben wir es etwa bei gläubigen Christen oder Muslimen nicht mehr mit Menschen zu tun? Hat sie der Gottesglaube zu Wesen höherer Art transformiert? Ich bezweifle das. Ja, die eigentliche Blasphemie liegt doch gerade in der Gleichsetzung unserer kleinmütigen menschlichen Gefühle mit der unendlichen Majestät Gottes! Nicht immer und überall, wo sich Menschen ereifern, steht auch ein Gott dahinter. Mancher Atheist hat eine höhere Meinung vom Gegenstand des Glaubens als viele Gläubige selbst.[20]

Ich kann auch den Unterschied zwischen religiösem Glauben und irgendwelchen individuellen Meinungen nicht sehen. Warum soll ich den Gottesglauben nicht genauso einer Prüfung durch den Verstand unterziehen dürfen wie irgendeine beliebige Meinung? Oft genug meinen wir, etwas zu glauben, und stellen bei näherer Prüfung fest, dass es nur Projektion und Lebensängstlichkeit sind oder das tiefe Erschrecken vor dem leeren Raum.

Grundsätzlich gilt: jedes menschliche Gefühl ist schützenswert, innerhalb gewisser Grenzen, und jede Meinung bzw. jeder Glaube muss es sich gefallen lassen, dass man ihn hinsichtlich seiner Berechtigung prüft. Auch Glaubensüberzeugungen – gleichgültig wie sehr man aus der eigenen Perspektive heraus die eigene Glaubensüberzeugung auch schätzen mag – stehen nur auf der Stufe von Meinungen und Vorurteilen. Sie haben keinen höheren Status und sie sind auch kein bisschen schützenswerter, als irgendwelche Meinungen anderer Art, seien es nun Fragen des guten Benehmens oder irgendwelche Hobbys, die ich mir zulege oder eine bevorzugte Musikrichtung oder was auch immer. Im Gespräch zwischen zwei Menschen steht jede Meinung auf dem Prüfstand, ist jede Meinung kritisierbar und erst nach gemeinsamer Klärung und Prüfung als richtig oder falsch anzuerkennen.

Ich verstehe nicht, wieso bestimmte Glaubenssätze, z.B. das katholische Dogma hinsichtlich der Jungfräulichkeit von Maria, der Mutter Gottes, vor jeder Infragestellung – und sei es in Form einer Karikatur oder einer Satire – geschützt werden müssen. Sicher: ein guter katholischer Christ darf dieses Dogma nicht anzweifeln. Das ändert aber nichts daran, dass es sich um eine bloße Meinung handelt und diese sich prinzipiell in nichts von anderen Meinungen und Vorurteilen unterscheidet, – außer eben darin, dass sie zu Zeiten der Inquisition unter Androhung von Sanktionen bis hin zur Auslöschung des Lebens vor jeglicher Infragestellung geschützt wurde. Um so schwerer verständlich ist es, wenn katholische Kleriker noch heute gerne auf den Zug aufspringen, wenn protestierende Muslime zum Schutz ihrer religiösen Gefühle gegen Mohammedkarikaturen auf die Straße gehen.

Weder der Katechismusunterricht noch die Heidenmission waren in der Vergangenheit auf den logischen Verstand der Menschen gerichtet, sondern auf deren Meinung. Ähnlich wie die Sophisten der griechischen Antike versuchten die Missionare – wenn sie nicht gerade direkt zu den Mitteln der Gewalt griffen – die Menschen mit rhetorischen Mitteln dazu zu bringen, den christlichen Glauben zu übernehmen. Rhetorik war also allemal wichtiger als Logik.

Das soll nun nicht heißen, dass es kein Wissen außerhalb der Logik geben könne. Oder anders: dass es kein Wissen außerhalb dessen geben könne, was man durch ein gemeinsames Gespräch klären kann. Nehmen wir nochmal Sokrates: Sokrates zeigt in seinem Gespräch mit dem Sklaven, dass es sehr wohl ein Wissen gibt, das man zwar anschauen kann, das man aber nicht sagen kann. Platon hat sehr bewusst das arithmetisch inkommensurable Streckenverhältnis von Quadratseite und Quadratdiagonale gewählt. Denn die genaue Zahl dieses Streckenverhältnisses lässt sich nicht sagen, weil sie irrational ist: entweder ergibt die Quadratseite eine irrationale Zahl oder die Diagonale. Dennoch ist das Ergebnis der in den Sand gezeichneten Quadrate unmittelbar gewiss und eindeutig. Man muss sich die Quadrate nur anschauen und dann weiß man es. Es läuft im Gespräch zwischen Menon und Sokrates auf ein ganz ähnliches Ergebnis bei der Frage nach der Tugend hinaus. Die Tugend ist ein Wissen, aber man kann dieses Wissen nicht sagen, sondern man kann es nur anschauen, nämlich am tugendhaften Vorbild, dem man nacheifern will.

Von dieser Qualität könnte auch das Wissen sein, das der christliche Glaube beinhaltet. Es könnte sich um eine besondere und vielleicht sogar eine besonders hochwertige Form der Tugend, des richtigen und guten Lebens nämlich, handeln. Dann aber wäre es falsch, dieses Wissen in Glaubenssätzen zu fixieren und in Form eines Katechismus weiterzugeben. Die einzige Art, dieses Wissen weiterzugeben, wäre eine vorbildliche Lebensweise, die das spezielle Wissen des christlichen Glaubens anschaulich macht. Denn erst aufgrund dieser Anschauung könnten wir beurteilen, ob es richtig oder falsch ist, wie auch bei der Frage nach der Tugend und wie bei der irrationalen Zahl, nach der Sokrates in seinem Gespräch mit dem Sklaven fragt. Denn bloße Meinungen, die wir auf eine Anschauung zurückführen können, erhalten so die Qualität einer Gewissheit, die unseren Verstand nicht entmündigt, auch wenn wir nicht in der Lage sind, diese Gewissheit in eine begriffliche Form zu bringen.

Insofern kann gelten, dass jeder Glaube solange nur Meinung ist, wie ihm kein Handeln entspricht. Das Handeln ist hinsichtlich der Tugend bzw. des Glaubens das, was die in den Sand gezeichneten Quadrate für die Geometrie sind. Den Glauben in Glaubenssätze zu gießen und eine besondere Klasse von Gefühlen für ihn in Anspruch zu nehmen, sind gleichermaßen untaugliche Mittel, ihn für andere verbindlich zu machen.

Sokrates: Wahr ist, was *gesagt* und/oder *gezeigt* werden kann. Tugend kann nur am Beispiel des Handelns anderer *gezeigt* werden.	
Physikotheologie: Natur als Buch Gottes: sie *sagt* (bzw. schreibt vor), was wir *denken* und *tun* sollen.	Die Frage, ob es Gott gibt oder nicht, stellt sich gar nicht, da seine Existenz eine Tatsache ist.
Rousseau: Die Natur ist *stumm*: wir müssen selber denken!	Ob wir an Gott glauben oder nicht, unterliegt der Entscheidung jedes Einzelnen.
Naturwissenschaft: Es gibt nur *eine* Form der Erkenntnis, die Naturerkenntnis.	Ob es Gott gibt oder nicht, ist irrelevant, weil er nicht naturwissenschaftlich nachgewiesen werden kann.
Geisteswissenschaft: Was für die Naturwissenschaft die *Natur*, ist für die Geisteswissenschaften die *Sprache*; neben die *Naturerkenntnis* tritt als weitere Erkenntnisform das *Gespräch*.	Ob die Frage nach Gott relevant ist oder nicht, unterliegt dem Konsens einer Kommunikationsgemeinschaft.
Alternative Position: Was für die bisherigen Geisteswissenschaften die *Sprache,* ist für die alternative Position das *Handeln*.	Ob es einen Gott ‚gibt' oder nicht, erweist sich daran, ob diese Frage sich auf unser Handeln auswirkt oder nicht.

Jürgen Manemann

„In Geschichten verstrickt" (W. Schapp) – Religion und Menschenbildung

Unterwegs zu einer anamnetischen Religionspädagogik

Seit ein paar Jahren arbeiten Religionspädagogen an dem Entwurf einer anamnetischen – auf Erinnerungen basierenden und von Erinnerungen geleiteten – Religionspädagogik.[1] Die Notwendigkeit, Erinnerung und Erzählung zu fundamentalen Kategorien einer Religionspädagogik auszuarbeiten, entstand in der Auseinandersetzung mit der neuen Politischen Theologie. Der Begründer dieser Theologie, der katholische Theologe Johann Baptist Metz, stellte nach dem Zweiten Weltkrieg die Frage, wie es möglich gewesen sein konnte, dass Christinnen und Christen Sonntag für Sonntag mit dem Rücken zu den Opfern zu ihrem Gott gebetet hatten. Gegen diese religiöse Verblüffungsfestigkeit begann Metz eine Theologie nach Auschwitz zu entwickeln, die es Christinnen und Christen zukünftig unmöglich machen sollte, sich jemals wieder von den Leiden anderer erfolgreich distanzieren zu können. Durch die Politische Theologie fühlten sich Religionspädagogen zunächst dazu herausgefordert, ihre Arbeit mehr und mehr als „Erziehung nach Auschwitz" zu verstehen, deren erste Forderung lautet: „daß Auschwitz nicht noch einmal sei."[2] Erst als Politische Theologen für eine anamnetische, eine an das fremde Leid erinnernde Kultur plädierten, kam der Gedanke einer anamnetischen Religionspädagogik auf.[3]

Anamnetische Religionspädagogik basiert auf einer Ethik, für die Erinnerungen grundlegend sind. So heißt es etwa im Buch Deuteronomium: „Wenn dich nun dein Sohn morgen fragen wird: Was sind das für Vermahnungen, Gebote und Regeln, die euch der Herr unser Gott geboten hat?" (Dtn 6,20), dann sollst du die Geschichte von der Unterdrückung und der Befreiung erzählen. Genese und Geltung werden derart aufeinander bezogen, dass das Moment des Sollens in Erinnerungen empirisch vorfindlich ist. Die Zentralität der Erinnerung für die Ethik zeigt sich auch im Bundesbuch, der ältesten Rechtssammlung

Israels. Dort werden die Sozialvorschriften durch zwei Verse eingerahmt. Der erste Vers lautet: „Einen Fremdling sollt ihr nicht bedrängen und bedrücken; denn ihr seid auch Fremdlinge in Ägypterland gewesen." (Ex 22,20) Der andere Vers sagt: „Die Fremdlinge sollt ihr nicht unterdrücken; denn ihr wisset um der Fremdlinge Herz, weil auch ihr Fremdlinge in Ägypterland gewesen seid." (Ex 23,9)

Um die gesellschaftliche Bedeutung des Projekts einer anamnetischen Religionspädagogik zu ermessen, ist diese in einen größeren soziokulturellen Kontext einzubetten. Dadurch wird deutlich, dass sie auch eine Reaktion auf eine gesellschaftliche Krisenerfahrung ist, in der die Fragilität von Traditionen radikal spürbar wird. Zwar wurde schon vor vielen Jahren auf die Gefahren „der vermeintlichen Geschichtsunbedürftigkeit der technischen Zivilisation"[4] hingewiesen. Allerdings scheint erst jetzt zunehmend bewusst zu werden, dass kaum noch eine traditionsdefinierte Sittlichkeit existiert und dass die avancierten Gesellschaften schon längst damit begonnen haben, die kulturellen Bedingungen ihrer Existenz selbst zu erfinden. Krisenhaft ist dieser Zustand, weil eine fehlende Rückbindung an einen Überlieferungsraum einhergeht mit einem Verlust lebensgeschichtlicher Reflexion. Ein solcher Verlust stellt eine Bedrohung für das Subjektsein des Menschen dar, denn wer das Gespräch mit den früheren Generationen abbricht, der tut dies auch mit sich selbst.[5]

Religionspädagogisch ist die Einsicht in diese Interdependenz von großer Bedeutung. Geschichten sind nämlich für die biblischen Religionen Motoren von Transzendenz-, genauer: von Selbsttranszendenzerfahrungen. Es reicht also keineswegs aus, sie bloß als Medien der Vermittlung von Religion und der Reproduktion religiösen Wissens zu interpretieren. Im Überschreiten und Durchbrechen der Faktizitäten offenbart sich in diesen Geschichten vielfach verschleiert die Dimension des Religiösen: Geschichten sind Kontingenzeröffnungspraxen. Sie erzählen davon, dass das, was ist, nicht immer so gewesen, mithin geworden ist. Dieses Wissen um die Kontingenz ist ein Rettungswissen, weil es Möglichkeitssinn eröffnet, denn: Wenn das, was ist, geworden ist, lässt das, was ist, sich ändern. Und wenn das, was ist, sich ändern lässt, ist das, was ist, nicht alles.[6] Deshalb sind Geschichten der Motor der biblischen Religionen.

Aus diesem Grund müsste Religionspädagogik ihre Aufgabe darin sehen, die narrativ-memorative Kompetenz der Kinder und Jugendlichen zu stärken, ist diese doch die Basis von Subjektbildung. Über das Erzählen von Geschichten wird das Bewusstsein sowohl von der

Geschichtlichkeit der eigenen Existenz als auch von Geschichte ausgebildet. Dieses Bewusstsein ist elementar für „Menschenbildung" (H. v. Hentig). Erinnerungen verknüpfen: Erzählendes Erinnern heißt, sich im Horizont der Geschichten Anderer erzählen.[7] Identitätsstiftende Erinnerungen besitzen einen Alteritätsindex, da es in ihnen immer auch um das Gedenken an Andere geht. Von dieser Dimension kann man die Erinnerung gar nicht dispensieren. In diesem Sinne sind die Erzählungen essentiell ethisch fundiert, weil sich der Erzählende immer wieder auf die anderen verpflichtet weiß. Durch die Erinnerung werden Menschen zu Überlebenden, weil in der Erinnerung immer auch der bereits Untergegangenen und ihrer vergangenen Leiden gedacht wird. Erinnerung ist primär memoria passionis. Als solche besitzt sie immer auch ein Wissen um das, was Menschen in der Geschichte erleiden mussten. Es sind insbesondere diese Erinnerungen, in denen das Erinnern zur Aufgabe wird. Im Austausch von Erinnerungen fremden Leids entsteht eine Multiperspektivität, die die Bedingung dafür ist, dass Ambiguitätstoleranz – die Fähigkeit, Inkongruenzen und Widersprüchen standzuhalten – ausgebildet wird, welche unabdingbar für die Einübung in Pluralisierungsprozesse ist.

Eine anamnetische Religionspädagogik zielt also auf die Förderung der narrativ-memorativen Kompetenz. Diese Fähigkeit ist jedoch das „schwierigste Pensum der [...] Bildung"[8]: Ist etwa schulisches Lernen darauf angelegt, dass der Heranwachsende diese Kompetenz ausbildet, die auf eine Anerkennung des Anderen und ein Kennenlernen seiner selbst ausgerichtet ist?[9] Tatsache ist, dass die „individuellen (und immer zugleich sozialen) lebensgeschichtlichen Erfahrungen der Kinder [...] vor allem in den weiterführenden Schulen kaum in den Unterricht eingebracht (zeitliche Dimension)"[10] werden. Dabei könnte die Schule eine Art Widerlager sein, in der Anderes aufscheint, nicht ein Ort, an dem getriebene junge Menschen versuchen, ihren Lebensschein zu retten – ein Rettungsversuch eines Lebens, dem es schon lange um nichts mehr geht.

Gesellschaft ohne Tradition

Das Getriebensein der Menschen in nachmodernen Gesellschaften ist verursacht durch Auflösungsprozesse im Weltmaßstab – Auflösungsprozesse, die noch nicht erkennen lassen, durch was denn das, was aufgelöst wird, abgelöst werden wird. Unsicherheit und Ungewissheit werden so zu Basiserfahrungen in nachmodernen Gesellschaften. Wer von uns wüsste schon zu sagen, was die Zukunft in einer globalisierten Welt mit sich bringen wird? Wer weiß, wohin die Reise geht? Das einzige, was wir mit Sicherheit sagen können, ist, dass wir uns auf einer Reise befinden, auf der all das, was wir kennen, durcheinandergewirbelt wird. Dieser Wirbel wird v. a. durch Mobilität, Bewegung, ausgelöst. „Globalisierung" wird dieser Zustand der Ortlosigkeit, der unbegrenzten Mobilität, genannt. Wenn in der gegenwärtig global werdenden Welt noch von Orten gesprochen wird, dann meist von Bahnhöfen, Terminals, Anschlussmöglichkeiten. Orte in der globalisierten Welt sind keine Orte, an denen man verweilt, sondern Durchgangsstationen.

Die sich beschleunigende Ortlosigkeit geht einher mit einer sich beschleunigenden Individualisierung – beide bedingen einander. Prozesse der Individualisierung wiederum bedingen Prozesse der Enttraditionalisierung. Letztere sind ebenfalls Prozesse der Ortlosigkeit, denn es gibt auch geistige Orte, in denen Menschen wohnen. Die geistige Ortlosigkeit, die mit der Individualisierung einhergeht, zwingt dazu, das Individuum zum Zentrum zu machen. Nichts ist mehr Tradition. Alles muss neu geschaffen, erfunden werden von dem Individuum. Das Individuum entscheidet allein, was verantwortet werden kann. Wer ist aber dieses enttraditionalisierte Individuum? Kann dieses Individuum diese Frage für sich überhaupt beantworten, wenn sich bei ihm ständig ändert, was ihm wichtig ist? Was vermag der Einzelne in einer globalisierten Welt ohne Traditionen auf die Frage antworten: „Wer bist du?" Wenn jemand auf diese Frage mit dem Verlesen seines Terminkalenders antworten würde, wäre man wohl etwas peinlich berührt. Denn der Sinn der Frage „Wer bist Du?" zielt auf anderes. Mit der Frage „Wer bist Du?" zielt der Fragende auf eine Antwort, die ihm sagt, was dem Befragten wirklich am Herzen liegt und auch zu Herzen geht. Was ihn in einer Weise angeht, die tiefer ist, als das, was sich in der Aufzählung alltäglicher Zerstreuungen erschöpft. Um die Frage „Wer bist Du?" in der Weise zu beantworten, dass man auf das, was einem am Herzen liegt, eingeht, bedarf man der Anderen und ihrer Erzählungen. Menschen in nachtraditionalen Gesellschaften scheinen jedoch allenfalls noch aufzählen, aber kaum noch erzählen zu können.

In nachmodernen Gesellschaften werden Traditionen und das in ihnen grundgelegte Wissen zunehmend abgelöst und durch Expertenwissen ersetzt. Hergestellte Unsicherheiten, permanente Infragestellungen und Entscheidungszwänge rufen tiefgreifende Veränderungen hervor, denen man nicht mehr durch den Rückgriff auf Traditionen entfliehen kann. Dieser Prozess der Enttraditionalisierung wird von einigen Zeitdiagnostikern, allen voran Ulrich Beck und Anthony Giddens, als Fortschritt gefeiert, denn Tradition ist für sie negativ belegt – mit Autorität, Gehorsam, Zirkularität –, während die Befreiung von Tradition mit Worten wie Freiheit, Emanzipation, Dialogfähigkeit etc. gekennzeichnet wird.[11] Nun endlich – so kann man lesen –, in der nachtraditionalen Phase, sei die Emanzipation der bürgerlichen Gesellschaft in ihre Schlussphase getreten. Dabei wird durchaus gesehen, dass eine solche Phase immer auch spannungsgeladen ist, gebiert die sie auszeichnende Ungewissheit doch auch Ressentiments: Fundamentalismen, Radikalismen und Rassismen. Dennoch ist eine Demokratisierung der Demokratie nach Ansicht der Apologeten der nachmodernen Gesellschaft nur auf dem Boden einer Gesellschaft möglich, die sich von Tradition emanzipiert hat. Tradition wird hier ohne Differenzierung auf die Seite ressentimentgeladener Reaktionen verortet, ohne genauer zu benennen, was man denn dann unter Tradition versteht; statt dessen wird ein ungebundenes Selbst gefeiert, das sich aus sich selbst heraus in Aktion setzt, subpolitische Aktivitäten fördert und so letztlich zum Fundament einer Bürgergesellschaft werden soll. Aber stimmt das? Ist es tatsächlich so, dass eine enttraditionalisierte Gesellschaft demokratischer wäre? Oder ist es nicht gerade umgekehrt, dass nämlich eine enttraditionalisierte Gesellschaft viel ideologieanfälliger und ungleich manipulierbarer ist?

Dass Traditionen einen totalitären Charakter gehabt haben und haben können, ist nur allzu offensichtlich. Wer wollte das ernsthaft bestreiten? Aber eine Gesellschaft ohne Tradition ist alles andere als die Lösung. Sie führt schnurstracks in die Inhumanität. Die Propheten der nachtraditionalen Gesellschaft haben vergessen, dass man sich zweier Umstände gleichzeitig erinnern soll:

„Erstens, hätten nicht die neuen Generationen unaufhörlich gegen die ererbte Tradition revoltiert, würden wir noch heute in Höhlen leben; zweitens, wenn die Revolte gegen die ererbte Tradition einmal universell würde, werden wir uns wieder in den Höhlen befinden."[12]

Der Kampf gegen die Erinnerung

Neben diesen strukturellen Prozessen der Amnesie gibt es auch einen bewussten Kampf gegen die Erinnerung und für das Vergessen, genauer für das Vergessen bestimmter Erinnerungen. So wird etwa über das „Nichtvergehen der Vergangenheit" (E. Nolte) – gemeint ist die Erinnerung an die Katastrophe Auschwitz – allenthalben geklagt. Unabdingbar für die Zukunft unseres Landes sei – so kann man immer wieder hören und lesen – „das Vergehen der Vergangenheit", lasse sich doch in ihrem Schatten schwer leben.[13] Gerade in der Nach-Nachkriegszeit, in der wir uns befinden, droht die Forderung, die dunklen Seiten der Geschichte an den Rand zu drängen, zu einem neuen *Common sense* zu avancieren. Normalität könne nicht wachsen auf dem Boden der Erinnerung an Anomales. Gegenwart sei immer noch zu sehr angekettet an den Pflock der Vergangenheit: von „Gedächtnisritualen" wird gesprochen, einer „Routine des Beschuldigens", einem Zustand der „Dauerpräsentation" der deutschen Schande.[14]

Liegt hier nicht der Versuch vor, zugunsten einer vermeintlichen kollektiven Identität bittere Einsichten wegzuwischen? Und was bedeutet Normalität? Leben wir angesichts des Vergangenen nicht schon in einer erschreckenden Normalität? Bereits vor dem Ende des Zweiten Weltkrieges warnte Theodor W. Adorno:

„Der Gedanke, daß nach diesem Krieg das Leben ‚normal' weitergehen oder gar die Kultur ‚wiederaufgebaut' werden könnte – als wäre nicht der Wiederaufbau von Kultur allein schon deren Negation – ist idiotisch. Millionen Juden sind ermordet worden, und das soll ein Zwischenspiel sein und nicht die Katastrophe selbst. Worauf wartet diese Kultur eigentlich noch?"[15]

Erinnern und Vergessen

Wer jedoch die humanisierende Kraft der Erinnerung ermessen will, der darf nicht von der Traurigkeit und Melancholie, die sich mit ihr verbindet, schweigen. Kaum jemand war sich dieses melancholischen Charakters mehr bewusst als Friedrich Nietzsche:

„Betrachte die Herde, die an dir vorüberweidet: sie weiß nicht, was Gestern, was Heute ist, springt umher, frißt, ruht, verdaut, springt wieder, und so vom Morgen bis zur Nacht und von Tag zu Tag, kurz angebunden mit ihrer Lust und Unlust, nämlich an den Pflock des Augenblicks, und deshalb weder schwermütig noch überdrüssig. Dies zu sehen geht dem Menschen hart ein, weil er sich seines Menschentums vor dem Tiere brüstet und doch nach seinem Glücke eifersüchtig hinblickt – denn das will er allein, gleich dem Tiere weder überdrüssig noch unter Schmerzen leben, und will es doch vergebens, weil er es nicht will wie das Tier."[16]

Wir wünschen uns, vergessen zu können – und das ist zunächst einmal auch gut so! Zu allem Handeln gehört das Vergessen, ohne Vergessen könnten wir nicht einmal schlafen. Wir können fast ohne Erinnerung leben, aber nicht ohne das Vergessen.[17] So kann Nietzsche fortfahren:

„Es gibt einen Grad von Schlaflosigkeit, von Wiederkäuen, von historischem Sinne, bei dem das Lebendige zu Schaden kommt und zuletzt zugrunde geht, sei es nun ein Mensch oder ein Volk oder eine Kultur."[18]

Vergangenheit kann zum Totengräber sowohl der Gegenwart als auch der Zukunft werden, wenn Gegenwart und Zukunft nicht immer auch von Vergangenheit befreit werden.

Darauf kommt es also an, wenn wir von der Vergangenheit und ihrer Bedeutung sprechen: Nicht zu vergessen, die Grenze zu bestimmen, an der das Vergangene vergessen werden muss. Die Herausforderung der Erinnerung wird erst deutlich, wenn man die Bedeutung des Vergessens für das Leben ermessen hat. Ohne Vergessen zu leben ist ganz und gar unmöglich.

Erinnern und Vergessen sind also nicht einfach zu trennen, sondern unterhalten eine komplexe Beziehung. So ist etwa das Vergessen die Voraussetzung von Erinnerung überhaupt. Warum sollten wir uns erinnern, wenn wir nicht in der Lage wären, zu vergessen? Auch kann nur das erinnert werden, was vergessen werden kann. Ein Computer kann in diesem Sinne nicht erinnern, da er nicht vergessen kann. Dennoch scheint es so zu sein, dass dem Vergessen eine geringere Bedeutung zugesprochen wird, kennen wir doch Gebote des Erinnerns – aber Gebote des Vergessens? Vielleicht liegt das daran, dass das Vergessen eher ein „natürlicher" Vorgang ist, zu dem es keiner Aufforderung bedarf, während die Erinnerung uns entweder im Augenblick überfällt oder als ein bewusster Prozess zu initiieren ist. Wenn wir etwas erinnern, so sind wir uns des Erinnerns bewusst, während wir das Vergessen manchmal selbst vergessen.[19] Vergessen kann aber auch die Folge des Erinnerns sein, wenn wir uns nämlich an Bestimmtes auf Kosten anderer Begebenheiten erinnern. Psychologisch gesehen, sprechen wir dann von einer „Deckerinnerung". Andererseits vermag die Ablösung einer alten Erinnerung durch eine neue ihrerseits Kräfte freiwerden zu lassen, die Neues wahrzunehmen erlauben.[20]

Die Vergangenheit ist also nicht einfach ein Vermächtnis, aus dem wir schöpfen können, sondern auch eine große Last; sie beschwert unseren Gang. „Wer Paradiese erreichen will", so Siegfried Lenz, „muß vorher das Gedächtnis verbannen." Zukünftiges Glück und Vergangenheit lassen sich nicht ohne Weiteres miteinander verknüpfen. Dennoch: Ohne die Erinnerung an die Vergangenheit hätten wir überhaupt kein Bewusstsein von Zukunft. Aus diesem Grund sollte auch Zukunft, die nicht selten mit dem *Prinzip Hoffnung* gleichgesetzt wird, nicht gegen Vergangenheit ausgespielt werden.

Der Tod der Anderen als Differenzerfahrung

Erinnerung ist Ausdruck einer Differenzerfahrung und die Differenzerfahrung par excellence, die uns zu geschichtlich denkenden Wesen macht, ist die Erfahrung des Todes, aber nicht primär die Erfahrung unseres eigenen Todes, sondern die Erfahrung des Todes der Anderen. Diese Erfahrung ist nun aber nicht die Bedingung der Möglichkeit eigentlichen Selbst-sein-könnens, sie entlässt uns nicht in die Eigentlichkeit der Existenz – vielmehr macht sie uns, wie Burkhard Liebsch zeigt, zu *Überlebenden*, die nach und zugleich mit dem Tod der Anderen leben müssen.[21]

Die Dichterin Mascha Kaléko führt uns das Schwergewicht dieser Erfahrung des Vergangenseins deutlich vor Augen:

„Vor meinem eignen Tod ist mir nicht bang,
 Nur vor dem Tode derer, die mir nah sind.
Wie soll ich leben, wenn sie nicht mehr da sind?

Allein im Nebel tast ich todentlang
Und laß mich willig in das Dunkel treiben.
Das Gehen schmerzt nicht halb so wie das Bleiben.
Der weiß es wohl, dem gleiches widerfuhr;

– Und die es trugen, mögen mir vergeben.
Bedenkt: den eignen Tod, den stirbt man nur,
Doch mit dem Tod der andern muß man leben."[22]

Erinnern meint deshalb auch zunächst Erinnern an die Untergegangenen. Die Erinnerung an den Tod der Anderen überführt die Rede vom Vorrang meines eigenen Todes der Falschheit. Ebenso falsch ist die Vorstellung, mit dem Tod sei alles vorbei, denn mit dem Tod des Anderen hört der Tod nicht auf. Mit ihm fängt er erst an:

„Der Tod ist nicht vorbei, wenn einer tot ist, wenn einer tot ist, fängt er in gewisser Weise überhaupt erst an, der Tod. [...] Der Tod aber endet nicht damit, dass einer endet. Damit beginnt er, die Wache, damit beginnt die Schlaflosigkeit, jenseits der Traumdeutung, der Schlafwandel in ein Gehäuse."[23]

Erinnerung ist deshalb „Totenwache" (Michael Mayer), und diese ist zentral für das, was wir Humanität nennen. Das zeigt bereits eine etymologische Herleitung des Begriffs, stammt „Humanität" doch von „humare": bestatten, beerdigen, begraben. Humanität ist somit die Fähigkeit, den Anderen begraben zu können. Diese Fähigkeit ist tief in der Menschheitsgeschichte verwurzelt.[24] Vielleicht ist sie das Fundament von Moralität überhaupt, da es sich hierbei um einen Dienst am Anderen handelt, den dieser nicht wiedergutmachen, zurückerstatten kann.

Das biblische Eingedenken

Von hier aus wäre auch die Identität des Menschen als eine *narrative* zu bestimmen. Narrative Identität bedeutet, dass der Mensch überwiegend durch seine Geschichten existiert, ja er wohnt quasi in Geschichten.[25] Soweit wir zurückschauen können, haben Menschen immer Geschichten erzählt. Unsere Erfahrungen entstammen Erzählungen, die uns wiederum andere mitgeteilt haben: das narrative Ich, das aus Erzählungen, aus Geschichten bestehende Ich, ist nicht individualistisch, sondern *kommunitär* verfasst, auf Gemeinschaft bezogen.[26] Aus diesem Grund beginnen Theologen, wenn sie biblisch denken, auch nicht mit der Rede vom „Selbst" oder vom „Ich", sondern mit Geschichten.

Tradition – Sammelbecken von Geschichten – verweist darauf, dass Leben ein Leben vom Anderen her ist. Wenn hier im positiven Sinne von Tradition gesprochen wird, so ist eine Tradition gemeint, die über sich hinausweist, die immer bereits „das Andere der Tradition", mithin die Revolte gegen sich selbst, mitträgt, mitinitiiert – nicht um sich selbst zu zerstören, sondern um durch Kritik zu retten. Eine gute Tradition wäre nur durch Kritik zu retten. Als solche stärkt sie das Leben und die Gemeinschaften und leitet an zur Offenheit gegenüber dem Fremden und seiner Geschichte. Nur eine Tradition, die in der Lage ist, eine andere Tradition anzuerkennen, ist eine Zukunft ermöglichende Tradition. Auf religiöse Traditionen bezogen würde dies bedeuten: Wenn wir den Fremden willkommen heißen, heißen wir Gott willkommen.[27] Das heißt aber nicht, den Fremden der eigenen Tradition zu berauben – dies wäre Ausdruck einer totalitären Tradition. Den Fremden willkommen heißen bedeutet, seine Anliegen aufzunehmen.

Eine solche Tradition wäre kritisch gegen sich selbst, mithin selbstreflexiv. Sie würde nicht zu einer starren Identifikation mit der eigenen Tradition führen, sondern die eigenen Autoritäten herausfordern – nicht zuletzt auch Gott: Die Bibel verpflichtet darauf, die Thora, die Verantwortung für den Anderen, mehr zu lieben als „Gott".[28] Selbsttranszendenz wäre das zentrale Moment der hier angezielten Tradition. Diese wäre nicht *esoterisch*, nach innen gekehrt, sondern *exoterisch*, nach außen gerichtet. Tradition würde so nicht Fragen ersticken, sondern zu Fragen herausfordern – Fragen, die Antworten anzielen, die in Verantwortung gründen, denn im Wort Verantwortung steckt das Wort Antwort. Solche Traditionen sind weder zirkulär noch totalitär.

In diesem Sinne sind auch die biblischen Traditionen zu verstehen. Sie binden sich nicht an Ursprünge. Sie sind keine Mythen der ewigen Wiederholung. Alle Religionen kommunizieren über die Erzählung. In den biblischen Traditionen ist die Erzählung das Zentrum religiöser Erfahrung, betrachtet doch die Bibel das Drama des Lebens als eines der Geschichte. Juden- und Christentum sind Erzähl- und Erinnerungsgemeinschaften.[29] Nach dem „Nutzen des Vergessens" sucht man deshalb auch in der Bibel vergeblich. Sie kennt nur den „Schrecken des Vergessens" (Yosef Yerushalmi). In den biblischen Traditionen meint Geschichte *Gedächtnis*. In der Bibel taucht kein Gebot so häufig auf wie der Appell, sich zu erinnern. Die Grundlage, die Bibel, ist ein *Geschichtsbuch*. Das Erste Testament erzählt die Geschichte des Volkes Israel, das Neue Testament die Geschichte des Juden Jesus von Nazareth. Die biblischen Religionen sind von Geschichte durchdrungen und ohne Geschichte gar nicht denkbar. Diese Geschichte besteht aus vielen einzelnen Geschichten, die die Komplexität der Geschichte mit Gott vor Augen halten, und zwar *spannungsreich, unsystematisch* und *kontrastiv*.[30] Es gibt einen Zusammenhang, aber keine Einheit.

Geschichte wird – aus biblischer Perspektive betrachtet – als unabgeschlossen reklamiert. Heutige Geschichtsverständnisse gehen dagegen wie selbstverständlich von der Abgeschlossenheit der Vergangenheit aus – und damit von ihrem Tod.[31] In derartigen Vorstellungen von Geschichte als einer unendlichen Fortschrittsgeschichte zählt letztlich nur noch die Zukunft, die zu einem Wertbegriff avanciert. Von einem solchen Verständnis der Zukunft gilt es, die Vergangenheit zu befreien. Dafür kämpfen die biblischen Traditionen.[32] Erinnerung wird hier vor allem als Unterbrechung verstanden und führt damit zu Konsequenzen in der Gegenwart. Sie hat – so kann man sagen – keinen kalten, den Status quo bestätigenden Charakter, sondern einen *heißen*, stellt sie doch die Gegenwart in Frage und klagt ihre permanente Veränderung ein. Erinnern heißt wissen, dass etwas Gegebenes ein nicht immer schon Gewesenes ist. Die Erinnerung lässt gefährliche Einsichten aufkommen, und die etablierte Gesellschaft scheint die gefährlichen Inhalte dieses Gedächtnisses zu fürchten. Das Erinnern ist nämlich eine Weise, sich von den gegebenen Tatsachen abzulösen und die allgegenwärtige Macht der gegebenen Tatsachen und deren Eindimensionalität zu durchbrechen.[33] Dabei ist die Sichtweise der Geschichte, die dem biblischen Verstehen zugrunde liegt, Widerspruch zu einer Hegelschen Konstruktion von Geschichte, die über die Leiden der Menschen hinweggeht, in der „das Blut der Opfer im Sinn des Werdens trocknet" (A. Finkielkraut).

Ein Denken, das sich aus den biblischen Traditionen speist, weigert sich, die Geschichte der Menschen zu halbieren, die Leiden vergessen machen zu wollen. Es geht ihm nicht um die *Erfüllung* der Geschichte, sondern um den *Abbruch* der Geschichte. Solch ein Geschichtsverständnis ist Protest gegen jede Art des Triumphes über die Opfer. Dabei ist nicht die Konservierung der Vergangenheit intendiert, sondern ihre Einlösung – die Realisierung gescheiterter Freiheit und Hoffnung![34] Deshalb weigert sich biblisches Denken, die Frage nach dem Leben der Toten zu vergessen und zu verdrängen.

Die Bibel erzählt aber auch von der Gefahr, welche die Vergangenheit für Gegenwart und Zukunft bedeuten kann: So fordert Jahwe in der Geschichte der Zerstörung von Sodom und Gomorrah Lot und seine Frau auf, die beiden Städte schnellstmöglich zu verlassen. Dabei ergeht an Lot der Befehl: „Rette dein Leben und sieh nicht hinter dich!" Diejenigen entkamen der Katastrophe, die sich daran hielten; Lots Frau aber blickte zurück und erstarrte zur Salzsäule. Wichtig ist: Es handelt sich hier nicht um eine Strafe, sondern um die Folge des getanen Blicks: „Der Anblick der Katastrophe vermag zu versteinern. Wer in's Inferno blickt, wird unfähig zur Bewegung, zum Sprechen, zum Handeln."[35] So geht es in der Erzählung nicht um ein Gebot, denn das ständige Weitergehen würde ja dazu führen, dass die Katastrophen sich wiederholten: „daß es *so* weitergeht, ist die Katastrophe" (W. Benjamin). Ausgesprochen wird kein kategorischer Imperativ, sondern eine Erfahrung: dass der Blick zurück versteinern kann.[36]

Erinnern und Erzählen sind in den biblischen Traditionen *praktische Kategorien*, als solche pflegen sie keinen totengräberischen Umgang mit Geschichte: Der Erzähler wird zum „Täter" des Wortes; das Wunder, von dem man erzählt, wird erneut gegenwärtig. Martin Buber hat in seiner Einleitung zu den „Chassidischen Geschichten" diesen Zusammenhang durch folgende Erzählung verdeutlicht:

„Man bat einen Rabbi, dessen Großvater ein Schüler des Baalschem gewesen war, eine Geschichte zu erzählen. ‚Eine Geschichte', sagte er, ‚soll man so erzählen, daß sie selber Hilfe sei.' Und er erzählte: ‚Mein Großvater war lahm. Einmal bat man ihn, eine Geschichte von seinem Lehrer zu erzählen. Da erzählte er, wie der heilige Baalschem beim Beten zu hüpfen und zu tanzen pflegte. Mein Großvater stand und erzählte, und die Erzählung riß ihn so hin, daß er hüpfend und tanzend zeigen mußte, wie der Meister es gemacht hatte. Von der Stunde an war er geheilt. So soll man Geschichten erzählen.'"[37]

Religiöses und kulturelles Gedächtnis

Das religiöse Gedächtnis, das sich aus der memoria passionis speist, ist wesentlich Anspruch des Anderen und als solches autoritativ verfasst: „Es sind Andere, deren Vergangenheit uns in Anspruch nimmt und Anspruch auf unsere Gegenwart geltend machen."[38] Die erinnerte Vergangenheit vergeht erst, wenn dieser Anspruch von unserer Gegenwart her keine Zukunft mehr hat. Vergehen ist nämlich nicht eine Dimension chronometrischer Zeit, sondern Resultat in einer geschichtlichen Zeit durch ein Nicht(mehr)antworten.[39] Gegen dieses Vergehen kämpft das religiöse Gedächtnis. Die gegenwärtige Traditionskrise ist somit immer auch eine Autoritätskrise. Beide bedingen einander. Es ist nicht zuletzt dieser Zusammenhang, der das religiöse Gedächtnis vom kulturellen unterscheidet. Das interdependente Verhältnis zwischen Vergangenheit und Gegenwart, wie es im Akt des biblischen Erinnerns wurzelt, ist asymmetrischer Art. Während im kulturellen Gedächtnis die Gegenwart die Vergangenheit eingrenzt und sich ihrer bedient, erhebt die im religiösen Gedächtnis eingezeichnete Vergangenheit einen Autoritätsanspruch an die Gegenwart. Der Sinn des Gehorsams basiert auf einer Anerkennung, die Anderen aufgrund ihrer Erfahrungen Einsichten zutraut, die wir uns wahrzunehmen sträuben. Der russische Philosoph Leo Schestow, der Jankélévitsch und Lévinas – die Denker des memento mori und des Anderen nach Auschwitz – maßgeblich beeinflusst hat, spricht davon, dass Menschen, die Grenzerfahrungen gemacht haben, denen beispielsweise der Todesengel erschienen ist, andere Augen erhalten haben, mit denen sie die Welt wahrnehmen.

Es gibt, so Schestow, einen Engel des Todes, der zum Menschen, der im Sterben liegt, herniederschwebt, um seine Seele vom Leib zu trennen – und dieser Engel ist ganz bedeckt von Augen. Es kommt nun vor, „daß der Engel des Todes, wenn er eine Seele holen will, sich überzeugt, daß er zu früh gekommen und für den Menschen noch nicht die Stunde geschlagen hat, die Erde zu verlassen. Dann rührt er dessen Seele nicht an, zeigt sich ihr nicht einmal, hinterläßt jedoch dem Menschen, ehe er sich entfernt, noch zwei Augen von seinen zahllosen eigenen. Und dann beginnt der Mensch plötzlich außer dem, was alle sehen und was er selbst mit seinen alten Augen sieht, noch etwas ganz Neues zu sehen. Und er sieht das Neue auf eine neue Art, nicht wie Menschen, sondern wie Wesen 'anderer Welten' sehen, nämlich so, daß es nicht ‚notwendig', sondern ‚frei' ist, d.h. gleichzeitig ist und nicht ist, daß es in Erscheinung tritt, wenn es verschwindet, und verschwindet, wenn es in Erscheinung tritt."[40] Auf einem bei den Krematorien in Auschwitz gefundenen Zettel steht: „[...] wißt, was geschehen ist, vergeßt nicht und doch werdet ihr nicht wissen."

Davon weiß das religiöse Gedächtnis, indem es eine Stimme der Untergegangenen besonders hervorhebt: die der Opfer der Geschichte. Es sind v.a. ihre Erfahrungen, die Anerkennung finden. Nicht, weil sie ein Monopol auf Wahrheit hätten, sondern weil Wahrheit ohne ihre Stimmen nicht zu finden ist. Das kennzeichnet den universalen Anspruch dieses Gedächtnisses. Die Verpflichtung zu dieser Erinnerung ist ein Anruf, der dem Verstehen vorausgeht. Dieser Anruf ist ein Ruf in die Verantwortung und als solcher Unterbrechung der Herrschaft der Identifikation, denn das hier hervorgerufene Können ist „ein Können, das aus Unvermögen besteht, [...] ist Infragestellung des Bewußtseins und [...] Eintritt in eine Konstellation von Beziehungen, die sich scharf von der Entbergung abheben." (E. Lévinas) Dies erst macht den Erinnernden zum Subjekt, denn: „[...] im Sagen der Verantwortung – die Ausgesetztheit an eine Verpflichtung ist, in der niemand mich zu ersetzen vermag – bin ich einzig." (E. Lévinas)

Dieses Gedächtnis ist Ausdruck einer universalen Solidarität – nach vorn mit den zukünftigen Generationen, nach hinten mit den untergegangenen. Als solches ist es deshalb immer auch grundiert von einer Ethik der Trauer. Die Trauer erzwingt die Einsicht, dass ich am Anderen verliere, „was ich nie ‚hatte'. [...] Eine ‚Beziehung' zu ihm ist zumal nach dem Tod illusionslos nur als Nicht-Habe, im Zeichen des Auskehrs aus der Ökonomie des Besitzes denkbar."[41] Die hier anvisierte Erinnerung ist vergleichbar mit einem Beerdigungsakt; jemanden beerdigen ist ein Akt ohne Erwartung eines Ausgleichs. In Anbetracht der Toten von Auschwitz ist das Gedächtnis, das wir ihnen geben, das Letzte, was wir für sie tun können. Die Toten haben keine Gräber; sie liegen tief in der Erinnerung. Nur ein Gedächtnis, das sich jeglicher Instrumentalisierung verweigert, ist in der Lage, die Erfahrung des Todes des Anderen zu memorieren und zu trauern. Das Gedächtnis schmerzt, ist immer auch Verwundung, Affizierbarkeit durch den Verlust des Anderen.[42] Diese somatische Dimension, die in der Trauer ihren Ausdruck hat, macht es unberechenbar, tendenziell exzessiv, und so erstaunt es nicht, dass es in der sozialen und politischen Gemeinschaft häufig als Bedrohung empfunden wird.

Das kulturelle Gedächtnis dient demgegenüber nicht selten der Mäßigung dieses Zuviel, der Bändigung dieser exzessiven Trauer. „Deshalb hat man ihr Orte, angemessene Ausdrucksformen und Fristen vorgeschrieben, in deren Rahmen es geboten und gestattet ist, Trauer zu zeigen und zu tragen [...]"[43] Das kulturelle Gedächtnis kennt scheinbar wie die Atomphysik Halbwertszeiten. Anders das religiöse Gedächtnis, das sich aus biblischen Traditionen speist. Dies dient nicht dem Sieg über diese Trauer, sondern macht die Erinnernden zu Überlebenden. Auf der Basis dieses Gedächtnisses wird Leben als Leben vom Anderen her im Sinne des Überlebens verstanden, d. h., dass das Leben als beschädigtes wahrgenommen wird. Zwischen dem Überleben und dem Beschädigtsein gibt es eine Interdependenz: „Nur beschädigtes Leben muss versuchen zu überleben, weil es dem Tod der Anderen zu nahe gekommen ist."[44]

Aber dieser Protest gegen den Tod ist unausweichlich mit Scheitern konfrontiert. Nicht zuletzt hinsichtlich einer Pluralität von Toten, denn Trauer ist Widerstand gegen pauschale Trauer, konzentriert sich auf den Einzelnen, partizipiert aber dadurch am gleichzeitigen Vergessen anderer Toter. Dass Trauer angesichts der Unmöglichkeit des Gedenkens an alle Opfer und Besiegten, an alle Untergegangenen, dennoch sich nicht mit ihrer eigenen Endlichkeit zufrieden gibt, das wiederum ist das Wesen der Trauer.[45]

Erinnerung als Unterbrechung

Die Erinnerung an die Opfer der Geschichte ist nur einem die Gefahr, das Scheitern und das Leiden nicht verdrängenden Bewusstsein möglich, entstammt doch das zu Erinnernde selbst diesem Milieu. Nähe dazu verbürgt jedoch nicht Authentizität; so ist beispielsweise Gefahr nicht selten Ursache von Wahrnehmungsverlusten. Deshalb bleibt der Erinnernde irritiert, weiß er nicht, ob er jemals die Stimmen der Untergegangenen, ihre Zeugnisse wird richtig hören, geschweige denn verstehen können. Gerade weil aber der Verdacht aufrechterhalten wird, dass das, was von den Untergegangenen in ihrer Situation gedacht und gesagt wurde, falsch und so ja in seinem Illusionismus gerade doppelt gefährlich sein könnte, gleichzeitig aber dennoch daran festgehalten wird, dass – wenn überhaupt – nur die Leidenden authentisch von der Gefahr Zeugnis abgeben können, wird das Hören auf diese Erinnerungen aufgrund dieser Doppeldeutigkeit dazu angetrieben, die Gefahr und das Leiden zu überwinden.[46]

Erinnern bedeutet, eine Zukunft für diejenigen zu erinnern, die keine haben: die Untergegangenen. Eine Gesellschaft, die die Toten herausfallen lässt, die Sinn nur noch für die Durchgekommenen, die Sieger ausspricht, ist zutiefst inhuman. Erinnerung, die einer rückwärtsgewandten Solidarität entstammt, ist *Erinnerung an die Zukunft*. Sie erinnert eine Zukunft für die Opfer, erinnert ihre Hoffnungen und ihre uneingelösten Sehnsüchte. Eine solche Erinnerung ist das Zentrum der biblischen Traditionen. In den biblischen Traditionen geht es nicht um Wahrsagerei, um die Frage „Wie sieht die Zukunft aus?", vielmehr sind diese Traditionen beseelt von der Frage nach der Zukunft der Ermordeten – unabhängig von ihnen wird an Zukunft nicht gedacht. Diese Erinnerungen rufen in eine ungeheuerliche Verantwortung, in der der Mensch für alle und alles verantwortlich ist (Fjodor M. Dostojewski). Solche Traditionen fordern aber nicht nur den Menschen heraus, sondern auch Gott. Sie fordern ihn auf, sich angesichts dieser zum Himmel schreienden Leiden zu rechtfertigen – ist doch diese Welt *seine* Welt, *seine* Schöpfung.[47]

Unterwegs zu einer anamnetischen Kultur

Eine Gesellschaft, die auf einer solchen Kultur der Erinnerung fußen würde, enthielte eine Moral, die dagegen kämpfte, dass Millionen von Leidenden und Unterdrückten zu einer gesichtslosen Masse degradiert wurden und immer noch werden. Den Ermordeten ihre Gesichter wiederzugeben – so etwas wäre in der Tat revolutionär – wäre Widerstand gegen das, was geschah. Man erinnere sich nur an folgende Episode: Kurz vor Kriegsende fragte ein hochrangiger Offizier, der sich keine Illusionen über den Ausgang des Krieges machte, Adolf Eichmann, wie denn die übrige Welt reagieren wird, wenn sie von der Vernichtung von Millionen Juden erfährt. Eichmann antwortete: Hundert Tote wären eine Katastrophe, Millionen sind reine Statistik![48]

Erinnerung, die dem widerstünde, kämpfte gegen dieses Nichts, wäre in der Tat revolutionär. Ob wir jedoch zu dieser Revolution in der Lage sind, kann bezweifelt werden: Wir weigern uns, dem Grauen standzuhalten, weil wir die mit ihm verbundene Leere nicht aushalten, den Gegenbeweis zu einem zwischenmenschlich verbürgten Leben verdrängen müssen. Aber nur derjenige, der diesen Versuch, diesen Drang, der Vergangenheit zu entkommen, spürt, kann ihr letztendlich auch standhalten, weil er ein Wissen davon besitzt, was ihm abverlangt wird.

Die biblischen Erinnerungen verpflichten zu einer Universalität, die sich nicht nur auf die künftigen Geschlechter bezieht, sondern auch auf die vergangenen. Der in dieser Tradition stehende Gläubige bemüht sich um den „Stimmzettel" der Toten. Er vergisst ihre Interessen und Sehnsüchte nicht! Auschwitz erinnern bedeutet deshalb zuerst nicht ein Erinnern um meiner eigenen Zukunft willen, sondern ein Erinnern um der Gemordeten willen.

Aber wie steht es um das Eingedenken in der Gegenwart? Die Opfer der Vergangenheit – wie auch jene der Gegenwart – werden zunehmend ausgeklammert: sie berühren *unsere* Zukunft nicht. So scheint auch Tschernobyl schrecklicher zu sein als Auschwitz: es betrifft *uns* ja unmittelbar. Organisationen wie Amnesty International finden wenig Gehör, wenn es um Bosnien, Ruanda, Darfur und andere Orte geht. Greenpeace dagegen wird häufig genug weltweit sichtbar. Wir scheinen uns nur angesprochen zu fühlen, wenn *wir* bedroht sind, *unsere* Zukunft auf dem Spiel steht, wenn die Menschheit bedroht ist – aber nicht, wenn irgendeine Gruppe von Menschen an einem anderen Ort gemordet wird.[49]

Einer der Cheftheoretiker der nachtraditionalen Gesellschaft, Ulrich Beck, behauptet, dass gerade in einer enttraditionalisierten Gesellschaft Universalität gelänge, die dem Christentum versagt geblieben sei. Aber was für eine Universalität spricht er an?

„Der ökologischen Moral, dem ökologischen Konfliktthema könnte gelingen, was das Christentum immer anstrebte und verfehlt hat: alle Feinde und Konkurrenzreligionen, die miteinander um Einflußsphären ringen, zu schlucken, zu bekehren und darin sogar auch die noch nicht Geborenen, die zukünftigen Generationen mit einzuschließen. Nur die Toten, die allerdings fallen heraus."⁵⁰

So einfach ist das also! Zukunft wird zu einem Wertbegriff. Für diejenigen, die sich nicht mehr zu Wort melden können, die Toten, ist kein Platz. Was aber ist das für eine Gesellschaft, die die Toten herausfallen lässt? Die Frage nach dem Leben der Toten zu vergessen und zu verdrängen, ist zutiefst inhuman, bedeutet es doch, die vergangenen Leiden zu vergessen und zu verdrängen und sich der Sinnlosigkeit dieser Leiden widerspruchslos zu ergeben.

„Schließlich macht auch kein Glück der Enkel das Leid der Väter wieder gut, und kein sozialer Fortschritt versöhnt die Ungerechtigkeit, die den Toten widerfahren ist. Wenn wir uns zu lange der Sinnlosigkeit des Todes und der Gleichgültigkeit gegenüber den Toten unterwerfen, werden wir am Ende auch für die Lebenden nur noch banale Versprechen parat haben. Nicht nur das Wachstum unseres wirtschaftlichen Potentials ist begrenzt, wie man uns heute einschärft; auch das Potential an Sinn scheint begrenzt, und es ist, als gingen die Reserven zur Neige und als bestünde die Gefahr, daß den großen Worten, unter denen wir unsere eigene Geschichte betreiben – Freiheit, Emanzipation, Gerechtigkeit, Glück – am Ende nur noch ein ausgelaugter, ausgetrockneter Sinn entspricht."⁵¹

Wer hat überhaupt das Recht, von der Vergangenheit loszukommen? Die Täter und Zuschauer, die Nachgeborenen wollen von der Vergangenheit loskommen, denn in ihrem Schatten lässt schwer sich leben. Warum auch nicht? Ist es nicht ganz natürlich für einen Menschen, das zu unterdrücken, was ihn peinigt, beschämt? „Genauso wie der Körper, so schützt auch das Gedächtnis seine Wunden." (Elie Wiesel) Folgendes Dilemma offenbart sich: Wir, die Täter, Zuschauer und Nachgeborenen, sind aufgefordert, uns zu erinnern. Wir vergessen permanent und dürfen doch nicht vergessen. Die Opfer müssen vergessen, um weiterzuleben, sie können aber nicht vergessen: „Wer gefoltert wurde, bleibt gefoltert." (Jean Améry) So schreibt Elie Wiesel: „Für uns war Vergessen nie eine Möglichkeit."

Ungewissheit in Permanenz

Welche Bedeutung kommt nun biblischen Traditionen in einer nachtraditionalen Gesellschaft zu, die zunehmend von Unsicherheit geprägt ist? Hier gilt es zunächst zu betonen, dass die Bedrohung des

Traditionsbestandes für die Bibel permanent gegeben und Unsicherheit gerade das Milieu ist, aus dem die biblischen Traditionen stammen und von dem sie Geschichten erzählen.

Die Geschichten, von denen die Bibel spricht, erzählen von einem Leben in Ungewissheit. Abraham wird gesagt, dass er sich aufmachen, losziehen soll in ein neues Land, und sogar seinem Knecht wird verboten, an den Ursprung zurückzukehren. Die Bewegung eines Denkens, das in biblischen Traditionen grundgelegt ist, ist nicht rückwärtsgewandt. Sie ist Aufbruch, ohne zu wissen, was einen erwartet. Sie ist Ausdruck einer Hoffnung für die Anderen: Mose führt das Volk aus der Unterdrückung, kann aber selbst das gelobte Land nicht mehr betreten.

Ungewissheit und Unterbrechung – nicht Gewissheit – sind die zentralen Momente biblischen Glaubens. Aus diesem Grund ist der biblische Glaube ein gefährlicher und ein riskanter Glaube. Ungewissheit kann nämlich in die Verzweiflung münden. Einem Denken, das sich aus biblischen Traditionen speist, ist aber nicht primär die Verzweiflung das Problem, sondern viel gefährlicher ist ihm die Gleichgültigkeit. Ungewissheit bedeutet aber nicht nur die Gefahr der Orientierungslosigkeit und Verzweiflung, sondern auch eine positive Großzügigkeit – Unabhängigkeit von den Mächten der Welt, Offensein für Neues. Gerade diese Doppeldeutigkeit ist essentiell für die biblischen Traditionen. Das Risiko und die Ungewissheit werden biblisch viel radikaler gedacht als in gegenwärtigen zeitdiagnostischen Konzepten. Ungewissheit – und darauf könnte eine Relecture der Bibel in heutiger Zeit aufmerksam machen – hat auch mit Gewissheit zu tun; aber Gewissheit kommt hier nicht von Wissen, sondern von Gewissen, und das Gewissen ist die Fähigkeit, die tiefen Anliegen der Anderen zu den eigenen zu machen. Meine Verantwortung für Andere ist Ungewissheit für mich, vermag jedoch den Anderen eine Gewissheit zu vermitteln, die nur wenig mit den heute geforderten Gewissheiten gemein hat. Diese Traditionen revoltieren gegen die vermeintlichen Tatsachen, indem sie eine Zukunft erinnern; sie haben mit einer Hoffnung zu tun, die nicht losgelöst von den Toten denkbar ist. Sie rufen auf, unzufrieden zu sein, denn in ihnen ist eine Ahnung verwurzelt, wie Welt sein könnte.

Das Gegenteil von Erinnern ist deshalb nicht einfach Vergessen, sondern Ungerechtigkeit.[52] Ohne gerechtes Handeln gibt es kein Erinnern im oben beschriebenen Sinn. Diese Erinnerungen zielen darauf ab, dass Gerechtigkeit sich nicht nur zu abstrakten Normen kondensiert, sondern inkorporiert werden muss. Sie gründen in der Erfahrung, dass Institutionen versagen können und dann allein Erinnerung es vermag, den Wahnsinn, der zur Normalität geworden ist, als solchen wahrzunehmen. Erinnerung ist Widerstand gegen den Tod, versteht Leben nicht als „Sein zum Tode" (Martin Heidegger), sondern als „Sein gegen den Tod" (Elias Canetti). Ein solches Leben vom Anderen her benennt unsere Lebensaufgabe wie folgt: „Die größte Anstrengung des Lebens ist, sich nicht an den Tod zu gewöhnen."[53]

Religion und Menschenbildung

Eine narrativ-memorative Religionspädagogik ist Arbeit an einer „Menschenbildung", die um die Gefahren der Instrumentalisierung des Leids Anderer zu Zwecken eigenen Selbstseinkönnens weiß. Erziehung nach Auschwitz ist eine Erziehung, die Auschwitz, primär die Opfer von Auschwitz, aber auch die Täter und Zuschauer zum Thema macht.[54] Sie darf nicht gleichgesetzt werden mit moralischer Erziehung. Anamnetische Religionspädagogik ist eine hyperbolische Aufgabe. Eine solche Religionspädagogik fußt auf einer doppelten Subjektorientierung, indem sie konkrete Opfer und auch Täter und Zuschauer erinnert und gleichzeitig die erinnernden Subjekte im Blick hat, „die Menschen, die in den intendierten Lehr-, Lern- bzw. Vermittlungs- und Aneignungsprozessen involviert sind."[55] Die Bildung, die durch eine solche Pädagogik angezielt wird, umfasst folgende Dimensionen: Sie ist politisch, nicht utopisch, sondern heterotopisch, subjektorientiert, asymmetrisch-traditionsorientiert und dialogisch-schülerorientiert.[56] Im Zentrum dieser Menschenbildung steht die Eigenaktivität des Individuums, das sich im Bewusstsein seines Überlebens, seines Lebens vom Anderen her, zum Subjekt entwickelt.[57] Obwohl bereits Hartmut von Hentig in seinen Ausführungen über ein „Bewußtsein von der Geschichtlichkeit der eigenen Existenz"[58] ein dialektisches Verständnis von der Dialektik der Tradition zugrunde legt, indem er darauf verweist, dass Tradition „immer beides zugleich" sei: „Mörtel und Dynamit"[59], geht ein auf der anamnetischen Kultur biblischer Traditionen basierendes Verständnis von Menschenbildung über das von Hartmut von Hentig Vorgeschlagene hinaus, das zwar auch auf „Abscheu und Abwehr von Unmenschlichkeit; die Wahrnehmung von Glück; die Fähigkeit und den Willen, sich zu verständigen; ein Bewusstsein von der Geschichtlichkeit der eigenen Existenz; Wachheit für letzte Fragen; und – ein doppeltes Kriterium – die Bereitschaft zu Selbstverantwortung und Verantwortung in der *res publica*"[60] zielt, das allerdings der rettenden Erinnerung an die Zukunft nicht wirklich den notwendigen Stellenwert zukommen lässt.[61]

Dazu bedarf es einer sensiblen Maieutik[62], denn verlangt ist nicht eine angeleitete Durchleuchtung der Geschichten der Kinder, die nach unseren Kriterien wahr von unwahr unterscheidet, sondern es kommt darauf an, Mut zu machen, einander Geschichten zu erzählen und weiter zu erzählen, und zwar in einer Art und Weise, die das in ihnen enthaltende Unsichtbare nicht ans Licht zerrt. Der Austausch von Geschichten darf allerdings nicht zu einem Viel-Sprechen über etwas regredieren, das bloß zu einer Scheinklarheit führt. Es kommt auf eine Kommunikation an, die auch Schweigen möglich macht. Dass die Grenzen unserer Sprache nicht die unserer Welt sind, davon zeugen Erzählungen. Gerade Geschichten, die etwas zu sagen haben, führen ins Schweigen – das lässt sich nicht nur anhand der biblischen Traditionen lernen. Die kommunikative Kraft des Schweigen übermitteln, dies vermögen Erzählungen.

Vielleicht stünde die Bibel bei den Jugendlichen nicht mehr auf dem „Index", wenn die Religionspädagogik dezidierter ihre narrativ-memorative Grundstruktur herausarbeitete; dann würden die Kinder und Jugendlichen die Erfahrung machen, dass ihre Geschichten immer auch Geschichten über Geschichten sind.[63] Diese Geschichten sind aber nicht im Sinne eines Korrelationsdenkens miteinander verwoben, das hier lediglich die Frage und dort die Antwort gegeben sieht[64], sondern sie beeinflussen sich wechselseitig, so dass zwischen ihnen eine „geheime Verabredung" (W. Benjamin) besteht. Die Kinder und Jugendlichen thematisieren somit nicht einfach nur ihre Erfahrungen und ihre Fragen, sondern der Horizont wird erweitert um andere Erfahrungshorizonte. So wird jeglicher „biographischer Regionalismus"[65] durchbrochen und universale Solidarität praktiziert.

Fragestellungen der Gegenwart

Myriam Wijlens

„Alle Menschen haben das unveräußerliche Recht auf *educatio*" (Vaticanum II, GE 1) – das Recht der katholischen Kirche

„Alle Menschen, gleich welcher Herkunft, welchen Standes und Alters, haben kraft ihrer Personenwürde das unveräußerliche Recht auf eine Erziehung (educatio), die ihrem Lebensziel, ihrer Veranlagung, dem Unterschied der Geschlechter Rechnung trägt, der heimischen kulturellen Überlieferung angepasst und zugleich der brüderlichen Partnerschaft mit anderen Völkern geöffnet ist, um der wahren Einheit und dem Frieden auf Erden zu dienen. Die wahre Erziehung (educatio) erstrebt die Bildung (formatio) der menschlichen Person in Hinordnung auf ihr letztes Ziel, zugleich aber auch auf das Wohl der Gemeinschaften, deren Glied der Mensch ist und an deren Aufgaben er als Erwachsener einmal Anteil erhalten soll."[1]

Mit diesen Worten eröffnet das II. Vatikanische Konzil die erste Nummer seiner Erklärung *Gravissimum educationis* vom 28. Oktober 1965, die dem Thema *educatio* gewidmet ist, und bestätigt, dass alle Menschen ein unveräußerliches Recht auf *educatio* haben (Art. 1).

Während das Wort *educatio* im Titel der Erklärung und in der eben zitierten Passage in der deutschen Sprache mit „Erziehung" übersetzt wird, wird im Laufe des Konzilstextes *educatio* konkreter als Bildung, insbesondere in Schulen und Universitäten, dargestellt.

Da diese Studie im Rahmen der allgemeinen Ringvorlesung „Religion und Bildung" der Universität Erfurt vorgenommen wird, gilt es hier der Frage nachzugehen, wie der Begriff *educatio* aus Sicht des katholischen Kirchenrechtes zu verstehen ist.[2] Für eine Beantwortung ist zuerst erforderlich zu klären, was das katholische Kirchenrecht überhaupt ist. Anschließend wird dem nachgegangen, wie der Begriff *educatio* in diesem Rechtssystem verwendet wird. Dabei wird sich herausstellen, dass *educatio* in zwei größeren Bereichen angesprochen wird. In dem ersten Bereich geht es um die Erziehung von Kindern und Jugendlichen, was einerseits zum Tragen kommt, wenn im katholischen Eherecht die Rede von Zeugung (*procreatio*) und Erziehung (*educatio*) von Nachkommenschaft durch die Eltern die Rede ist. Die *educatio* berührt dann das Eheverständnis selbst. Andererseits entsteht die Erziehungsaufgabe bzw. Erziehungspflicht aus dem Elternsein, was wiederum nicht notwendigerweise gebunden ist an die Ehe. Der zweite Teil dieser Studie ist dieser Thematik gewidmet.

Schließlich geht es im dritten Teil um die zweite Bedeutung von *educatio*, nämlich die Bildung im Sinne von Ausbildung und Unterricht, wie sie z. B. in Schulen[3] oder Kursen vorgelegt wird (c. 796 § 1 CIC). Diese Studie allerdings wird hinsichtlich dieses Bereichs insbesondere Bildung im Rahmen des Erziehungsauftrages der Eltern näher betrachten.[4]

1. Was und für wen ist das kanonische Recht?

Die katholische Kirche hat derzeit zwei Gesetzbücher: Das erste wurde 1983 vom Papst erlassen oder – wie es in der Rechtssprache heißt – promulgiert. Es trägt den Titel Codex Iuris Canonici, Codex des kanonischen Rechtes[5], und sein Geltungsbereich betrifft im Grunde den lateinischen Teil der katholischen Kirche. Manchmal spricht man hier von der Kirche des Abendlandes. Das zweite Gesetzbuch wurde vom Papst 1990 erlassen und betrifft die sogenannten Ostkirchen, die in voller Gemeinschaft mit der Kirche Roms stehen. Man spricht hier auch von unierten Kirchen bzw. von den Kirchen des Morgenlandes, obwohl sie heute über die Erde verstreut sind. Dieses Gesetzbuch trägt den Titel Codex Canonum Ecclesiarum Orientalium, Gesetzbuch der katholischen Ostkirchen[6]. Diese Studie bezieht sich nur auf das Gesetzbuch von 1983, weil es für Deutschland in Bezug auf diese Thematik von größerer Bedeutung ist. Neben dem Gesetzbuch, das für die lateinische bzw. für eine orientalische Kirche anwendbar ist und auch Universalrecht genannt wird, gibt es das Partikularrecht. Letzteres wird in der lateinischen Kirche entweder von der Bischofskonferenz für das Territorium der Bischofskonferenz oder von einem Diözesanbischof für das ihm anvertraute Bistum erlassen. Diese Normen konkretisieren bereits auf universalrechtlicher Ebene erlassene Bestimmungen oder regeln Vorgehensweisen, die spezifisch für eine Region sind. Manchmal handelt es sich jedoch nicht um Gesetze im engeren Sinne, sondern um Richtlinien, wie vorzugehen ist. So gibt es z. B. in Deutschland weitere partikularrechtliche Normen über die katholischen Schulen, da hier auch die zivilrechtliche und konkordatäre

Situation in Betracht gezogen werden muss. Oder es gibt das von der Bischofskonferenz verabschiedete Formular zur Feststellung der Freiheit beider Ehepartner wenn diese heiraten wollen. Auf Letzteres wird weiter unten noch zurückzukommen sein.

Die Normen, ob sie nun universalrechtlich oder partikularrechtlich sind, gelten, insofern sie nicht ihren Ursprung in einer naturrechtlichen oder göttlichrechtlichen Bestimmung finden, sondern nur kirchenrechtlicher Natur sind, ausschließlich Menschen, die in der katholischen Kirche getauft oder nach einer Taufe in sie aufgenommen wurden (c. 11). Während die kirchenrechtlichen Vorschriften zur Eheschließung z. B. rein kirchenrechtlicher Natur sind und somit Nichtkatholiken nicht berühren, kann man dies von Normen, die bestimmen, dass Eltern eine Pflicht zur Erziehung ihrer Nachkommenschaft haben, nicht behaupten, da dies eine Pflicht ist, die aus dem Elternsein selbst hervorgeht und somit eher im Bereich des Naturrechtes liegt. Diese Beispiele machen klar, dass die Gesetze in der katholischen Kirche im Rahmen der Theologie betrachtet werden müssen, damit überhaupt festgestellt werden kann, wie die Gesetze auf der einen Seite zu qualifizieren und auf der anderen Seite zu interpretieren sind.

Der Codex von 1983 wurde anlässlich seiner Promulgation von Papst Johannes Paul II. als eine „Übersetzung" der auf dem II. Vatikanischen Konzil dargelegten Doktrin in rechtliche Strukturen und in eine rechtliche Sprache charakterisiert.[7] Dieses Konzil, das von 1962 bis 1965 in Rom stattfand und zu dem alle Bischöfe der katholischen Welt zusammentrafen, hatte insbesondere zum Ziel, den Glauben auf dem Hintergrund der heutigen Zeit neu zu durchdenken und zu formulieren. Das Ergebnis waren mehrere Dokumente, die sich mit verschiedenen Themen beschäftigten, wie z. B. die „Pastorale Konstitution über die Kirche in der Welt Gaudium et Spes" – in der z. B. auch die Ehe und die Erziehung in der Ehe besprochen werden – und das „Dekret über die christliche Erziehung Gravissium Educationis", das sich insbesondere der schulischen Bildung widmet.

Nach dem Konzil galt es, die neu gewonnenen Einsichten mittels Rechtsstrukturen umzusetzen. Rechtsstrukturen können einer Gemeinschaft helfen, ihre Ansichten und ihren Glauben zu einer gelebten Realität werden zu lassen. Rechtsstrukturen können Einsichten fordern und fördern, wie das folgende Beispiel klar macht: Weil manche größere Möglichkeiten zum Einkaufen haben möchten, andere jedoch die Sonntagsruhe und die Familienzusammengehörigkeit geschützt wissen möchten, wird mit Einschränkungen das Ladenschlussgesetz geändert. Unterschiedliche Ansichten über das, was weniger oder manchmal schützenswürdiger oder förderungswürdiger ist, führt zu Gesetzen, die Klauseln haben wie „es sei denn" oder „es ist nur erlaubt, wenn".

Im Grunde versucht eine Gesellschaft in Übereinstimmung mit dem zu leben, was ihr wichtig ist und verwendet u. a. Gesetze, um dies zu realisieren und zu garantieren. Die Kirche, verstanden als Glaubensgemeinschaft, unterscheidet sich da nicht wesentlich von anderen Gesellschaften. Auch sie möchte in Übereinstimmung mit ihren Einsichten – sprich der Lehre – leben. Deswegen hat auch sie Gesetze. Diese sind insbesondere, aber nicht ausschließlich, in die oben genannten Gesetzbücher und in das Partikularrecht aufgenommen.

Zusammenfassend ist also festzuhalten: Gesetze sind „Übersetzungen" von Gedanken oder Konzepten, die eine Gemeinschaft umgesetzt, realisiert, gefördert und geschützt wissen möchte, in eine rechtliche Sprache und in Rechtsstrukturen. Für die katholische Kirche ist das II. Vatikanische Konzil im Rahmen der Tradition der Kirche eine entscheidende Quelle für das, was die Gemeinschaft für sich als wichtig und entscheidend erkannt hat. Die Lehre spielt deswegen eine entscheidende Rolle in der Gesetzgebungsphase sowie in der Interpretation und Anwendung des Gesetzes.[8]

2. *Educatio* als Erziehung im Rahmen von Ehe und Elternschaft

Die educatio von Nachkommenschaft als Bestandteil des Eheverständnisses

Im Rahmen der Ehe gewinnt die Pflicht zur Erziehung der Nachkommenschaft eine besondere Bedeutung, weil sie die Gültigkeit der Ehe selbst berühren kann. Im Eherecht heißt es, dass der Ehebund, durch den Mann und Frau unter sich die Gemeinschaft des ganzen Lebens begründen, durch ihre natürliche Eigenart auf das Wohl der Ehegatten und auf die Zeugung und Erziehung *(educatio)* von Nachkommenschaft hingeordnet ist (c. 1055 § 1 CIC). Nicht nur die Zeugung, sondern auch die Erziehung bzw. der Erziehungsauftrag kann zum Gegenstand der (Un-)Gültigkeit einer Ehe werden. Die *educatio prolis* ist somit nicht nur ein ethischer Imperativ, sondern gehört zum juristischen Ehekonzept selbst.[9] Mehrere Ursachen für das Zustandekommen einer ungültigen Ehe sind denkbar, wie z. B. die Unfähigkeit zu beurteilen, was Erziehung bzw. der Erziehungsauftrag beinhaltet

(c. 1095, 2° CIC), oder die Unfähigkeit, Nachkommenschaft zu erziehen (c. 1095, 3° CIC). Eine weitere Ursache könnte die willentliche Ablehnung sein, Nachkommenschaft zu erziehen (c. 1101 § 2 CIC). Was bedeutet dies konkret? Um diese Frage beantworten zu können, muss zuerst festgestellt werden, was „erziehen", „aufziehen" oder „großziehen" überhaupt beinhaltet.

Die Bedeutung von educatio prolis

Der kirchliche Gesetzgeber bestimmt nicht, was *educatio prolis* beinhaltet, was sich übrigens nicht als ungünstig erweisen muss, weil er so sowohl eine Entwicklung im Verständnis davon, was Erziehung und Erziehen beinhaltet, ermöglicht, als auch die Möglichkeit eröffnet, weitere erziehungswissenschaftliche Erkenntnisse und kulturbedingte Vorstellungen in der Bedeutung des Begriffes berücksichtigen zu können.[10] Dennoch gibt es Hinweise.

Erstens, die kanonistische Tradition[11] differenziert im Hinblick auf *educatio prolis* zwischen dem physischen Wohl der Kinder einerseits und ihrem moralischen und spirituellen Wohlergehen andererseits. Der erste Aspekt, das physische Wohlergehen, bezieht sich auf Empfängnis, Geburt und Schutz des Lebens der Kinder. Sie zu verlassen oder zu misshandeln, würde die *educatio prolis* verletzen. Der zweite Aspekt legt den Schwerpunkt auf die moralische oder religiöse Erziehung, die christlich oder spezifischer katholisch sein soll.[12]

Zweitens, in Übereinstimmung mit dem II. Vatikanischen Konzil bestimmt der Gesetzgeber in c. 795 CIC bezüglich *educatio* in dem Abschnitt, der sich mit der katholischen Erziehung im Allgemeinen beschäftigt:

„Wahre Erziehung [educatio] muss [A–1] die umfassende Bildung [formatio] der menschlichen Person in [B–2] Hinordnung auf ihr letztes Ziel und zugleich auf [C–3] das Gemeinwohl der Gesellschaft anstreben; daher sind die Kinder und die Jugendlichen so zu bilden, dass sie ihre [A–4] körperlichen, [B–5] moralischen und [C–6] geistigen Anlagen harmonisch zu entfalten vermögen, [A–7] tieferes Verantwortungsbewusstsein und [B–8] den rechten Gebrauch der Freiheit erwerben und befähigt werden, [C–9] am sozialen Leben aktiv teilzunehmen."

Betrachtet man diese Passage genauer, so fällt auf, dass hier drei Ebenen angesprochen werden:

Die erste Ebene (A) umfasst den Menschen als eigenständige Person in seiner physischen Gegebenheit (1, 4, 7): Es handelt sich um eine umfassende Bildung der Person, die eine Entfaltung der körperlichen Anlagen ermöglicht und zu einem tieferen Verantwortungsbewusstsein führt.

Die zweite Ebene (B) handelt über den Menschen in seiner religiösen Dimension (2, 5, 8): Die Erziehung beinhaltet eine Hinordnung auf das letzte Ziel, auf die Entfaltung der sittlichen Fähigkeiten und den Erwerb des rechten Gebrauchs der Freiheit.

Die dritte Ebene (C) betrachtet den Menschen in seiner sozialen, gesellschaftlichen Rolle (3, 6, 9): Die Bildung muss auf das Gemeinwohl der Gesellschaft und auf eine harmonische Entfaltung der geistigen Anlagen des Menschen und auf seine Befähigung gerichtet sein, am sozialen Leben teilzunehmen.

Der Begriff *educatio* vermittelt deswegen

„ein Bewusstsein und Verständnis der menschlichen Entwicklung als ein holistisches Vorgehen [...] wobei auf die integrale Bildung *(formatio)* der ganzen Person hinsichtlich des Endzieles der Person und des Wohles der Gesellschaft fokussiert wird und somit eine harmonische Entwicklung des Individuums mit seinen physischen, sozialen, religiösen, moralischen und intellektuellen Fähigkeiten gefördert wird (c. 795 CIC)."[13]

Bemerkenswert ist, dass c. 795 CIC seinen Ursprung im Konzilstext GE Art. 1 findet. Dort wird aus der Würde der Menschen abgeleitet, dass sie „das unveräußerliche Recht auf eine Erziehung haben, die ihrem Lebensziel, ihrer Veranlagung, [und] dem Unterschied der Geschlechter Rechnung trägt" (GE Art. 1, n. 1). Der Konzilstext verweist wiederum auf die am 20. November 1959 von der UNO erlassene Erklärung der Rechte der Kinder.[14] Das Recht auf Erziehung und ihr Inhalt sind somit zu einem Recht des Kindes geworden.[15]

Educatio prolis und die Implikationen für eine (un-)gültige Ehe

Aus dem Vorherigen ist zu entnehmen, dass die aus dem Ehebund hervorgehende Erziehungspflicht für die Ehepartner impliziert, dass sie sowohl fähig sein müssen zu beurteilen, was Erziehung ist, als auch diesen Erziehungsauftrag zu erfüllen, d. h. für ihre Kinder zu sorgen und sie in ihrer Entwicklung und Formung als physische, soziale, kulturelle, moralische und religiöse Personen zu unterstützen.[16] Der amerikanische

Kanonist Kenneth Schmidt hat die Rota-Rechtsprechung hinsichtlich der *educatio prolis* im Rahmen von Ehenichtigkeitsverfahren analysiert und einige Rechte und Pflichten gegenüber den Kindern herausgearbeitet, wie z. B. die Geburt zuzulassen und das Kind zu akzeptieren, die Nachkommenschaft nicht nach der Geburt zu töten, sie zu ernähren und zu erziehen und sie nicht zu vernachlässigen, sie nicht zu verlassen oder der Gefahr des Todes auszusetzen, sie nicht zu verstümmeln oder sie zur Prostitution zu erziehen.[17] Sind diese Fähigkeiten bei einem oder beiden Partnern nicht vorhanden, kann dies zur Ungültigkeit der Ehe führen.

Ein anderer Grund, der die Ungültigkeit der Ehe zur Folge haben kann, liegt vor, wenn ein oder beide Partner durch einen positiven Willensakt die Zeugung und/oder die Erziehung von Nachkommenschaft ausschließen (vgl. c. 1101 § 2 CIC). Der Ausschluss der Erziehung kann entweder komplett oder teilweise sein, oder er kann auch vorliegen, so Schmidt, wenn jemand ein Konzept von Erziehung hat, das mit der Lehre der Kirche nicht übereinstimmt. Ein Beispiel für einen vollständigen Ausschluss der *educatio prolis* wäre, wenn eine Person der Geburt eines Kindes zustimmt, aber beabsichtigt, es anschließend zu verkaufen oder als Findelkind auszusetzen. Die Entscheidung jedoch, ein Kind zur Adoption frei zu geben, gilt hingegen nicht als ein Ausschluss der *educatio*, sondern als Eingeständnis, dazu selbst nicht in der Lage zu sein und die Sorge einem anderen zu übertragen. Die Adoption wird dann als eine Form der Gestaltung des Erziehungsauftrags verstanden.[18] Während bei einer Adoptionsfreigabe die Erziehung komplett jemand anderem übergeben wird, nehmen Eltern selbstverständlich in vielen Teilbereichen der Erziehung Hilfe in Anspruch bzw. übergeben diese anderen Personen und Institutionen (z. B. Schulen).

Ein teilweiser Ausschluss der *educatio*[19] läge vor, wenn eine Person bereit wäre, ein Kind zu akzeptieren, es zu ernähren und mit Kleidung zu versorgen, aber ablehnen würde, es zu erziehen.

Den bisherigen Darstellungen ist deswegen zu entnehmen, dass der Erziehungsauftrag wesentlich zur Ehe gehört und sogar die Gültigkeit einer Ehe tangieren kann. Ohne hier ins Detail gehen zu können, ist der Vergleich mit dem deutschen Recht bemerkenswert: im Letzteren hat Nachkommenschaft keine konstitutive Bedeutung für das, was eine Ehe ausmacht. Während aber in Art. 6 Grundgesetz der Bundesrepublik Deutschland die Familie eine verfassungsrechtliche Entität ist, die darüber einen besonderen Schutz der staatlichen Ordnung genießt, kennt der Codex ein derartiges Verständnis von Familie nicht; sie bleibt vielmehr ein Subjekt der Pastoral.[20]

Der Erziehungsauftrag als Konsequenz der Elternschaft:
Das Kindeswohl als Kriterium

Zwar beinhaltet nach der katholischen Kirche die Ehe einen Erziehungsauftrag, dieser Auftrag selbst ist von sich aus nicht aus der Ehe abzuleiten, sondern ergibt sich aus der Elternschaft.[21] Dabei ist unerheblich, ob die Eltern (miteinander) verheiratet sind oder nicht, ob die Ehe (noch) existiert oder durch den Tod beendet wurde bzw. ob das Kind in einer Ehe geboren wurde oder nicht. Der Gesetzgeber legt z. B. fest, dass Eltern und diejenigen, die deren Platz einnehmen, die sehr schwere Pflicht und vor allen anderen das Recht haben, für die physische, soziale, kulturelle, moralische und religiöse Erziehung *(educatio)* ihrer Kinder zu sorgen (vgl. cc. 226 § 2, 793, 1136 CIC). Diese Pflicht, für die Erziehung zu sorgen, wozu die Eltern auch das Recht haben, müssen sie erfüllen, so gut sie können.[22]

Beide Eltern haben den Auftrag und das Recht zur Erziehung ihres Kindes. Die Pflicht der Eltern muss verstanden werden als eine Antwort auf das Recht des Kindes erzogen zu werden, auch wenn dieses Recht nicht explizit im Gesetzbuch formuliert ist. Dass der Gesetzgeber das Kindeswohl in das Zentrum dieser Rechtsnormen stellt, wird aus drei Bereichen deutlich: erstens aus den Normen zur rechtmäßigen Trennung der Ehepartner; zweitens aus der Vorschrift, die Erziehung auch nach einer Auflösung oder Nichtigerklärung der Ehe weiter zu erfüllen; drittens aus dem Trauverbot für eine Eheassistenz bei einem Partner, der bereits ein Kind hat.

Eine Trennung der Ehepartner wegen des Wohles des Kindes

Das Bemühen um das Wohl des Kindes wird erstens bereits ersichtlich, wenn der Gesetzgeber normiert, dass, obwohl die Ehepartner das Recht und die Pflicht haben, das eheliche Zusammenleben zu wahren, sie von der Kirche von dieser Pflicht aus einem rechtmäßigen Grund entschuldigt werden können (c. 1151 CIC). Ein rechtmäßiger Grund kann z. B. schwere Gefahr für Seele oder Leib der Kinder sein oder wenn auf andere Weise das gemeinschaftliche Leben unerträglich gemacht wird:

„Wenn einer der Gatten eine schwere Gefahr für Seele oder Leib des anderen Gatten oder der Kinder herbeiführt oder auf andere Weise das gemeinschaftliche Leben unerträglich macht, gibt er dem anderen einen rechtmäßigen Grund, sich zu trennen, und zwar aufgrund eines Dekrets des Ortsordinarius und, wenn Gefahr im Verzug ist, auch kraft eigener Entscheidung" (c. 1153 § 1 CIC).

Die Trennung von Tisch und Bett kann auf Bitten des Elternteils, der das eheliche Zusammenleben verlassen möchte, von einem kirchlichen Gericht ausgesprochen werden. Man könnte sehr wohl argumentieren, dass der Schutz des Kindes nicht nur erlaubt, dass der Elternteil dann das eheliche Zusammenleben verlässt, sondern dies sogar wegen des Wohls des Kindes geboten sein kann. Mit der ausgesprochenen Trennung bleibt jedoch die Pflicht zu Unterhalt und Erziehung bestehen: „Nach erfolgter Trennung der Ehegatten muss immer in geeigneter Weise für den nötigen Unterhalt [sustentatio] und die Erziehung [educatio] der Kinder gesorgt werden" (c. 1154 CIC).

Wohl des Kindes nach Trennung bzw. Ungültigkeitsfeststellung der Ehe

Das Wohl des Kindes wird zweitens ersichtlich, wenn der Gesetzgeber normiert, dass die Erziehungspflicht auch bestehen bleibt, wenn die Ungültigkeit einer Ehe festgestellt wird. Im Urteil soll laut Prozessrecht darauf hingewiesen werden, dass der Pflicht der Eltern, die Kinder zu unterhalten *(sustentatio)* und zu erziehen *(educatio)*, weiterhin nachzukommen ist:

„Im Urteil sollen die Parteien auf etwa bestehende moralische oder auch zivilrechtliche Verpflichtungen zu Unterhalt und Erziehung hingewiesen werden, die sie gegenseitig und gegenüber den Kindern haben" (c. 1689).[23]

Im Vorgänger des 1983er Gesetzbuches, dem Codex von 1917, gab es eine solche Norm nicht; sie wurde 1979 in das Schema für den neuen Codex eingefügt, nachdem sich einige Konsultoren besorgt geäußert hatten über die Erfüllung der Verpflichtungen der Parteien, die sie füreinander haben, und hinsichtlich der Unterstützung und Erziehung der Kinder.[24] Diesen Einwand berücksichtigt diese Norm, weil sie verlangt, dass das Urteil einen Hinweis auf die Verpflichtungen enthalten sollte. Der Gesetzgeber hat damit ausdrücklich die Rechte der Kinder gegenüber ihren Eltern betont, auch wenn deren Ehe für nichtig erklärt wurde. Die Erinnerung ist eine moralische Mahnung, insofern das Urteil nur innerkirchliche Wirkung hat. Sollte das Urteil auch staatliche Wirkung haben, so ist die Bestimmung über Unterhalt und Erziehung im Urteil sogar eine Rechtsentscheidung. Sollte ein Elternteil noch einmal heiraten wollen, ist der Erfüllung der Verpflichtungen nachzugehen, wie, nach einer kurzen Zwischenreflexion, im Folgenden noch ausgeführt wird.

Bemerkenswert ist, dass in den cc. 1154 und 1689 CIC sowie in Art. 252 DC die Begriffe *educatio* und *sustentatio* genannt werden. Die Verwendung verschieden Begriffe betont, dass es eine finanzielle Unterhaltspflicht und einen Erziehungsauftrag gibt, was impliziert, dass eine rein finanzielle Leistung den Erziehungsauftrag nicht erfüllt. Erziehen ist mehr als nur ein finanzielles Unterstützen, es erfordert das persönliche Engagement der Eltern gegenüber ihren Kindern.[25]

Wohl des Kindes bei (Wieder-)Heirat der Eltern:
Partikularrecht der Bischofskonferenz

Aus Sorge um das Wohl der Kinder brachten mehrere Konsultoren bei der Codex-Reform ihre Besorgnis über die Kinder aus einer früheren Ehe zum Ausdruck und gaben zu bedenken, dass eine wachsende Anzahl von Eltern, die wieder heiraten, ihre Verantwortung nicht wahrnimmt, Kinder aus früheren Beziehungen zu unterstützen.[26] Wegen des Wohles der Kinder wurde daher entschieden, dass, um die Kinder besser zu schützen, folgende Vorschrift zu erlassen ist:

„Abgesehen vom Notfall darf niemand ohne Erlaubnis des Ortsordinarius bei der Eheschließung einer Person, die natürliche Verpflichtungen gegenüber einem anderen Partner oder gegenüber Kindern aus einer früheren Verbindung hat, assistieren" (c. 1071 § 1, 3° CIC).[27]

Einige Aspekte sollten beachtet werden:
Die Norm spricht von einer früheren „Verbindung" *(unio)*: Nicht alle Kinder werden in einer Ehe geboren.

Die Norm richtet sich an die einer Eheschließung assistierende Person. Nicht angesprochen hingegen wird die Person, die heiraten möchte.

Die Vorschrift überlässt dem Ortsordinarius die Erteilung der Erlaubnis. Ortsordinarius ist der Diözesanbischof, der Generalvikar oder der Bischofsvikar. Es wäre möglich, diese Vollmacht dem Pfarrer oder sogar der Person, die rechtmäßig einer Eheschließung assistieren kann, zu delegieren.

Der Canon verlangt nicht, dass die Verpflichtungen zur Gültigkeit erfüllt werden müssen. Er verbietet lediglich, einer Eheschließung zu assistieren, wenn Verpflichtungen bestehen. Einige Kanonisten sind der Meinung, eine Erlaubnis sei nur dann erforderlich, wenn die elterlichen Verbindlichkeiten vernachlässigt werden oder durch die gewünschte Heirat in Gefahr sind.[28] Andere argumentieren zugunsten eines Nachweises, dass die Person wenigstens beabsichtigt, die Verpflichtungen zu erfüllen. Manchmal ist eine Person bereit, die Verbindlichkeiten wahrzunehmen, aber aus irgendwelchen Gründen daran gehindert, diese auch zu erfüllen.

Die Bischofskonferenzen sind auf diese Norm durchaus unterschiedlich eingegangen. Einige haben sie in das Partikularrecht aufgenommen, andere hingegen nicht. Tatsächlich sollte die Vorschrift in das Formblatt Eingang finden, mit dem der *status liber* einer Person, die heiraten möchte, festgestellt wird. Um die Unterschiedlichkeit der Regelungen zu verdeutlichen, seien einige Festlegungen der Bischofskonferenzen vorgestellt. Die Formulare der belgischen und der niederländischen Bischofskonferenzen zur Feststellung des *status liber* einer Person beinhalten keinerlei Hinweise auf Kinder oder Verpflichtungen aus einer früheren Beziehung. Die niederländische Bischofskonferenz kennt lediglich die Rubrik der Erlaubnis zur Assistenz und weist im Begleitschreiben daraufhin, dass eine Erlaubnis zur Eheassistenz erforderlich ist, wenn natürliche Unterhaltspflichten aus einer früheren Verbindung bestehen. Unklar ist, wie diese in Erfahrung gebracht werden sollen.[29] In England verwendet anscheinend jedes Bistum ein eigenes Formular. Das Erzbistum Southwark z. B. erwähnt c. 1071 CIC im Ehevorbereitungsformular überhaupt nicht.[30] Die Deutsche Bischofskonferenz legt fest, dass, wenn der *status liber* der Parteien festgestellt werden soll, der Priester, der den *status liber* ermittelt, klären muss, ob die angestrebte Ehe die Erfüllung der Verpflichtungen gefährdet. Die Deutsche Bischofskonferenz entschied:

„Für die Eheschließung einer Person, die natürliche Verpflichtungen gegenüber einem anderen Partner oder gegenüber Kindern aus einer anderen früheren Verbindung hat, gilt die in c. 1071 § 1, 3° CIC geforderte Trauerlaubnis als erteilt, wenn bei der Ehevorbereitung festgestellt wird, dass die Erfüllung der rechtlichen und moralischen Verpflichtungen gegenüber Partnern oder Kindern aus einer früheren Verbindung durch die beabsichtigte Heirat nicht gefährdet wird. Zu beachten ist, dass die natürlichen Verpflichtungen über die Regelungen im Scheidungsurteil und über ergänzende zivilrechtliche Entscheidungen und Vereinbarungen hinausgehen können."[31]

Die Bischöfe haben entschieden, dass der Trauungsassistierende die Trauerlaubnis besitzt, wenn die neue Ehe die Verpflichtung nicht gefährdet. Hat er die moralische Sicherheit nicht, muss er den Fall dem Ortsordinarius vorlegen. Dies ist eine negative Formulierung. Sie hätten auch bestimmen können, dass die Erlaubnis als erteilt gilt, wenn er feststellen kann, dass die Verpflichtungen trotz Ehe weiter erfüllt werden. Reinhardt kommentiert ebenfalls in einer mehr positiven Richtung, wenn er schreibt:

> „Die Brautleute sind zu fragen, ob derartige Verpflichtungen, wenn sie bestehen, auch nach der beabsichtigten Heirat erfüllt werden. Die Frage nach dem Bestehen und nach dem bisherigen und künftigen Erfüllen derartiger Verpflichtungen gegenüber Kindern ist nicht nur im Hinblick auf den Unterhalt der Kinder zu stellen, sondern auch im Hinblick auf ihre Erziehung."[32]

Eine andere Annäherung nimmt die Österreichische Bischofskonferenz vor: Sie fordert eine schriftliche Erklärung von der Person, die das Erziehungsrecht des Kindes ausübt, dass die Person, die heiraten möchte, nicht seine oder ihre Verpflichtungen vernachlässigt. Diese Erklärung muss dem Ortsordinarius vorgelegt werden, damit die Erlaubnis zur Eheassistenz gewährt wird.[33]

Viel weiter geht der Vorschlag von Michael Smith Foster, der inzwischen teilweise im Erzbistum Boston umgesetzt wurde. Menschen, die heiraten möchten und die natürliche Verpflichtungen haben, werden im Rahmen der Ehevorbereitung gebeten, über die Erfüllung ihrer Verpflichtungen zu sprechen. Befürwortet wird, dass dies im Beisein des zukünftigen Ehegatten besprochen wird, damit dieser um die Verpflichtungen weiß und die Erfüllung keine Spannungen in der neuen Beziehung hervorruft.[34]

Die Erzdiözese Boston schuf eine eigene Stelle für einen „Court Guardian for Children", dessen Aufgabe es ist, auf die Situation der Kinder zu achten, wenn eine Ehe für nichtig erklärt wird oder wenn ein Elternteil neu heiraten möchte.

Anwendung der Normen zum Wohl des Kindes

Bisher wurde dargelegt, dass das Kirchenrecht über einige (neue) Normen bezüglich des Wohlergehens der Kinder verfügt, wenn eine Ehe für nichtig erklärt wird oder wenn eine Person (wieder) heiraten möchte und gleichzeitig Verpflichtungen gegenüber Kindern aus einer früheren Beziehung bestehen. Es bleibt die Frage, wie diese Vorschriften auf diözesaner Ebene angemessen angewandt werden. Wenn die richterliche Ermahnung nur ein Satz innerhalb des Nichtigkeitsurteils oder -dekrets ist oder wenn von der Angelegenheit nur eine Frage bezüglich der Feststellung des *status liber* auf dem Ehevorbereitungsprotokoll bleibt, dann haben, so Smith Foster, die Verfahren wegen Fahrlässigkeit, d. h. wegen Untätigkeit versagt, weil sie den Kindern von Geschiedenen nicht geholfen haben.[35] Folglich hängt alles davon ab, wie eine Diözese diese Bestimmungen zur Anwendung bringt.

Zusammenfassend ist festzuhalten, dass das Recht der Kinder auf *educatio* rechtlich betrachtet zu einer Pflicht insbesondere ihrer Eltern geworden ist, ob diese nun verheiratet sind oder nicht. Die *educatio*, die von den Eltern geleistet werden muss, geht über einen finanziellen Unterhalt hinaus, sie umfasst die ganze Person.

3. Educatio als Bildung und Konkretisierung des elterlichen Erziehungsauftrags

Aus dem Vorherigen geht hervor, dass Bildung ein Teil der Erziehung ist. Schulische Bildung ist eine Konkretisierung des Erziehungsauftrages. Nach der Lehre der katholischen Kirche liegt der erste Auftrag zur *educatio* bei den Eltern. Sie haben dazu nicht nur die Pflicht, sondern auch das Recht. Im Rahmen dieses Auftrages spricht das kanonische Recht den *katholischen* Eltern weiterhin die Pflicht und das Recht zu, die Mittel und Einrichtungen zu wählen, mit denen sie, je nach den örtlichen Verhältnissen, besser für die katholische Erziehung *(educatio)* ihrer Kinder sorgen können (vgl. cc. 797 und 798 CIC). Ihnen wird zusätzlich das Recht zugesprochen, jene „von der weltlichen Gesellschaft zu leistenden Hilfen zu nutzen, die sie für die *katholische* Erziehung *(educatio)* ihrer Kinder benötigen" (c. 793 § 2 CIC). Diese Bestimmung beinhaltet einen Anspruch der Eltern, den sie im Hinblick auf die katholische Erziehung gegenüber dem Staat haben. Ob dies durchgesetzt werden kann, ist natürlich sehr davon abhängig, wie das Verhältnis zwischen Staat und Kirche in Bezug auf die Schulen ist. Dennoch sieht man hier, wie auch an manchen anderen Stellen im Codex, dass die Kirche etwas beansprucht, was sie unter Umständen versuchen wird durchzusetzen, wenn z. B. die Kirche als Völkerrechtssubjekt von einem Staat anerkannt wird und dies nun als ein Recht bzw. als ein Anspruch dargestellt wird, der zur Ausübung ihres Glaubens gehört. Dies verfolgt eine weitere Norm, die festlegt:

"In besonderer Weise kommt der Kirche die Pflicht und das Recht zur Erziehung zu; denn ihr ist es von Gott aufgetragen, den Menschen zu helfen, dass sie zur Fülle des christlichen Lebens zu gelangen vermögen." (c. 794 § 1 CIC)

Gelingt es der Kirche nicht, den Anspruch auf der Ebene des Völkerrechtssubjektes gegenüber dem Staat zu realisieren, so wird hier die Begründung für eine Ausübung des Rechts als Ausdruck der Religionsfreiheit geliefert.

Unterstützung durch Seelsorger

Eltern stehen in ihren Bildungsauftrag nicht allein: es ist Pflicht der Seelsorger, d. h. der Bischöfe und Pfarrer, alles zu tun, damit die Gläubigen eine katholische Erziehung erhalten (c. 794 § 2 CIC). Diese Norm nimmt eine gewisse Gliederung bzw. Abstufung der Zuständigkeit vor. Kinder haben das Recht, eine Erziehung bzw. eine katholische Erziehung zu erhalten. Die Eltern oder diejenigen, die ihre Stelle einnehmen, haben als erste die Pflicht, dieses Recht einzulösen. Die Eltern haben gleichzeitig, stellvertretend für ihre Kinder, das Recht, selbst die Mittel und Einrichtungen zu wählen, die ihrer Ansicht nach am hilfreichsten sind, ihrer Pflicht gerecht zu werden. Ebenfalls sagt die Kirche über sich selbst, dass sie eine Pflicht und ein Recht zur Erziehung hat, und begründet dies mit ihrem göttlichen Auftrag, den Menschen zu helfen, zur Fülle des christlichen Lebens zu gelangen.

Erziehung bzw. Bildung wird von der Kirche – wie auch vom Staat – als etwas Gutes gesehen. Sie wird nicht nur als ein Grundrecht von Kindern angesehen, sich als Mensch entfalten zu dürfen und somit als Gewinn für das Individuum, sondern es besteht die Einsicht, dass Erziehung bzw. Bildung auch die Gesellschaft bereichern. Auf der Basis dieses Konsenses sucht die Gesellschaft nach geeigneten Formen der Realisierung. Die Schulen werden dabei als vorzügliches Mittel anerkannt (c. 796 § 1 CIC). Im Staat führt dies zu einer Schulpflicht für Kinder. Die Kirche kann ihrerseits keine Schulpflicht normieren, weil sie diese nicht umsetzen kann, aber sie kann an die Gesellschaft appellieren, Erziehung und Bildung als Grundrechte anzusehen und diese über den Weg von Schulen umzusetzen. Gläubige sollen deswegen die Schulen als Mittel zum Ausbau der Erziehung hochschätzen (c. 796 § 1 CIC), und sie sollen „sich bemühen, dass in der weltlichen Gesellschaft die Gesetze über die Bildung der Jugendlichen, auch deren religiöse und sittliche Erziehung, nach dem Gewissen der Eltern in den Schulen selbst vorsehen" (c. 799 CIC). Hier werden alle Gläubigen angesprochen, nicht nur die Eltern, da ja in vielen Staaten alle Gläubigen, ob sie nun selbst Kinder im Erziehungsalter haben oder nicht, sich auf politischem Wege zu diesem Thema äußern können.

Schulen als Mittel zur Konkretisierung des Bildungsauftrages

Während aufgrund der vorherigen Ausführungen festgestellt werden kann, dass die Kirche für sich ein Recht auf Erziehung beansprucht (c. 794 § 1 CIC), fordert sie als konkrete Umsetzung in c. 800 § 1 CIC das Recht auf Gründung und Leitung von Schulen: „Die Kirche hat das Recht, Schulen jedweden Wissenszweiges, jedweder Art und Stufe zu gründen und zu leiten". Der Hintergrund dieser Norm ist im Konzilstext über die Erziehung zu finden (GE Art. 8). Das Recht fordert nämlich, 1. die Gewissensfreiheit zu garantieren, 2. die Rechte der Eltern zu sichern und 3. zum kulturellen Fortschritt beizutragen. Dabei handelt es sich um jede Art von Bildungseinrichtung, ob Kindergärten, Grundschulen, Gymnasien, Berufsschulen, Technische Schulen, Institute für Erwachsenenbildung und für soziale Berufe, Schulen zur Lehrerausbildung, aber auch Sonderschulen usw. (vgl. auch c. 802 § 2 CIC); auch Hochschulen sind nicht ausgeschlossen, werden aber im Recht separat behandelt.[36]

Die Gläubigen haben nun nicht nur die Pflicht, sich für katholische Schulen einzusetzen, vielmehr enthält c. 800 § 2 CIC den moralischen Appell, diese zu fördern, „indem sie nach Kräften zu ihrer Gründung und Erhaltung beitragen." Eine solche Förderung geschieht nicht nur durch finanzielle Beiträge, sondern auch durch moralische Unterstützung, ehrenamtliche Tätigkeit in der Schule, Beteiligung in der Verwaltung usw.[37] Der Konzilstext formuliert übrigens in GE Art. 9 diesen Appell zur Unterstützung von katholischen Schulen noch viel kräftiger und dramatischer, wenn es dort heißt, dass die Gläubigen keine Opfer scheuen sollen,

> „um den katholischen Schulen zu helfen, ihre Aufgabe immer vollkommener zu erfüllen, und dass sie sich besonders derjenigen annehmen sollen, die arm sind an zeitlichen Gütern, den Schutz und die Liebe der Familie entbehren müssen oder der Gnade des Glaubens fernstehen."

Abschließend ist festzustellen, dass für die Gründung der Schulen die Bischöfe zuständig sind. Sie müssen sich hierfür engagieren (c. 802 CIC), was aber nicht bedeutet, selber die Schulen zu gründen. Die Geschichte zeigt, dass oft Laien und noch mehr Ordensgemeinschaften sich engagiert und Schulen gegründet haben (vgl. c. 801 CIC). Den Bischöfen steht es jedoch zu, diese Schulen als katholische Schulen anzuerkennen. Während der CIC eher rein formale Kriterien für die Katholizität einer Schule nennt[38], bietet der CCEO eher eine geistige Perspektive, die auch enger mit dem Erziehungsauftrag der Eltern verbunden ist:

„Die katholische Schule hat die besondere Pflicht, der schulischen Gemeinschaft ein Umfeld zu schaffen, das vom evangelischen Geist der Freiheit und Liebe beseelt ist, die Heranwachsenden zu unterstützen, dass sie in der Entwicklung der eigenen Person zugleich der neuen Schöpfung entsprechend aufwachsen, zu der sie durch die Taufe geworden sind, und die gesamte menschliche Kultur auf die Heilsbotschaft so hinzuordnen, dass die Erkenntnis, die die Schüler über die Welt, das Leben und den Menschen nach und nach erwerben, durch den Glauben erleuchtet wird." (c. 634 § 1 CCEO)

Diese Norm hebt den „Geist der Freiheit und Liebe" und ein für die Entwicklung der Person förderliches Klima hervor. Es betont die Integration von kulturellen Entwicklungen mit Kenntnissen, die vom Glauben erleuchtet werden. In c. 634 § 3 CCEO heißt es weiterhin, dass die katholische Schule, „nicht weniger als andere Schulen, die kulturellen Ziele und die menschliche und soziale Bildung der Jugendlichen verfolgen soll."

4. Abschließende Bemerkung

Kinder, Elternschaft, Ehe und Familie sind Themen, die nah beieinander liegen, jedoch nicht miteinander verknüpft sind. Für die Ehe selbst hat der Erziehungsauftrag eine grundlegende Bedeutung, die sogar die Gültigkeit der Ehe berühren kann. Kinder haben ein Recht auf Erziehung, was zugleich ein Recht auf Bildung beinhaltet. Erziehung und die dazu gehörende Bildung sind Grundrechte. Die Erstverantwortlichen für die Gewährleistung dieses Rechtes sind die Eltern, für die der Erziehungsauftrag eine Pflicht ist, die sich aus dem Elternsein ergibt und deswegen auch nie erlischt. In der derzeitigen Gesetzgebung bezüglich Trennung der Ehepartner oder (Wieder-)Heirat der

Eltern hat das Wohl des Kindes stark an Bedeutung gewonnen. Ob das Wohl des Kindes in der Anwendung dieser Normen, d. h. in der Pastoral, auch diese Aufmerksamkeit gefunden hat, bleibt eine noch offene Frage.

Eltern wiederum haben in der Ausübung dieser Pflicht das Recht auf Unterstützung durch die Glaubensgemeinschaft, wobei der Bischof in dieser Glaubensgemeinschaft eine eigene Verantwortung ausübt. Er hat dazu unter anderem Schulen zu errichten. Die am Anfang dieser Studie zitierte Aussage soll so zu einer gelebten Realität werden:

„Alle Menschen, gleich welcher Herkunft, welchen Standes und Alters, haben kraft ihrer Personenwürde das unveräußerliche Recht auf eine *educatio*, die ihrem Lebensziel, ihrer Veranlagung, dem Unterschied der Geschlechter Rechnung trägt, der heimischen Überlieferung angepasst und zugleich der geschwisterlichen Partnerschaft mit anderen Völkern geöffnet ist, um der wahren Einheit und dem Frieden auf Erden zu dienen." (GE Art. 1)

MICHAEL KIEFER

Zwischen Islamkunde und islamischem Religionsunterricht

Zum Entwicklungsstand der Modellversuche in den Bundesländern[1]

1. Ausgangslage

Seit der Eröffnungsveranstaltung der ersten deutschen Islamkonferenz im September 2006 steht das Thema „Islamischer Religionsunterricht" ganz oben auf der Agenda der Bildungspolitik in Bund und Ländern. Unisono vertrat man dort die Ansicht, dass es nun an der Zeit sei, einen solchen Unterricht einzuführen. Doch auf welchem Wege dies geschehen soll, bleibt weiterhin offen. Die Hindernisse, die der Einführung eines ordentlichen „islamischen Religionsunterrichtes" entgegenstehen, sind vielfältig und alles andere als neu.

Bereits Mitte der siebziger Jahre war deutlich geworden, dass zahlreiche muslimische Zuwanderer, die seit den frühen sechziger Jahren in die Bundesrepublik gekommen waren, einen dauerhaften Verbleib anstrebten. Bislang hatten sich die Muslime mit Provisorien abgefunden. Es gab nur wenige und schlecht ausgestattete Moscheen. Als problematisch erwies sich auch die religiöse Erziehung der Kinder, die zumeist von schlecht ausgebildetem Personal der jungen Moscheegemeinden in Provisorien durchgeführt wurde. Angesichts dieser misslichen Lage wurden bereits Ende der siebziger Jahre Stimmen laut, die einen ordentlichen islamischen Religionsunterricht unter staatlicher Aufsicht forderten. Seit diesem Zeitpunkt wird zum Thema islamischer Religionsunterricht diskutiert, experimentiert und seit einigen Jahren auch prozessiert. Angesichts dieses sehr langen Zeitraumes nehmen sich die Ergebnisse, die im zweiten Kapitel vorgestellt werden, bescheiden aus. In keinem Bundesland gibt es derzeit ordentlichen islamischen Religionsunterricht, der gemäß Art. 7 Abs. 3 GG in Übereinstimmung mit den Grundsätzen einer Religionsgemeinschaft erteilt wird. Stattdessen gibt es in einigen Bundesländern eine Reihe von zumeist sehr kleinen Schulversuchen, die sich als Vorläufer oder Platzhalter für einen ordentlichen islamischen Religionsunterricht verstehen.

Verantwortlich für diese aus muslimischer Sicht unbefriedigende Situation ist eine komplexe und äußerst sperrige Problemlage, die in der öffentlichen Debatte um den Islamunterricht oftmals auf die juristischen Aspekte verkürzt wird.[2] Gestritten wird hier v.a. um den Begriff der Religionsgemeinschaft und die damit verbundene Frage, ob die in der Bundesrepublik tätigen islamischen Verbände bzw. Dachverbände als Religionsgemeinschaft anerkannt werden können.

Ein Zusammenschluss wird vom Staat nach der derzeitigen Rechtslage nur dann als Religionsgemeinschaft anerkannt, wenn er folgende Kriterien erfüllt: a) Zusammenschluss natürlicher Personen zu einer Vereinigung, b) Verfestigung, c) gemeinsames religiöses Bekenntnis und d) umfassende Glaubensverwirklichung. Die islamischen Dachverbände konnten diese Kriterien nach Auffassung der Verwaltungsgerichte bislang nur unzureichend erfüllen. Als Mitglieder werden lediglich die Mitgliedsvereine geführt. Hierdurch fehlt den Verbänden das für die Anerkennung notwendige personelle Substrat an natürlichen Mitgliedern. Als unzureichend gilt auch die vom Gesetzgeber geforderte umfassende Glaubensverwirklichung. Diese wird bei den Dachverbänden lediglich auf der Ebene der lokalen Moscheevereine praktiziert.[3]

Die Bildungsministerien der Bundesländer vertraten bislang unisono die Position, dass es keinen muslimischen Ansprechpartner auf Länderebene gibt, der unstrittig die gesetzlichen Mindestanforderungen erfüllt. In Nordrhein-Westfalen und auch in Hessen wollten sich die islamischen Verbände mit einer solchen Haltung nicht abfinden und zogen vor die Verwaltungsgerichte. Eine abschließende Klärung in den langwierigen Verfahren gab es bislang nicht. In Nordrhein-Westfalen wurde die Klage des *Islamrats* und des *Zentralrats der Muslime*, die in den ersten beiden Instanzen abschlägig beschieden wurde, im Februar 2005 vom Bundesverwaltungsgericht Leipzig zur Neuverhandlung an das Oberverwaltungsgericht Münster zurückverwiesen.[4]

Der Ausgang ist durchaus offen, auch wenn sich die Verbände durch dieses Urteil grundsätzlich gestärkt fühlen. In Hessen scheiterte vorerst die *Islamische Religionsgemeinschaft Hessen (IRH)* mit ihrer Forderung nach Einführung *islamischen Religionsunterrichts* an hessischen Schulen. Der Hessische Verwaltungsgerichtshof stellte im Urteil vom 14. September 2005 fest, die IRH sei keine Religionsgemeinschaft im Sinne des Grundgesetzes, sondern ein Interessenverband zur Durchsetzung einzelner Projekte.[5]

Neben der spezifisch deutschen Rechtsproblematik gibt es weitere gravierende Probleme, die der Einführung eines ordentlichen islamischen Religionsunterrichtes entgegenstehen. An erster Stelle zu nennen ist hier die ethnische und nationale *Heterogenität* des Islam in Europa. Diese ist zurückzuführen auf die unterschiedlichen Herkunftsstaaten, die in kultureller und religiöser Hinsicht teilweise sehr eigenständige und divergente Entwicklungsprozesse durchlaufen haben. Aber auch in religiöser und konfessioneller Hinsicht haben sich deutliche Unterschiede in der islamischen religiösen Landschaft in Deutschland herausgebildet. Neben der sunnitischen Hauptströmung, zu der sich ca. 2,5 Millionen Muslime bekennen und die sich wiederum in vier große Rechtsschulen unterteilt, gibt es große alevitische Gemeinden in den Ballungsräumen mit insgesamt ca. 400 000 Mitgliedern. Darüber hinaus leben in durchaus nennenswerter Zahl Anhänger der schiitischen Glaubensrichtung in Deutschland. Die Zahl der iranischen und libanesischen Schiiten (Zwölfer-Schia) wird auf ca. 125 000 geschätzt. Schließlich ist noch die Ahmadiyya-Bewegung zu nennen, die über 60 000 Anhänger verfügt.[6] Angesichts der skizzierten Bandbreite ist das Konzept eines bekenntnisorientierten, das heißt eines einheitlichen, konfessionsgebundenen islamischen Religionsunterrichtes mit einem großen Fragezeichen zu versehen. Dort, wo es ihn gibt, bleiben die kleineren Strömungen meist unberücksichtigt. Dies zeigt lehrreich vor allem das österreichische Beispiel. In Österreich wird für alle Muslime landesweit ein einheitlicher Religionsunterricht erteilt, in dem schiitische oder alevitische Inhalte keine Berücksichtigung finden.[7]

In einem erheblichen Ausmaß mitverantwortlich für die Dauerblockade war auch die Politik einiger Herkunftsländer, die bei der staatlich verantworteten religiösen Erziehung der Zuwandererkinder beträchtliche Mitspracherechte einfordern. Vor allem die Türkei begleitete in der Vergangenheit die Einführung von deutschsprachigen Unterrichtsangeboten mit großer Skepsis und phasenweise mit schlichter Ablehnung.[8] Mittlerweile hat die türkische Regierung ihre Protesthaltung aufgegeben. Sie besteht allerdings auf einer direkten Partnerschaft mit den jeweiligen Bildungsverwaltungen, die durch den staatlich gelenkten Moscheenverband *DITIB* wahrgenommen werden soll.[9] Da sich die DITIB bislang geweigert hat, auf Länderebene die Zusammenarbeit mit den anderen großen islamischen Verbänden zu suchen, konnte noch keine funktionierende Kooperation in Sachen islamischer Religionsunterricht erzielt werden. Als hochproblematisch muss in diesem Kontext auch die enge Verflechtung der DITIB mit der türkischen Ministerialbürokratie angesehen werden. Mit dem im Grundgesetz festgelegten Gebot der staatlichen Neutralität hinsichtlich der Religionsausübung ist dieser Sachverhalt nicht in Einklang zu bringen.

Als ein weiteres gravierendes Problem ist die unzureichende Repräsentativität der in der Bundesrepublik tätigen islamischen Dachverbände anzusehen. Im Grundverständnis einer pluralistisch und demokratisch verfassten Gesellschaft ist der Begriff Repräsentation eng mit dem Begriff Legitimität verbunden.[10] Repräsentieren bedeutet im Kontext einer Organisationsstruktur, die Interessen eines anderen oder eines Personenverbandes als legitimierter Vertreter wahrzunehmen. Legitimität kann ein Repräsentant dann für sich beanspruchen, wenn er durch Mitglieder ein Mandat erhalten hat. Genau dies ist bei den islamischen Dachverbänden, d. h. dem *Islamrat* und dem *Zentralrat der Muslime in Deutschland (ZMD)* nur sehr eingeschränkt der Fall.[11] Aktuelle Schätzungen gehen davon aus, dass lediglich zehn bis maximal 25 Prozent der in Deutschland lebenden Muslime in einem Moscheeverein organisiert sind.[12] Angesichts dieser Zahlen können die an den Staat gerichteten Ansprüche der Verbände durchaus berechtigt in Zweifel gezogen werden. Darüber hinaus gilt die politische Ausrichtung einiger Mitgliedsorganisationen der Verbände als problematisch. So wird z. B. die größte Mitgliedsorganisation des Islamrats, die *IGMG (Islamische Gemeinschaft Milli Görüŝ)*, nach wie vor von den Verfassungsschutzbehörden beobachtet, weil in der Vergangenheit verbandsnahe Publikationsorgane antisemitische Artikel publiziert haben.[13]

2. Modelle der Länder

Angesichts dieser sperrigen Problemlage und um nicht ganz untätig zu bleiben, entschlossen sich einige Bundesländer dazu, Sonderwege zu gehen, die mittelfristig in einen regulären islamischen Religionsunterricht münden sollen. Gegenwärtig können zwei Grundmodelle unterschieden werden, deren Varianten sich jedoch in qualitativer und qualitativer Hinsicht erheblich voneinander unterscheiden.[14]

Islamkundliche Unterrichtsangebote

Betrachten wir zunächst die *islamkundlichen Unterrichtangebote*, die zumeist ohne oder mit nur geringen Mitwirkungsmöglichkeiten[15] der islamischen Religionsgemeinschaften realisiert wurden. Zurzeit werden in den Bundesländern sechs Modellvarianten praktiziert.

Erstens: Die älteste Form des Islamunterrichts ist der so genannte *Konsularunterricht*[16], der z. B. in Baden-Württemberg, Schleswig-Holstein, Berlin und im Saarland erteilt wurde oder wird. Organisiert, durchgeführt und verantwortet wird er von den diplomatischen und konsularischen Vertretungen der Herkunftsländer bzw. Entsendestaaten.[17] Der Unterricht findet in der Regel an nichtöffentlichen Schulen in der jeweiligen Sprache der Herkunftsländer statt und wird von den genannten Bundesländern aus den Landeshaushalten finanziell gefördert. Die staatliche Schulverwaltung (Bezirksregierungen und lokale Schulämter) hat bei diesem Typ von Islamunterricht keine Möglichkeit, auf die Unterrichtsinhalte und das Lehrpersonal Einfluss zu nehmen. Der Konsularunterricht, der unter der Prämisse der „Rückkehrorientierung" der Arbeitsmigranten vor mehr als 25 Jahren eingeführt wurde, gilt in der Fachdiskussion als längst überholt und wird als Integrationshindernis angesehen.

Zweitens: Bei der *Religiösen Unterweisung für muslimische Schülerinnen und Schüler im Rahmen des muttersprachlichen Ergänzungsunterrichts, der in staatlicher Verantwortung durchgeführt wird*[18], handelt es sich um den unmittelbaren Nachfolger des Typs Konsularunterricht. Die Religiöse Unterweisung muslimischer Schülerinnen und Schüler findet ebenfalls im Rahmen des *muttersprachlichen Unterrichts* statt. Allerdings wird dieser unter Verantwortung der Kultusverwaltungen an staatlichen Schulen von Landesbediensteten erteilt. Dieses Unterrichtsmodell wird derzeit vor allem in Nordrhein-Westfalen praktiziert.[19] Dort wurden für die *Religiöse Unterweisung* in einem sehr aufwändigen und langwierigen Entwicklungsprozess für die Jahrgangsstufen 1 bis 10 eigene Lehrpläne entworfen, die zurzeit auch im Schulversuch *Islamkunde in deutscher Sprache (Islamische Unterweisung als eigenständiges Unterrichtsfach)* Verwendung finden. Mittelfristig betrachtet, ist auch dieser Unterrichtstyp ein Auslaufmodell, da er den Islam an zentralen Punkten als ein hier nicht beheimatetes Migrationsphänomen thematisiert.[20] Hinzu kommt, dass der überwiegend in türkischer Sprache durchgeführte Unterricht nicht als „ordentliches Fach" in der Stundentafel verankert werden kann.

Drittens: Die *Religiöse Unterweisung türkischer Schülerinnen und Schüler nach deutschen Lehrplänen, die auf der Grundlage türkischer Richtlinien entwickelt wurden,* gilt als problematisch. Aus integrationspolitischer Sicht gilt auch das in Bayern durchgeführte deutsch-türkische Mischmodell *Religiöse Unterweisung türkischer Schüler islamischen Glaubens,* das seit dem Schuljahr 1987/88 auf freiwilliger Grundlage für die Jahrgangstufen 1 bis 5 in türkischer Sprache angeboten wird, als problematisch.[22] Die Lehrpläne orientieren sich weitgehend an den Richtlinien, die das Ministerium für nationale Erziehung der Republik Türkei für den Religions- und Ethikunterricht erstellt hat. Die im Unterricht eingesetzten Schulbücher stammen ebenfalls aus der Türkei.[23] Durchgeführt wird der islamkundliche Unterricht von ca. 100 in der Türkei beschäftigten muslimischen Lehrkräften, die in Bayern in befristete Arbeitsverhältnisse übernommen werden und somit der bayrischen Schulaufsicht unterliegen.[24]

Viertens: Ein weiteres Konzept bietet *islamische, religiöse Unterweisung in deutscher Sprache als Parallelangebot zum gleichnamigen Unterrichtsangebot in türkischer Sprache* an. Dieses gleichfalls islamkundliche Unterrichtskonzept wird seit dem Schuljahr 2001/2002 in Bayern als Modellprojekt an derzeit 35 Schulen praktiziert.[25] Der Unterricht wird alternativ und möglichst parallel zum türkischsprachigen Pendant angeboten. Er steht allen muslimischen Schülerinnen und Schülern offen, wird aber zumeist von nichttürkischen, mehrheitlich arabophonen Schülerinnen und Schülern besucht.[26] Unterrichtssprache ist Deutsch. Die Unterrichtsinhalte orientierten sich in der Startphase an den Richtlinien, die für den türkischsprachigen Unterricht gelten. Mittlerweile liegen neu bearbeitete Lehrpläne vor. Die eingesetzten Lehrkräfte sind bis auf eine Ausnahme unbefristete Angestellte oder Beamte des Landes. Begleitet wird der Schulversuch von der Akademie für Lehrerfortbildung und Personalführung und dem Staatsinstitut für Schulpädagogik und Bildungsforschung. Beide Institutionen sollen einen Lehrgang organisieren, welcher der Evaluation des Schulversuchs dient und der zur Entwicklung von deutschsprachigem Unterrichtsmaterial beitragen soll.[27] Nach der Evaluation des Schulversuchs soll überprüft werden, ob das islamkundliche Unterrichtsangebot auf die Sekundarstufe I ausgedehnt werden soll.[28]

Fünftens: *Islamkunde in deutscher Sprache (Religiöse Unterweisung für muslimische Schülerinnen und Schüler in deutscher Sprache als ordentliches Fach)*[29] ist ein Konzept, das seit dem Schuljahr 1999/2000 in Schulversuchen durchgeführt wurde. Die meisten Bundesländer beschränken sich dabei auf überschaubare Laborsituationen im Primarschulbereich. In Nordrhein-Westfalen ging man von Anfang an in quantitativer Hinsicht andere Wege. Im Schuljahr 2005/2006 beteiligten sich an dem fünf Jahre alten Schulversuch an mehr als 140 Schulen[30] ca. 10 000 muslimische Schülerinnen und Schüler.[31] Mit dieser Zahl – das sind immerhin geschätzte acht Prozent der in Frage kommenden muslimischen Schülerinnen und Schüler – übersteigt der NRW-Versuch alle anderen Modellversuche um ein Vielfaches. Anders als in Bayern, Niedersachsen, Rheinlandpfalz und Baden-Württemberg ist der Schulversuch in NRW überdies nicht auf die Jahrgangsstufen 1 bis 4 beschränkt: Die Islamkunde wird seit dem Schuljahr 1999/2000 landesweit in allen Schulformen der Jahrgangsstufen 1 bis 10 erteilt. Als gewichtigstes Alleinstellungsmerkmal ist jedoch anzusehen, dass die *Islamkunde* in NRW ordentliches Schulfach ist. Dies bedeutet, dass die im Fach erbrachten Leistungen versetzungs- und prüfungsrelevant sind. Das Fach ist damit faktisch dem Religionsunterricht gleichgestellt.

Ungeachtet der komplexen rechtlichen Problemlage wird die Zukunftsfähigkeit eines *Islamunterrichts* – sei er nun bekenntnisorientiert oder nicht – durch die curricularen Grundlagen und durch die Qualifikation der eingesetzten Lehrkräfte bestimmt. In Nordrhein-Westfalen sind in beiden Bereichen in den vergangenen fünf Jahren weitreichende Innovationen gelungen.

Im Bereich der Currciulumentwicklung konnte das *Landesinstitut für Schule in Soest (LfS)*, das bereits in den achtziger und neunziger Jahren viel beachtete islamkundliche Lehrpläne entwickelt hat, im Frühjahr 2005 die Entwurfsfassung des neuen Grundschullehrplans vorlegen, mit dem völlig neue Wege in der islamischen Religionspädagogik beschritten werden.[32] Von zentraler Bedeutung ist das vier Lernwelten umfassende ganzheitliche Lernkonzept. Die Lernwelten „Körperlichkeit", „Emotionalität", „Intellektualität" und „Spiritualität" erscheinen in der Unterrichtsplanung als gleichermaßen zu berücksichtigende Felder. Für die konkrete Unterrichtsgestaltung bedeutet dies, dass das bislang kaum berücksichtigte emotionale Erleben der Schülerinnen und Schüler zu einem integralen Bestandteil des Lernprozesses gemacht werden kann und soll. Im Rahmen der bislang bekannt gewordenen Lernkonzepte für einen *islamischen Religionsunterricht* bzw. religionskundlichen Unterricht, die eher den normativen Horizont von Koran und Sunna im Blickfeld hatten, ist dies ein Novum.

Die zweite bedeutende Innovation ist darin zu sehen, dass die Analyse- und Planungsraster der Themeneinheiten konsequent eine mehrdimensionale Perspektive zulassen, in der sowohl sunnitische, schiitische als auch alevitische Traditionen in einer ausbalancierten Form berücksichtigt werden können. Mit den neuen Themeneinheiten wird erstmalig eine geregelte Voraussetzung geschaffen für einen multikonfessionellen islamischen Unterricht.[33] Viele alevitische Schülerinnen und Schüler, die bislang in der Regel auf eine angemessene Darstellung ihrer Glaubenswelt im Rahmen des Unterrichts verzichten mussten, und deren Eltern werden über die Neugestaltung des Unterrichts sicherlich sehr erfreut sein.[34]

Auch im Bereich der Lehrerausbildung konnte NRW zwei zukunftsfähige Ausbildungsmodelle etablieren. Seit dem Sommersemester 2005 führt das *Centrum für religiöse Studien CRS* der Universität Münster den viersemestrigen Erweiterungsstudiengang Islamunterricht durch. Um diesen Studiengang zu ermöglichen, dem mittelfristig ein „grundständiges" Studium folgen soll, wurde die erste ordentliche Professur für islamische Theologie in Deutschland geschaffen. Die ersten Absolventen werden im Jahr 2008 für den Schuldienst zur Verfügung stehen.

Für die bereits im Schulversuch tätigen 118 Lehrkräfte[35] wurde vor drei Jahren ein zweigleisiges Fortbildungskonzept eingeführt. Für die ehemaligen Muttersprachlehrer, die über keinen islamwissenschaftlichen Studienabschluss verfügen, wurde von einer neunköpfigen Moderatorengruppe unter der Fachleitung des *Landesinstituts*[36] eine zertifizierte Fortbildungsmaßnahme entworfen, die im Schuljahr 2003/2004 erstmalig durchgeführt wurde. In fünf Modulen werden neben fachwissenschaftlichen, d. h. theologischen und islamwissenschaftlichen Grundlagen auch alle wichtigen religionspädagogisch relevanten Unterrichtsmethoden vermittelt. Darüber hinaus werden im zweiten Teil der Ausbildung die erworbenen didaktisch-methodischen Qualifikationen intensiv in praxisnahen Übungen erprobt.

Die im Schulversuch tätigen 16 Islamwissenschaftlerinnen und Islamwissenschaftler werden über die Seiteneinsteigerregelung in den Studienseminaren religionspädagogisch nachqualifiziert.

In Duisburg und Köln soll bis zum Jahr 2010 an den Schulen, an denen bislang Islamkunde erteilt wurde, ein bekenntnisorientierter Religionsunterricht erprobt werden. Da die Gespräche mit den muslimischen Verbänden bislang nicht erfolgreich abgeschlossen werden konnten, ist derzeit unklar, ob und wann diese Modellvariante starten kann. Sollte es zu dem geplanten Unterrichtsangebot kommen, wird der Unterricht von Lehrkräften durchgeführt, die bislang im Fach Islamkunde unterrichten.

Im Rahmen eines klein dimensionierten Schulversuchs wird das Fach *Islamkunde in deutscher Sprache an einer Schule in Bremen unterrichtet*.[37] Dieses Unterrichtsangebot kann alternativ zu Biblischem Geschichtsunterricht und zu Philosophie wahrgenommen werden. Die religionskundlichen Fächer sind nicht bekenntnisorientiert. Das Konzept für die Islamkunde wurde am „Runden Tisch" unter der Beteiligung von lokalen Moscheevereinen, Institutionen und Kirchenvertretern erarbeitet. Wie die alternativen Unterrichtsangebote steht auch das neue Fach allen Schülerinnen und Schülern offen.[38] In Bremen wird aufgrund von Art. 141 GG – der so genannten „Bremer Klausel", die die Geltung von Art 7. Abs. 3 GG einschränkt – kein staatlicher Religionsunterricht erteilt.

„Islamischer Religionsunterricht"

Wie bereits einleitend dargelegt, wird ein regulärer *Islamischer Religionsunterricht* als ordentliches Fach in keinem Bundesland erteilt. Es gibt jedoch zwei beachtenswerte Schulversuche in Bayern und Niedersachsen, die in Kooperation mit lokalen Zusammenschlüssen islamischer Vereine bzw. Verbände den Weg für einen Religionsunterricht im Sinne von Art. 7 Abs. 3 GG ebnen wollen. Und es gibt den umstrittenen *Sonderfall Berlin*. Auch dort ist aufgrund der „Bremer Klausel" (Art. 141 GG) der vorgenannte Artikel nicht gültig.

Sofern an Berliner Schulen Religionsunterricht angeboten wird, liegt dieser *in alleiniger Verantwortung der Religionsgemeinschaften*. Es handelt sich faktisch um einen freiwilligen Privatunterricht an öffentlichen Schulen. Die im Unterricht erbrachten Leistungen sind nicht versetzungs- und prüfungsrelevant. Die staatliche Aufsicht beschränkt sich allein auf die Prüfung der Rahmenlehrpläne. Die Schulbehörde ist verpflichtet, die Räumlichkeiten in öffentlichen Schulen zu stellen, und gewährt Zuschüsse für die Lehrergehälter. Im Schuljahr 2003/2004 erteilten zwei islamische Religionsgemeinschaften einen nach dem Berliner Schulrecht konzipierten gruppenspezifisch-privaten Religionsunterricht.[39]

In einem jahrelangen Rechtsstreit gelang es der *Islamischen Föderation in Berlin e.V. (IFB)*, die wegen ihrer Nähe zur islamistisch orientierten *Milli Görüs* sehr umstritten ist, im Jahr 1998 ihren Anspruch auf Erteilung von Religionsunterricht durchzusetzen. Seit August 2003 bietet die *IFB* an Berliner Grundschulen islamischen Religionsunterricht an. Seit dem Schuljahr 2004/2005 wird der Unterricht an 37 Schulen erteilt. Nach Eigenangaben nehmen ca. 4500 Schülerinnen und Schüler am Unterricht teil.[40]

Ebenfalls als Religionsgemeinschaft anerkannt ist in Berlin mittlerweile auch das *Kulturzentrum Anatolischer Aleviten* in Berlin. Die Aleviten hatten im Jahr 2000 den Antrag auf alevitischen Religionsunterricht gestellt und einen Lehrplanentwurf mit 12 Unterrichtseinheiten für die Grundschule vorgelegt, der von einer Arbeitsgruppe der *Alevitischen Gemeinde Deutschland e. V.* erarbeitet wurde. Seit dem Schuljahr 2002/2003 wird der alevitische Religionsunterricht an 10 Schulen für ca. 200 alevitische Schülerinnen und Schüler angeboten.[41]

In Erlangen wird seit dem Beginn des Schuljahres 2003/2004 an einer Grundschule der Schulversuch *Islamunterricht* durchgeführt. Die Erstellung des Lehrplans, der umstrittene Glaubensfragen neutral behandeln soll, und die Auswahl der Lehrkräfte erfolgte in enger Kooperation mit der *Islamischen Religionsgemeinschaft Erlangen e. V.*, die im Jahr 1999 beim bayerischen Kultusministerium die Einrichtung eines Schulversuchs zum islamischen Religionsunterricht beantragte. Der Unterricht, der im Schuljahr 2006/2007 auf die 5. Klasse ausgedehnt wurde, ist bekenntnisorientiert und wird in deutscher Sprache erteilt. Damit wird erstmalig – zeitgleich mit dem Modellversuch in Niedersachsen – im Geltungsbereich von Art. 7 Abs. 3 GG in enger Kooperation mit einem muslimischen Verein ein Islamunterricht erteilt, der als Vorform eines ordentlichen *Islamischen Religionsunterrichts* gelten kann. Begleitet und unterstützt wird der klein dimensionierte Schulversuch durch das *Interdisziplinäre Zentrum für Islamische Religionskunde* an der Universität Erlangen, das eigens für die wissenschaftliche und pädagogische Begleitung des Schulversuchs geschaffen wurde.[42] In Kooperation mit der *Islamischen Religionsgemeinschaft Erlangen e. V.* hatte das Interdisziplinäre Zentrum im Studienjahr 2002 eine Gastprofessur für Islamische Religionslehre eingerichtet. Mittlerweile konnte diese Stelle durch eine auf vier Jahre befristete Professur ersetzt werden.[43] Trotz dieser Bemühungen ist eine landesweite Ausdehnung des Erlanger Schulversuchs nicht beabsichtigt.[44] Nach Auffassung des bayerischen Kultusministeriums fehlt dem Staat hierfür ein legitimierter Ansprechpartner auf muslimischer Seite.[45] In Einzelfällen ist jedoch eine Übertragung des Konzepts auf andere Standorte möglich, falls dort vergleichbare Bedingungen anzutreffen sind.[46]

Ein Schulversuch auf kommunaler Ebene startet auch im Schuljahr 2004/2005 an einer Grundschule in Ludwigshafen. Mit der Durchführung des deutschsprachigen Unterrichtsangebots, das als ordentliches Fach auf der Stundentafel geführt wird, soll zunächst ein türkischer Islamwissenschaftler beauftragt werden. Inhaltliche Unterstützung erhält das Projekt vom *Christlich-Islamischen Gesprächskreis* und der *Türkischen Frauenbildungsstätte IGRA e. V.*[47] Der Schulversuch ist auf vier Jahre begrenzt. An der Ausarbeitung des Lehrplans war – anders als in Erlangen – keine lokale islamische Vereinigung beteiligt. Nach Auskunft der Schulleitung ist der Schulversuch als quartierbezogenes Projekt angelegt. Eine Ausdehnung auf andere Schulen sei nicht beabsichtigt.[48]

In einem überschaubaren experimentellen Rahmen angelegt ist auch der *Schulversuch Islamischer Religionsunterricht in Niedersachsen*, der seit dem Schuljahr 2003/2004 an derzeit 21 Grundschulen[49] durchgeführt wird. Das Curriculum für die Primarstufe wurde am „Runden Tisch" mit der *SCHURA Niedersachsen* und der *DITIB*, die kurzzeitig der *SCHURA Niedersachsen* angehörte, abgestimmt. Der Schulversuch ist zunächst bis zum Jahr 2007 befristet und soll in der Versuchsphase nicht auf die Sekundarstufe I ausgedehnt werden.[50]

Die eingesetzten und zukünftigen Lehrkräfte werden derzeit im Rahmen einer E-Learning-Weiterbildungsmaßnahme von der Universität Osnabrück und weiteren Partneruniversitäten fortgebildet. Im Jahr 2007 soll an der Universität Osnabrück ein grundständiges Studium folgen, das zunächst als Erweiterungsfach eingeführt wird. Das neue Fach „Islamische Religionspädagogik" kann voraussichtlich ab dem WS 2007 als Masterstudiengang (als drittes Fach) angeboten werden.[51] Ein ähnliches Projekt wird seit dem Schuljahr 2006/2007 in Baden-Württemberg an zwölf ausgewählten Grundschulen durchgeführt. Unterrichtet werden zurzeit 234 Kinder auf der Grundlage eines Lehrplans, den sunnitische und alevitische Verbandsvertreter in einem äußerst zähen und langwierigen Arbeitsprozess erstellt haben. Als Ansprechpartner für den Unterricht sollen lokale Elterninitiativen und kooperationsfähige Moscheegemeinden gewonnen werden.[52] Parallel zum sunnitischen Unterrichtsangebot wird an zwei Grundschulen alevitischer Religionsunterricht angeboten.[53]

Durchgeführt wird der Religionsunterricht von bereits im Landesdienst befindlichen Lehrkräften, die ein geeignetes pädagogisches Profil aufweisen. Zur Vorbereitung durchliefen die Lehrkräfte vom Januar bis Juni 2006 eine Qualifizierungsmaßnahme, die in Kooperation mit der Pädagogischen Hochschule Karlsruhe und der Pädagogischen Hochschule Ludwigsburg durchgeführt wurde. Der Modellversuch soll wissenschaftlich begleitet werden.

3. Andere Konzeptionen

Neben den beiden skizzierten Grundmodellen, der religionskundlichen und bekenntnisorientierten Konzeption, können abschließend zwei weitere Unterrichtsangebote angeführt werden, die im Rahmen einer multireligiösen-ethischen Mischkonzeption ebenfalls islamische Inhalte vermitteln.

Prominent und zugleich umstritten ist das Hamburger Modell *Religionsunterricht für alle*. Diese Sonderform des Religionsunterrichts ist stark interreligiös und dialogisch orientiert und berücksichtigt christliche, jüdische, islamische, alevitische und buddhistische Inhalte.[54] Alleiniger Vertragspartner der Hansestadt Hamburg ist die *Nordelbische Evangelisch-Lutherische Kirche*.[55] Sie kann durch die *Gemischte Kommission Schule/Kirche* bei der Verabschiedung von Rahmenplänen und Stundentafeln für das Fach Religion mitwirken. Unterhalb der staatskirchlichen Verantwortungsebene wurde 1995 der *Gesprächskreis Interreligiöser Religionsunterricht in Hamburg* eingerichtet, der die Mitgestaltung und Mitverantwortung des *Religionsunterrichts für alle* durch die Hamburger Religionsgemeinschaften institutionell absichern soll. In diesem Gremium sind verschiedene evangelische Kirchen, die Buddhistische Gesellschaft, das Tibetische Zentrum, die Jüdische Gemeinde, die *SCHURA Hamburg* und das *Alevitische Kulturzentrum* vertreten.

Ein weiteres Unterrichtsmodell, das seit dem Schuljahr 2002/2003 in Hessen erprobt wird, ist im Ethik-Unterricht verankert. Das Projekt trägt den Namen *Ethik des Islam im Ethik-Unterricht* und soll die bereits verbindlichen Unterrichtsinhalte – die Weltreligionen und die grundlegenden Themen der Ethik aus jüdisch-christlicher und abendländisch-aufklärerischer Tradition – um islamische Inhalte erweitern. Die Unterrichtskonzeption, die alle Jahrgangsstufen der Sekundarstufe I umfasst, gliedert sich in zehn „Bausteine", die den vom Curriculum gesetzten Themenbereichen wie z. B. „Das Gute und das Böse – das Gewissen" zugeordnet sind. Unterrichtet werden die Bausteine von den jeweiligen Fachlehrerinnen und -lehrern. Sofern die Möglichkeit besteht, sollen auch Vertreter islamischer Gemeinden in den Unterricht eingeladen werden. Begleitet und beraten wird der Ethik-Unterricht von einem Beirat, dem Vertreter verschiedener islamischer Moscheen, der Orientalistik, der christlichen Theologie, der Religionswissenschaft, der jüdischen Ethik und der Erziehungswissenschaft sowie Eltern- und Lehrervertreter angehören.[56]

Fazit

Die vorgestellten Beispiele zeigen, dass abseits der strittigen Anerkennungsfrage eines muslimischen Ansprechpartners des Staates mehrerer Bundesländer durchaus innovationsfreudige Schulversuche auf den Weg gebracht haben, die im Praxisfeld den Weg für einen ordentlichen „Islamischen Religionsunterricht" ebnen können. Dieser Weg kann mittelfristig zum Erfolg führen, wenn alle Beteiligten sich auf eine kleinschrittige und pragmatische Herangehensweise verständigen können.

Maria Widl

Kirchliche Erwachsenenbildung vor neuen Herausforderungen

1. Kirchliche Erwachsenenbildung, was ist das?

Der Volksmund war sich früher sicher: „Was Hänschen nicht lernt, lernt Hans nimmer mehr." Entsprechend sagte man von jemandem, der seine Berufsausbildung abgeschlossen hatte, er sei „ausgelernt". Wer als Erwachsener auf eigenen Beinen stand, wusste wie man lebt und wie man arbeitet. In einer Kultur, die aus der Tradition lebt, reichte das auch völlig aus. Die *moderne Welt* hat dagegen den Fortschritt auf ihre Fahnen geschrieben: Alles soll neu und besser werden. Wenn sich dann alles schnell ändert, muss der Mensch mit diesen Veränderungen mithalten können: neue Maschinen und Geräte bedienen, neue Vorgänge verstehen, sich in der Demokratie eine kompetente Meinung bilden, inmitten einer pluralen Welt gegenüber Anders-Denkenden argumentativ bestehen. Daher muss in der modernen Welt auch der Erwachsene lernen – ein Leben lang.

Zum Begriff „Erwachsenenbildung"

Der Deutsche Bildungsrat hat im Jahr 1970 *Erwachsenenbildung* (Weiterbildung) definiert als *„Fortsetzung oder Wiederaufnahme organisierten Lernens nach Abschluss einer unterschiedlich ausgedehnten ersten Bildungsphase"*[1], also alles Lernen nach der Ausbildung. Dabei hat sich eine breitere Begriffslandschaft eingebürgert:

Lebenslanges Lernen ist ein Konzept, Menschen zu befähigen, eigenständig ihr ganzes Leben hindurch zu lernen. Wissen und Fähigkeiten der Berufsausbildung und der ersten Berufsjahre genügen in den meisten Fällen nicht mehr, um eine dreißig bis vierzig Jahre lange Berufslaufbahn sinnvoll zu durchlaufen. Nach der Schule und Berufsausbildung wird nicht nur durch Teilnahme an Veranstaltungen der Weiterbildung gelernt. Mit dem Lernen in der alltäglichen Lebensbewältigung und durch die wechselnden Arbeitsbedingungen sowie infolge der Ansprüche einer sich ständig im Wandel befindlichen Gesellschaft bilden sich darüber hinaus auch neue Formen des informellen Lernens heraus.

Informelles Lernen ist ein relativ neuer Begriff für ein Lernen, das außerhalb des formalen Bildungswesens (z.B. Volkshochschulen oder Schulen) stattfindet. Wer im Rahmen seines Hobbys, seines Ehrenamts oder in seinem Alltag außerhalb von Bildungsinstitutionen lernt, lernt „informell". Mit der Flexibilisierung der Lebenswelten werden auch die Lernwelten flexibilisiert: 70 Prozent der Lernprozesse Erwachsener finden außerhalb von Bildungsinstitutionen statt (so jedenfalls eine kanadische Studie[2]) – von Kultur und Sport über Musik, bis hin zu Medien, Nebenjob und Ehrenamt.

Allgemeinbildung oder *Allgemeinwissen* bezeichnet historisch den Gedanken einer Bildung für die Allgemeinheit (gleiches Wissen für jeden). Der Gedanke stammt aus der Zeit der Aufklärung bzw. des Humanismus, als das Menschheitswissen noch in wenigen Büchern gesammelt werden konnte.

Einen ersten Ansatz zu einer umfassenden Allgemeinbildung formulierte Johannes Comenius im 17. Jh. mit dem Ziel, allen alles zu lehren. Dieser Gedanke war insofern revolutionär, als damals Bildung dem Adel und dem Klerus vorbehalten war.

Im 18. Jh. entstanden im Umfeld des aufgeklärten Bürgertums Lesegesellschaften und Diskussionszirkel als gesellschaftliche Freiheitsbewegung gegen die absolute Herrschaft der deutschen Fürsten.

Die Neuhumanisten im Gefolge Wilhelm Humboldts im 19. Jh. wollten mit ihren Schulreformen die Emanzipation breiter Bevölkerungsschichten fördern. Ihr Bildungskanon bevorzugte die klassischen Inhalte Latein, Griechisch und Deutsch im Vergleich zu Naturwissenschaften und handlungsorientiertem Wissen. Diesem Konzept folgt heute noch – wenn auch mit vielen zeitgemäßen Abwandlungen – das (humanistische) Gymnasium. Von daher bezieht sich Allgemeinbildung heute auf jene Themen, die die ganzheitliche Bildung der menschlichen Person fördern, im Gegensatz zu beruflichem oder auf ein Hobby bezogenem Spezialwissen. Während in der Entwicklung die emanzipatorisch-gesellschaftskritische Bildungsidee in der Arbeiterbildung ihre Fortsetzung fand, blieben die humanistischen Bildungsthemen im Zentrum bürgerlicher Bildungsideale.

Im heutigen Bildungsverständnis geht es nicht nur um Wissen, sondern primär um soziale, emotionale, multikulturelle, ethische, religiöse, ästhetische und pragmatische Kompetenzen. Orientierungs- und Relevanzwissen löst zunehmend das Faktenwissen ab. Kein Trend ohne Gegenbewegung: Zusammenhangloses Faktenwissen erfreut sich dafür in Quizspielen größter Beliebtheit.

Berufliche Weiterbildung, auch als *Fortbildung* bezeichnet, ist eine Form der Erwachsenenbildung, die dazu dient, die berufliche Handlungsfähigkeit zu erhalten und anzupassen, oder sie zu erweitern, um beruflich auf- oder umzusteigen.

Träger der Erwachsenenbildung

Im „Strukturplan für das Bildungswesen" von 1970 heißt es:

„Weiterbildung kann weder als beliebige Privatsache noch als eine nur Gruppeninteressen dienende Maßnahme betrachtet und behandelt werden. Es kann vielmehr ein gesamtgesellschaftliches Interesse an einer allseitigen ständigen Weiterbildung einer möglichst großen Zahl von Menschen unterstellt werden, das ähnlich stark ist wie das *gesellschaftliche Interesse* an Schulbildung für alle."[3]

Im Gegensatz zur Schulpflicht besteht jedoch keine Bildungspflicht. Entsprechend liegt die Erwachsenenbildung nicht in der Hand des Staates, sondern bei einer *Vielzahl an Trägern*: Volkshochschulen, Fort- und Weiterbildung der Länder, Einrichtungen der beiden großen Kirchen und anderer Religionsgemeinschaften, Bildungswerke von Wirtschaftsbetrieben und politischen Parteien, Einrichtungen der Wirtschaftsverbände und Gewerkschaften, Fernlerninstitute, ländliche Weiterbildung, Handwerks- und Handelskammern, Hochschulen und Universitäten, soziokulturelle Zentren, Rundfunk- und Fernsehanstalten. Dazu kommen eine weite Pallette privater freier Träger, die z.B. auch für Frei- und Alternativberufe qualifizieren. Sie sind besonders im Falle eines Berufsumstiegs sehr beliebt; z.B. Berufe im Freizeit- und Wellnessbereich.

Wo es sich um institutionell getragene Erwachsenenbildung handelt, gilt das „Prinzip der ausgegrenzten Institutionalisierung": Die jeweiligen Träger organisieren die Erwachsenenbildung als eine eigene Sparte, die von den übrigen institutionellen Arbeitszusammenhängen organisatorisch und finanziell getrennt geführt wird. Innerhalb der gesetzlichen Rahmenbedingungen wird sie aus öffentlichen Geldern gefördert.

Kirchliche Erwachsenenbildung

Die beiden Kirchen haben entsprechend eigene eingetragene Vereine der Erwachsenenbildung: die Katholische Bundesarbeitsgemeinschaft für Erwachsenenbildung (KBE) und die Deutsche Evangelische Arbeitsgemeinschaft für Erwachsenenbildung (DEAE). Sie unterhalten Erwachsenenbildungswerke, Akademien, Heimvolkshochschulen und Familienbildungsstätten. Dazu gibt es ökumenische, soziale und von den Orden, den Verbänden, den neuen geistlichen Bewegungen und vielen Kirchengemeinden getragene Bildungsinitiativen.

Die Katholische Bundesarbeitsgemeinschaft für Erwachsenenbildung ist ein 1957 gegründeter Zusammenschluss von katholischen Trägern der Erwachsenenbildung mit derzeit 57 Mitgliedern und rund 750 Einrichtungen. Sie ist die größte nichtkommunale Anbieterin von religiöser, kultureller und personenbezogener Weiterbildung in Deutschland.

Die FEECA (Fédération Européenne pour l'Education Catholique) ist die europäische Vereinigung und Plattform nationaler und sprachregionaler Dachverbände katholischer Erwachsenenbildung. Sie wurde 1963 gegründet. Mitglieder sind derzeit Belgien, Deutschland, Großbritannien, Lichtenstein, Luxemburg, Österreich, Schweden, Schweiz, Slowenien, Südtirol und Ungarn. Gaststatus haben Frankreich, Irland, Kroatien, Polen, die Slowakei und Tschechien.

2. Kirchliche Erwachsenenbildung vor neuen Herausforderungen

Kirchliche Erwachsenenbildung zielt nicht einfach auf Glaube und Kirchlichkeit. Vielmehr versteht sie sich als eine ganzheitliche Persönlichkeitsbildung, die das Wissen um kirchlich, theologisch und gesellschaftlich relevante Fragen aus christlicher Perspektive vertieft und erweitert, zu kritisch-konstruktiver Mitverantwortung in Kirche und Gesellschaft befähigt und den Glauben auf vielfältige Weise neu aneignet und stärkt.[4]

So spielen Fragen der *Lebenshilfe und Lebensgestaltung* vor allem für Frauen eine große Rolle. Das reicht von Fragen zu Partnerschaft und Kindererziehung über Themen der modernen und der Alternativmedizin bis zu Kunst- und Bastelkursen. Auch emanzipatorische Bereiche wie Gesprächs- und Selbstbewusstseinstraining, Selbsterfahrung und Mut zum eigenen Weg sind wichtige Aspekte. Diese Themen sind keineswegs glaubensfern, sondern ein Ausdruck des diakonischen Handelns der Kirche: Weil Gott uns Menschen liebt, will er für uns ein gutes Leben. Und es ist Aufgabe der Kirche, die Menschen darin so zu unterstützen, wie sie selbst es suchen. Zugleich wird sichtbar, dass das gute Leben nach Gottes Maßstab unter Umständen anderen Spielregeln gehorcht, als man das in einer säkularen Gesellschaft für „normal" hält.

Kirchliche Erwachsenenbildung vermittelt daher ein *vielfältiges Wissen* um gesellschaftliche, kirchliche und theologische Fragen. Dies ist notwendig geworden, weil die Zeit immer neue Fragen aufwirft, die neuer Antworten aus dem Glauben bedürfen. Die moderne Technik macht immer mehr möglich, obwohl nicht sicher ist, ob das für die Menschen auch gut ist. Fragen der Ethik stellen sich z.B. im Bezug auf die Gentechnik genauso wie z.B. auf die Euthanasie, also die Tötung auf Verlangen bei schwerem Leiden. So lernen ChristInnen, sich mit den verschiedenen Argumenten solcher Themen zu beschäftigen, sich eine eigene Meinung dazu zu bilden und kritisch-konstruktiv die Meinungsbildung und politischen Entscheidungen in einer demokratischen Kultur mitzutragen und verantwortlich mit zu gestalten.

Schließlich ist es der kirchlichen Erwachsenenbildung wichtig, zur *Vertiefung des Glaubens und der Kirchlichkeit* auf eine sowohl theologisch-intellektuelle wie eine spirituell-kirchliche Weise beizutragen. Die Gemeinden sind dazu oft nur wenig in der Lage, weil sie für alle da sein müssen: für die Jungen und für die Alten, für die modern und die traditionell Eingestellten, für die Suchenden und Interessierten genauso wie für die Gefestigten und Treuen. Die kirchliche Erwachsenenbildung kann dagegen spezielle Zielgruppen, Interessen und Lebenslagen genauer ansprechen und zugleich Kompetenzen anbieten, die eine Gemeinde meist nicht zur Verfügung hat. Selbst ein kleines Theologiestudium kann auf diese Weise von jedem/r Interessierten absolviert werden.

3. Die Postmoderne – eine Zeit neuer Herausforderungen

Die kirchliche Erwachsenenbildung hat ihr Gesicht in den letzten Jahrzehnten deutlich verändert.[5] Die Vorträge sind zu Gunsten gemeinsam entwickelter Themen und Projekte zurückgetreten. Die Teilnehmenden sind selbstbewusster, wählerischer und eigenverantwortlicher geworden. Zugleich zeigt sich, dass die Angebote schwerpunktmäßig von den Älteren, primär der Konzilsgeneration wahrgenommen werden.[6] Jüngere Zielgruppen anzusprechen scheitert häufig am „modernen" Stil, wohingegen die Jüngeren „postmoderne" Angebote suchen würden. Damit steht die kirchliche Erwachsenenbildung heute vor ganz neuen Herausforderungen.[7]

Spiritualität als Lebensperspektive: Wenn junge Menschen heute gläubig sind, dann sind sie es „mit Haut und Haaren", also als eine umfassende Lebensperspektive. Sie nehmen nicht einfach am kirchlichen Leben teil. Sie wollen entschieden aus dem Glauben leben und wissen und herausfinden, wie das geht und was das impliziert. Sie fragen nach dem unterscheidend Christlichen im Lebensstil. Sie trennen nicht zwischen „normalem" säkularem Alltag und dem „heiligen" kirchlichen Bereich. Sie wissen, dass Gott ihnen immer gegenwärtig sein kann, wenn sie sich denn dafür bereit halten. Ein Christ ist *immer* ein spiritueller Mensch – oder er ist kein Christ. Für die kirchliche Erwachsenenbildung ergibt sich von daher die neue Herausforderung, zu einer Bewertung „säkularer" Fragen im Horizont des Evangeliums beizutragen und eine christliche Spiritualität entwickeln zu helfen, der das ganze Leben mit all seinen Bezügen heilig ist.

Relevanz des Glaubens in der und für die Kultur: Das Wissen um den Glauben und die ethische Bewertung gesellschaftlich brisanter Fragen an sich sind postmodernen jungen Menschen nicht besonders interessant. Sie wachsen mit einer Flut an sowohl kritischen wie meinungsmachenden Informationen auf. In einer pluralen Welt gibt es zu jedem Thema eine Pallette einander widerstreitender und dennoch wohl begründeter Ansichten, weil sie unterschiedlichen Perspektiven und Interessen folgen. Ethisches und theologisches Glaubenswissen macht von daher nur Sinn, wenn es seine Relevanz in der Konkurrenz der Ideen und Hoffnungen umfassend kompetent, differenzierend und selbstbewusst darstellen kann. Die kirchliche Erwachsenenbildung steht von daher vor der neuen Herausforderung, die eigenen christlichen Inhalte nicht nur in der Binnenperspektive der kirchlichen Subkultur und ihrer bibeltheologischen, moralischen oder philosophischen Argumentation zu formulieren. Vielmehr muss sie sich „transversal" mit den herrschenden Vorstellungen und Argumenten so konfrontieren, dass die Relevanz des Christlichen in *deren* Kontext sichtbar wird.[8]

Neues säkulares Interesse für die Religion: Die Zeiten, wo die Soziologie von einer zunehmenden Säkularisierung der Kultur ausgehen konnte, sind vorbei. Heute dreht sich die Debatte nicht mehr um die Frage, bis wann die Religion ausgestorben sein wird. Vielmehr wird diskutiert, ob wir heute von einem „Megatrend Religion"[9] sprechen können bzw. müssen. Jedenfalls ist festzustellen, dass es ein ganz neues Interesse für die Religion als Teil des kulturellen Erbes gibt. Für die kirchliche Erwachsenenbildung ergibt sich damit die neue Herausforderung, Angebote auch für Nichtchristen zu entwickeln. Sie dürfen kein kirchliches Wissen voraussetzen, müssen dafür aber mit der Wahrnehmungslogik kirchlich nicht sozialisierter Menschen bestens vertraut sein. Sie können auf die reichen Schätze des kirchlichen Erbes bauen. Dieses muss allerdings so erschlossen werden, dass darin die Logik und das Geheimnis des Glaubens in kleinen, verdaulichen Portionen einleuchtend aufscheint.

4. Kirchenraumpädagogik – zwei Beispiele

In den letzten Jahren hat man die Kirchenräume als bildnerisches Potential neu entdeckt: kunsthistorische, thematische und geistliche Kirchenführungen, geistliche Musikaufführungen in sakralen Räumen, Entdeckungsreisen in Kirchenräumen für die Schulpädagogik und Kinderkatechese sind die wesentlichen Zugänge. Inzwischen wird darin nicht nur eine bildnerische, sondern auch eine missionarische Chance gesehen, die die katholischen deutschen Bischöfe ausdrücklich begrüßen und fördern.[10] Neben den traditionellen werden auch kreativ neue mediale Wege in diesem Feld beschritten. Zwei Beispiele dazu werden abschließend hier vorgestellt.

Eine Rokoko-Basilika auf interaktiver CD-Rom[11]

Anlässlich der Generalsanierung der bayrischen Basilika Ottobeuren ermöglichten die Gerüste im Innenraum eine vollständige Fotografie aller Details aus nächster Nähe und in frisch restauriertem Glanz. Die Basilika stellt ein zugleich künstlerisches wie theologisches spätbarockes Gesamtkunstwerk dar, das seinesgleichen sucht. Dieses wird auf einer CD-Rom anhand von ca. 500 Bildern von über 70 Fachleuten in mehreren Perspektiven erschlossen. Sichtbar wird ein weiter Bogen durch das ganze katholische Universum des Glaubens. Anhand der dargestellten Motive wird jeweils ein theologisches Thema bibel- und traditionsgeschichtlich, anhand der künstlerischen Dynamik der Darstellung, im Bezug zu den traditionellen Themen des kirchlichen Glaubens und schließlich im Hinblick auf seine Aktualität für die heutige Praxis beleuchtet. Zumindest für den Liebhaber barocker Bilderwelten erschließt sich so der christliche Glaube in einer Weise, die von der inhaltlichen Fülle und Qualität her einem Katechismus in nichts nachsteht. Zugleich wirken jedoch die Entdeckerfreude, der Spieltrieb, die künstlerisch gestaltete Emotion und die assoziative Dynamik eines Gesamtkunstwerks höchsten Ranges in einer Weise zusammen, die zu einem ganzheitlichen Bildungserlebnis der besonderen Art wird.

So geht katholisch – eine Kirchenraum-Installation neuer Art[12]

Das Bistum Limburg hat 2005 eine Wanderausstellung neuer Art in Auftrag gegeben. Sie sollte, in Kirchenräumen aufgestellt, über das Leben berichten, das in ihnen stattfindet. Jedoch nicht das Gemeindeleben sollte bebildert werden, sondern der rituelle Ausdruck des Glaubens dargestellt, erklärt und nachahmbar gemacht werden. Das Projekt wurde von der *Agentur einfallsreich* umgesetzt und hat den *IF communication design award 2006* erhalten. Entstanden sind mannshohe klare Plexiglas-Wände mit Silhouetten von Menschen in typischen Gebets- und Körperhaltungen in der Kirche und während des Gottesdienstes. Sie sind durch Leuchtdioden erhellt und mit Texten zu neun Themen beschriftet: Weihwasser, Gebet, Lesung, Evangelium, Opferkerze, Taufe, Beichte, Ewiges Licht, Kommunion. So wird ein unmittelbarer Zugang zum kirchlichen Glaubensleben erschlossen, der vor allem für jene Kirchenfernen erhellend sein mag, die im Fernsehen oder bei kirchlich gestalteten Familienfesten damit konfrontiert sind. So verliert das, was Christen tun, an Fremdheit. Bildnerisch wird so ein Stück gesellschaftlich-kirchlich gelebter Glaube, der sonst immer fraglos und unkommentiert abläuft, für Interessierte bildnerisch zugänglich und nachvollziehbar.

Der kirchlichen Erwachsenenbildung stehen heute ganz neue Möglichkeiten offen. Sie wird sich dazu aber aus der kirchlichen Binnenperspektive mutig an das Licht der interessierten gesellschaftlichen Öffentlichkeit wagen müssen.

Peter Arlt

Christusbilder – Menschenbilder in der Kunst

Wenn Künstler heute christliche Themen gestalten,

mag das eine Frage des Glaubens sein. Doch oft liegt das Künstlerische näher, das nach Deutungsmustern verlangt. In den verschiedenen Überlieferungen finden sie Vergleichbares: von der Schöpfung, von Tod und Auferstehung oder von großen Fluten. Da fragt der biblische Prediger Salomo wie ein Bruder des Sisyphos aus dem griechischen Mythos oder wie der Mensch der Gegenwart nach dem Gewinn für alle die Mühe, die er im Leben gehabt hat. Wenn aber Künstler in jüngerer Zeit, wie Werner Tübke, Bernhard und Johannes Heisig, Gabriele Mucchi oder Ronald Paris, Altarbilder malten, ist es vor allem eine Frage der Prägung durch christliche Kultur, der Orientierung an menschheitlichen, humanistischen Grundmodellen, wie sie das Christentum bereithält. Als tragende Verbindung der Künstler erweisen sich die Sinnvergewisserung im christlichen Thema, in der Tradition figürlicher Kunst sowie in der Geschichte der künstlerischen Gattungen. Mit diesem dreifachen Traditionsbezug reagieren sie auf den jagenden Prozess künstlerischer Innovation mit „Entschleunigung" und Besinnung.

Christusbilder können von aller Welt ohne das Gefühl der Unterlegenheit oder Überlegenheit, sondern in der Achtung des Andersseins und zugleich im Gefühl tiefer Menschenverwandtschaft betrachtet und in ihnen der meditative Zugang zum Unerklärlichen, zur Kontingenz, gesucht werden. Selbst der hartnäckigste Atheist kann nicht ohne Glaube, Hoffnung, Liebe leben. Doch nicht der Glaube, die Liebe ist das größte unter ihnen (1 Kor 13).

Weisen Christusbilder das Göttliche aus?

Christusbilder und Menschenbilder, diese Verbindung bedeutet zugleich eine Trennung und führt zurück zur Frage nach dem Göttlichen und Menschlichen in der Gestalt Christi.

Das Göttliche gibt sich ausschließlich indirekt preis, da „man Gottes Angesicht nicht sehen kann" (2. Mose 33). Deshalb könne und solle man sich nach dem zweiten Gebot (5. Mose 5) kein Bildnis von ihm machen. Dem daraus folgenden Bildverbot widerstand der bildfreundliche Mensch. Denn andererseits wird im Alten Testament versichert: „Gott schuf den Menschen ihm zu Bilde" (1. Mose 1,27), was dazu verleiten könnte, mit einem Blick in den Spiegel einen gewissen Aufschluss zu erwarten, den die Künstler nutzen können. Der entschiedenste frühe Verteidiger der Heiligen Bilder, Johannes von Damaskus (2. Hälfte des 7. Jahrhunderts), bezeichnete den Sohn Gottes als „das natürliche Bild des Vaters".[1] Da Gott unsichtbar ist („Niemand hat Gott jemals gesehen", Joh 1,18), kann man zwar nicht über ein Bild des Vaters den Sohn zeigen, aber der Sohn „(zeigt) durch sich den Vater",[2] denn er ist „natürliches, unveränderliches Bild des Vaters, ihm in jeder Hinsicht gleich",[3] wenn es auch von dem Urbild abweicht.[4] Selbst Jesus sagt im Evangelium des Johannes zu Philippus: „Wer mich sieht, der sieht den Vater" (14, 9). Nach Johannes von Damaskus ist das Bild zur Offenbarung des Verborgenen ersonnen, es mag in Farbe dargestellt oder in Platten geritzt sein. Ihm darf man huldigen, doch soll es nicht angebetet werden.[5] Das entstandene Bild zeigt die Seele über den Leib,[6] der den Unsichtbaren (Gott) umhüllt und ihm „Maß, Alter und Körpergepräge" gibt.[7] Der Grund dafür wäre nach Dionysius Areopagites, dass wir nichts „ohne Gestaltungen, die uns entsprechen"[8] wahrzunehmen vermögen. Das berührt etwa den Gedanken Xenophanes, wonach die Menschengeformtheit der griechichen Götter daran liege, dass es Menschen sind, die sich diese vorstellen, während sich Kühe ihre Götterbilder in Kuhgestalt schaffen würden.

Zur Frage des Menschseins und Gottseins Christi wurde 325 auf dem ersten ökumenischen Konzil von Konstantin I. erklärt, Jesus sei als Gottessohn wesenseins mit Gottvater. Dies traf auf anhaltenden Widerstand der Gläubigen, für die Jesus zuerst ein am Kreuze gestorbener Mensch war – mit der Verheißung ewigen Lebens. Im Jahre 451 erfuhr das einen Ausgleich mit dem Dogma von den zwei Naturen Christi in einer Person: Menschensohn und Gottessohn zu sein.

Jesus der Menschensohn – wie ist von Jesus ein Bild zu gewinnen?

Die eben beschriebene Vorstellung vom Sohn Gottes als natürlichem Bild des Vaters gibt keine Auskunft über physiognomische Gegebenheiten bei Gott-Vater und Sohn. Die einem Circulus vitiosus gleichende Konstellation führte mit der naiv aufgefassten Glaubenstatsache von einem personifizierten Gott in patriarchalischer Zeit zu der Gottesvorstellung als einer Person mit patriarchalischem Aussehen. Während für solcherart tradierten Auffassungen beim Sohn Gottes das Göttliche von Christus auf der Hand liegt, ergibt sich dagegen für protestantische Exegeten,[9] die beispielsweise die Jungfrauengeburt nicht biologisch-physiologisch zu erklären suchen, lediglich eine unvergleichliche Gottesnähe. Außerdem vernachlässigt die Auffassung, Jesus sei ein Bild des Vaters, die einfache Tatsache, dass Jesus auch der Sohn einer Mutter ist. Davon gingen Versuche aus, über eine spekulative Computer-Rekonstruktion das typische Aussehen eines Galiläers zu ermitteln und damit das ungefähre Äußere des historischen Jesu, über das im Neuen Testament keine Aussage zu finden ist, während apokryphe Apostelakten Christus als „schöngestalteten Jüngling"[10] beschreiben. Weil der größeren Ähnlichkeit des Christusbildes mit seinem Vorbild eine größere göttliche Wirkung zugeschrieben wurde, kamen die Legenden auf, ein Bote habe dem Fürsten Abgar von Edessa ein Christusbild nach dem Leben gemalt oder dieser habe das Schweißtuch (Mandylion) der heiligen Veronika erhalten, das nunmehr an drei Orten verehrt wird.[11]

Zwar besitzt die Naturnähe eines Bildnisses zur dargestellten Person ihren Zauber, doch die Frage nach dem realen Aussehen Jesu wird von der Kunst, wie die bildlichen Darstellungen aller Epochen nachweisen, eher als irrelevant angesehen. Der Bildbegriff ist nicht an ein Erscheinungsbild gebunden, denn Kunst besitzt primär keine Gegenstandbezogenheit, sondern eine Zeichenbezogenheit. Nicht die Gegenstandbedeutung, sondern die Symbolbedeutung ist belangvoll, so sensualistisch der Gegenstand auch wiedergegeben sein mag. Das frühchristliche Fresko mit Brot und Fisch aus der 1. Hälfte des 3. Jahrhundert verweist nicht nur im Sujet auf das Speisungswunder (Mt 14,17–21), sondern symbolisch ebenso auf Leib und Name Christi.

Es ist nach dem Verhältnis von Christusbild und Menschenbild zu fragen und wie es zu der dominierenden, ja vertrauten Vorstellung von einem schlanken, großgewachsenen, bärtigen und langhaarigen Jesus mit schönem, ebenmäßigem Gesicht gekommen ist. Diese Vorstellung des Aussehens wird zwar nicht als „authentisch" gelten können, muss aber ebenso nicht[12] spekulativ genannt werden, weil sie das Christusbild in den meisten Darstellungen durchaus begründet bestimmt. Jedoch musste sich die Dominanz dieser Bildtradition erst behaupten.

Christusbilder in verschiedenen Bildsprachen

Da Kunst, wie gesagt, primär zeichenbezogen ist, sind auf den verschiedenen Wegen der Bildsprache unterschiedlichste Christusbilder nicht nur potentiell möglich, sondern tatsächlich auch entstanden. Das belegen eindrucksvoll die beiden fast zeitgleichen und doch so verschiedenen Darstellungen mit Christus am Kreuz, das Kölner Gero-Kruzifix aus ottonischer Zeit, etwa um 975, und der große dänische Runenstein von Jelling (Nordjütland), um 980. Dieser soll, ebenso die Kopie in Utrecht, an die Christianisierung durch König Harald erinnern, der den dreiseitigen, von Flachreliefs geschmückten Jellingstein aber auch für seinen nichtchristlichen Vater Gorm und dessen Frau Thyra errichten ließ und zwar in einem heiligen Bezirk, neben dem später eine romanische Kirche gebaut wurde. Auf dem Stein ist ein von einer Schlange umwundener Löwe zu sehen, doch vor allem und erstmals im Norden eine Christusdarstellung. Die von Flechtwerk und Ranken umwundene Kreuzigungsdarstellung bedient sich der aus „heidnischer" Zeit stammenden ornamentalen Bildsprache der Wikinger, in welcher den Menschen damals der neue Glaube auf vertraute Weise vermittelt werden sollte. Hauptsächlich sorgte sich Harald um das Seelenheil seines Vaters, der freilich nur aus christlicher Sicht gottlos war. Zudem ist der propagandistische Ansatz erkennbar, die Menschen dort abzuholen, wo sie sich kulturell befinden.

Dagegen dürfte das überlebensgroße Gerokreuz mit seiner realistisch anmutenden Darstellung des Leidens und Sterbens Jesu in ausgeprägter Plastizität einerseits und der Idealisierung des Gesichtes und der Gestalt andererseits in der damaligen Umgebung recht fremd gewirkt haben, während sich inzwischen längst eine Umkehrung der Wirkungen vollzogen hat.

Die antike Quelle des Christusbildes

Naturtreue und Idealisierung des Gerokreuzes schienen lange Zeit für eine spätere Datierung zu sprechen, bis sich erwies, es ist nicht schon, sondern noch eine Antikenrezeption. Mit beiden Stilaspekten des Gerokreuzes, wurden Errungenschaften der antiken Kunst aufgegriffen. Die Vorbildlichkeit der Antike als Epoche großartiger, erhabener Formfindungen lebt weiter in byzantinischen Christusreliefs, Umwidmungen überarbeiteter römischer Sarkophage, und klingt nach in vielen Elementen der karolingischen und auch ottonischen Kunst und Architektur, man denke an den Bautyp der Basilika oder an Spolien, die aus antiken Tempeltrümmern in Kirchen eingebaut wurden. Die antike Kunst bildet gleichsam den Korpus christlicher Kunst, die von ihr Bildtypen übernahm, die ein Analogon zur christlichen Thematik bieten, wie der befriedende Orpheus oder die „Himmelfahrt" Ganymeds. Wie das wohl erste Christusbild (in der Callixtus-Katakombe, um 200–220) entstanden die bedeutenderen Sinnbilder nach den Darstellungen vom guten Hirten, wie sie oft auf römischen Sarkophagen zu finden sind. Letzterer zum Christuswort „Ich bin der gute Hirte. Der gute Hirte gibt sein Leben hin für die Schafe" (Joh 10,11). So erleben wir Pablo Picassos Bronzeplastik „Mann mit Lamm", 1944, oder die Studie dazu von 1942 in der Aufgeladenheit mit der antiken und christlichen Bedeutung sowie der profanen aus der Kriegs- und Besatzungssituation in Frankreich, auf christliche Weise Schutz zu gewähren.

Zur stärksten und lebendigsten europäischen Tradition der Menschen-, also Christusdarstellung hat sich die griechisch-antike entwickelt. Das beruht nicht auf spekulativem Abwägen, sondern auf der von der antiken Kultur hervorgebrachten Vergegenwärtigung der Gottheit im Idealbild menschlicher Schönheit, nach dessen Muster Christus dargestellt wurde. Die antike Kunst trat seit der karolingischen Renaissance, ein Nachhall ist im Gerokreuz zu spüren, als unübertreffliche ästhetische „Norm" in die europäische Denkgewohnheit.[13] Das Menschenbild kann sich auf eine Jahrtausende alte Erfahrung berufen, deren Quelle die griechische Antike ist mit dem Homomensura-Satz des Protagoras aus Abdera „Der Mensch ist das Maß aller Dinge". Auch die Kalokagathia setzte für Vorbildlichkeit und Vollkommenheit einen menschlichen Maßstab. So schuf die griechische Antike Grundlagen des Humanismus, der durch die Zeiten bewahrt wurde.

Für ein Bild Jesu war der schönste der griechischen Götter, Apollon, der zudem als Sonnengott und Führer der Musen eine erhabene, geistvolle und musische Lichtgestalt war und dessen normative Prägung uns am Zeustempel von Olympia, 5. Jahrhundert v. Chr., überliefert ist, gerade gut genug. Deshalb wagte es Albrecht Dürer, das Bild des heidnischen Gottes Apollon auf die christliche Idealgestalt anzuwenden, indem er schrieb:

„Dann zu gleicher Weis, wie sie die schonsten Gestalt eines Menschen haben zugemessen ihrem Abgott abblo (Apollo), also wolln wir dieselb Moos (Maß) brauchen zu Crysto dem Herren, der der schönste aller Welt ist."[14]

Noch kühner zeigt sich Dürers religiöse wie geistige und künstlerische Souveränität, indem er im Münchner „Selbstbildnis", 1500, am Antlitz Christi sein eigenes misst und dafür alle Idealisierungsmöglichkeiten nutzt: Das gleichseitige Dreieck der langen Haare, das ein Quadrat ausspannt, rahmt das Gesichtsoval mit den schönen, ebenmäßigen Zügen und gemäßigten Bart, den klaren, klugen Augen. Im linearbetonten Stil mit tektonisch gefestigter Symmetrie kommt das Ideal der Rationalität zum Ausdruck,[15] der Glauben an Energie, Kraft und Willen, an die Idee einer harmonisch geordneten Welt, deren göttliche Konstruktion in Zahl, Proportion, Geometrie erfahrbar sei.

Das Menschenbild ist ein Christusbild, wenn der vom christlichen Glauben ergriffene Mensch dargestellt wird. Auch dies ist bei Dürer vorgeprägt:

„In wen Christus kommt, der ist lebendig, und derselb lebt in Christo. [...] Nichts Guts ist in uns, es wird dann in Christo güt. [...] Wir können (nichts) Guts wöllen, Christus wölls dann in uns".[16]

Somit liegt das Ideale und Göttliche der Christusbilder vor allem im Menschlichen, in der liebevollen Zuwendung und Solidarität, mit der Menschen gezeigt werden.

Mit der Bezogenheit des Christusmotivs auf das Menschenbild erscheint der Hauptausdrucksträger der Kunst, die menschliche Gestalt, hervorgehoben. Die menschliche Figur, dieses ad hominem, am Menschen zu demonstrieren, besitzt in der Geschichte der Kunst einen besonderen Rang, deren Quelle, wie gesagt, die griechische Antike mit ihrer am menschlichen Maß gemessenen Kultur und Kunst war. Sie ist so etwas wie die Muttersprache der Kunst, weil sie über die sinnliche Erfahrung, über die Sprache der Ausdrucksreaktionen, die jeder in seinem Leben lernt, Mitteilung zu machen vermag, insbesondere wenn sie mit einem aussagekräftigen geistigen Medium, wie der christlichen Ikonographie, verbunden ist, womit einem platten, unmittelbaren Realismus begegnet wird. Präferenzen des Kunstmarktes lassen manchem in der Zeit der neuen Medien, der Virtualität und der endlosen Ausdifferenzierung der Kunst vielleicht Bilder mit menschlicher Figur als überholt erscheinen, zumal der Mensch massenhaft überflüssig zu werden scheint. Das lässt uns das Menschenbild und menschliche Christusbild als unabgegoltene Aufgabe begreifen.

Christusikonen

Wir können allgemein sagen: Ohne die „heidnische" antike Kunst keine christliche und keine Christusbilder. Wir dürfen aber nicht übersehen, dass neben der griechisch-antiken Tradition sich in römischer Zeit durch das Staatskirchentum verstärkt der Kaiserkult auf das Christusbild ausgewirkt hat, so in der Huldigung Christi als thronendem Weltenherrscher im Pantokrator-Typ. Aus diesen Einflüssen und ihrem eigenen Kult und den Überlieferungen heraus hat die christliche Kunst eine eigene Typik und eine reiche Ikonographie ausgeprägt mit eigenem Geist und eigener Beseelung. Dabei bildete das schon erwähnte Abgarbild vom Schweißtuch (Mandylion) der heiligen Veronika einen wichtigen Ausgangspunkt vor allem für den Bildtyp, wie er im byzantinischen Kunstbereich in den Christusikonen vorherrschend wurde.

Die Ikone im byzantinischen Stil mit stilisiertem, idealisiertem Christustyp vom Berg Athos, einem 963 gegründeten Kloster, entstand im 15. Jahrhundert, also zur Zeit der türkischen Herrschaft, die sowohl die autonome athonitische Mönchsrepublik, welcher Athos angehörte, respektierte wie die christlichen Bilder. Der byzantinische Christustyp fristet in der orthodoxen Glaubensrichtung über Jahrhunderte ein weitgehend unverändertes Dasein, das auf einer gleichbleibenden Christusvorstellung der „Rechtgläubigen" beruht und deshalb die Gefahr künstlerischer Erstarrung birgt. Großartiger Höhepunkt der Ikonenemalerei sind die Christus-Ikonen von *Andrej Rubljëw*, Anfang 14. Jahrhundert, die bis ins 20. Jahrhundert für die Ikonenmalerei und die Kunst allgemein vorbildlich war.

Wenn wir die Gemälde von *Alexeji von Jawlensky*, „Dornenkrone", 1918; „Gebet", 1922; „Meditation", 1934, näher betrachten, spüren wir, dass Rubljëws Ikonen für seine eigenen Christus-Antlitze des Landsmannes Alexeji von Jawlensky Bezugspunkt in Hinsicht künstlerischer Stilisierung und Expression wie geistigen Ausdrucks wurden. Die Bilder sind ein Zeitausdruck für die Bestrebungen in der klassischen Moderne, die künstlerischen Mittel zu elementarisieren, Malerei an der Musik zu orientieren und eine kontemplative Versenkung zu ermöglichen.

Christus in christlicher Ikonographie

In einem breiten Themenspektrum tritt uns Jesus-Christus direkt oder bildhaft vermittelt entgegen. Nach liturgischen Gesichtspunkten prägten sich Hauptthemen aus, einige seien hier gestreift. Bei der Verkündigung an Maria fliegt zuweilen ein Christusknäblein, gleichsam im Leitstrahl des Heiligen Geistes auf Maria zu (*Tympanonrelief* der gotischen Kirche von *Kiedrich* im Rheingau). Maria befindet sich in bescheidener Kammer oder prächtig ausgestattetem Raum. *Paul Gauguin* lässt in der „Geburt Christi", 1896, eine tahitianische Maria im Wochenbett liegen. Bei diesen Themen fällt eine von Zeit zu Zeit und von Künstler zu Künstler zu beobachtende erhebliche soziale Differenzierung auf. So ruht das Jesuskind bei *Lippo Memmi* (im Altenburger Bild von 1335) auf den Armen einer herrschaftlich thronenden Madonna, bei *Hans Memling* (Diptychon des Martin Nieuwenhove, 1487) in der Geborgenheit einer bürgerlichen Frau oder bei dem Expressionisten *Otto Mueller* auf der Hüfte einer ärmlichen Maria, einer stehenden „Zigeunermadonna", 1927. Dieser Bildtyp wird weltweit als ein Sinnbild der innigen Beziehung zwischen Mutter und Kind verstanden werden. Weitere häufige Themen sind die Anbetung des Kindes durch die drei Hirten, einfachste Volksleute, und die drei Weisen, die aus herrschaftlichen Bedürfnissen zu Königen gemacht wurden, die Darbringung im Tempel, die Taufe Christi, etliche Wundertaten, wie die „Erweckung des Lazarus", wo es in dem Jugendwerk (ca. 1643) von *Carel Fabritius* offen scheint, ob er nicht gegen die ernsthafte Darstellung Rembrandts seine calvinistische Auffassung setzen wollte, die Wundertat Jesu zu einem Jahrmarktereignis zu trivialisieren. Des Weiteren finden Darstellungen des Abendmahles, Bildszenen aus der Passion, Christi Himmelfahrt Verwendung. Immer wieder lassen sich in bekannten Stellen des Testamentes zur Geschichte Jesu neue Aspekte entdecken, die die christliche Ikonographie durch persönliche Deutung lebendig halten. So beim Verhältnis Jesu und der Frauen, beispielsweise im Thema „Christus im Hause von Maria und Martha", eine Geschichte aus dem Lukas-Evangelium, die auch *Ronald Paris* in seinem Sondershäuser Flügelaltar (Pfarrkirche St. Trinitatis) von 2004 aufgriff. In der expressiv vorgetragenen realistischen Malerei sehen wir, wie Maria mit großer Aufmerksamkeit Jesu zuhört, dessen faszinierende Gedanken sich optisch in reicher Gebärdensprache ausdrücken. Aber sie sitzt nicht zu Jesu Füßen, hört nicht andächtig zu, sondern steht und scheint mit kritischem Sinn das Gehörte zu prüfen – eine moderne Frau. Das Bild ist getragen von einer Wertevorstellung aus der protestantischen Bewegung. Auch die Nacktheit von Christus ist ein künstlerisches Thema, das wenig umstritten ist, wenn die Nacktheit als von seinen Peinigern erzwungen erscheint und die körperlichen Qualen eindringlich vor Augen führt. Doch erscheint Christus, wie in *Michael Triegels* „Auferstehung" von 2002, als erkennbar Beschnittener in vollständiger Nacktheit, entsteht Peinlichkeit und Ablehnung, obwohl es das katholische Fest der Beschneidung Jesu gab. Vor allem preist Jesu selbst die Schönheit des nackten Menschen, das Kleid der Nacktheit, wenn er sagt:

„Der Leib (ist) wichtiger als die Kleidung"; „Seht euch die Lilien an [...] Selbst Salomo war in all seiner Pracht nicht gekleidet wie eine von ihnen. Wenn aber Gott schon das Gras so prächtig kleidet [...] wieviel mehr dann euch, ihr Kleingläubigen!" (Lk 12, 23.27–28).

Wie schon Dürer, so fassen Künstler besonders in neuerer Zeit Christus als ein Lebensmodell, messen historische Persönlichkeiten oder sich selbst am großen Beispiel, wenn sie zeigen, wie Arbeiterführer für ihre Überzeugung starben (*Käthe Kollwitz* „Gedenkblatt für Karl Liebknecht", 1919/20, Holzschnitt) oder sie selbst ihr Kreuz auf sich nahmen und sich oder zumindest ihr bürgerliches Leben für ihre Kunst zu opfern bereit waren, wie *Paul Gauguin* „Selbstbildnis mit gelben Christus", 1889/90, in welchem der Künstler sich dem gelben Christus aus der Chapelle de Trémalo bei Pont Aven anverwandelt hat.

Hier ist nicht der Ort, noch ausführlicher auf den gewaltigen Bildvorrat christlicher Kunst einzugehen, stattdessen sei auf Literatur verwiesen.

Kreuzigung Christi

Im Zentrum christlicher Kunst steht der gekreuzigte Christus. Zum einen, weil es das Ereignis ist, das von allen Evangelisten am ausführlichsten erzählt wird, vor allem aber, weil sich im Kreuzestod Jesu das höchste Maß der Gnade Gottes offenbart, da er sich selbst, in seinem Menschen-Sohne opfert und Christus das Leid und die Sünde der Menschen auf sich nimmt. Der Gekreuzigte, immer mit Nimbus, ist auf dem *Londoner Elfenbein-Täfelchen*, ca. 420–430, wie meist, mit schmalem Lendentuch dargestellt, doch bartlos, während die *Miniatur des Rabulakodex*, 586, Christus nun bärtig zeigt und mit einem Kolobion bekleidet, einem Herrschergewand. Durch die Jahrhunderte wandelte sich immer wieder das Bild des Gekreuzigten. Neben der Idealisierung und Versinnbildlichung des unsterblichen Logos wurde die Leidensgebärde dargestellt, in der Ausdifferenzierung menschlicher

Schmerzempfindung mit ihren sensorischen, affektiven, vegetativen und motorischen Komponenten bis hin zum Sterben. Da ist Christus ganz Mensch. Oft verweltlichen die Künstler allgemein in ihren Bildern die christlichen Themen. Weltliches wird ins Sakrale eingebunden, Säkularisiertes erscheint im Bild als Ereignisgeschichte. Und so erleben wir auch in der Kreuzigung häufig die Profanierung des Sakralen. Exemplarisches hat der holländische Maler *Rembrandt* in der „Kreuzaufrichtung" und der „Kreuzabnahme" von 1633 geschaffen. Da entheroisiert er die Legende und malt mit „natuereelste beweechgelickheijt", wie er in einem Brief sein eigenes künstlerisches Kriterium benennt, mit krassem Realismus Jesu Pein und das Bemühen, die willenlose, nur physikalischen Gesetzen folgende Masse des Leichnams fassen zu wollen. Das bringt im Bild tragisch-komische Momente hervor, die besonders seelisch erschüttern.

Doch die Kreuzigung gab mit der Profanierung häufig Gelegenheit, sich am offiziellen Christusbild zu reiben oder vielmehr den Widerspruch zwischen christlichen Grundsätzen und kirchlicher oder politischer Wirklichkeit, zwischen wahrem und propagiertem Christusbild offen zu legen. Bei der karikierenden Zeichnung von *George Grosz* „Maul halten und weiter dienen", 1928, kommt unverhohlene Kritik an dem von Gott verordneten Schicksal Jesu zum Ausdruck, doch vor allem gegenüber der gottgleichen Forderung von Regierungen und Armeeführungen an Kinder ihres Volkes, im Krieg für fragwürdige Interessen ihr Leben zu opfern. „Genug gekreuzigt" nennt der Bildhauer *Fritz Cremer* eine Bronzeplastik von 1982, wo sich Christus vehement vom Kreuze los- und die Dornenkrone vom Kopfe reißt.

Der sterbende Jesus, der seine finstere neunte Stunde durchleidet und laut schreit „Mein Gott, mein Gott, warum hast du mich verlassen?" bringt den Moment des Zweifels, einen Hiob-Moment hervor, der Künstler fesselt. In *Horst Sakulowskis* Christus-Zeichnungen tritt ein solcher Zweifel dem in uns selbst verborgenen Zweifel spiegelbildlich entgegen, der Zweifel tritt sich selbst dawider. So wirken die Bilder im Sinne von Mk 3,26 apotropäisch, sie domestizieren innere Gespenster und erzeugen die Gewissheit: Du musst dein Leben, die Welt ändern. Horst Sakulowski Hauptthema ist es, „den Menschen in den Belastungen und Verstrickungen seiner Zeit"[17] zu zeigen. Dessen Mienen und Blicke erschrecken mit ihrem Wissen vom Leben. Sie zu befragen, ihr Lebensgefühl, ihre Problemsituation nachzuempfinden, in ihren eindringlichen Gesichtszügen nach Christusbildern und Menschenbildern zu suchen und über sie nachzudenken, nachzusinnen, nachzugrübeln. Was bringt ihre Mimik in solche Bewegung, was lässt sie so angestrengt schreien? Schreit da nicht einer, als nähme man ihm das Leben. Aber man nimmt ihm vielleicht „nur" die Lebensbedingungen! Wer ist „man"? Die über ihn herrschen, obwohl sie behaupten, ihm zu dienen, ihn zu vertreten? Ihre Gesichter spiegeln die Welt in ihren schreienden Ungerechtigkeiten. „Die Verdrängung des Gebots der sozialen Gerechtigkeit" beklagte schon vor vierzig Jahren Papst Paul VI. Darf man ihnen mit Paulus (Röm 13, 1) kommen:

> „Jedermann sei untertan der Obrigkeit, die Gewalt über ihn hat. Denn es ist keine Obrigkeit ohne von Gott; wo aber Obrigkeit ist, die ist von Gott verordnet"?

Aber gerecht und von Gott ist Obrigkeit nur, wenn sie von den Menschen, von denen unten kommt, die Sakulowski in solch sprechenden Menschengesichtern vor Augen stellt. Denn das ist eine Gewissheit, in der Christus- und Menschenbild zusammenfließen, dass Menschen sich nicht der Obrigkeit unterwerfen und als autoritätssüchtige Massenindividuen selbst entmündigen und entmündigen lassen, sondern mit der Kraft zum Widerstehen und im Einklang mit der Freiheit aller ihre individuelle Persönlichkeit leben.

Das Menschenbild nähert sich dem Christusbild,

wenn wir uns – im Sinne der Bergpredigt oder einer entsprechenden Programmatik – als Salz der Erde, als Licht der Welt verstehen und uns selbst von den Übeln erlösen, wenn es sich an menschheitlichen Grundmodellen orientiert, wie sie das Christentum bereithält. Dann wird dieser Mensch dennoch lebendig sein, ob Buddhist, Jude, Muslim, Atheist.

Das Menschenbild wird vom Christusbild erfüllt, wenn es sich dem inneren Antlitz des Vorbildes nähert, so wie es uns *Rembrandt* in seinem künstlerischen Testament zeigt. Das Gemälde „Heimkehr des verlorenen Sohnes", um 1668/69, erzählt uns ein Gleichnis aus dem Evangelium des Lukas. Von zwei Brüdern lässt sich der jüngere seinen Teil des Gutes auszahlen und verlässt das Vaterhaus, verbraucht sein Geld und gerät ins Elend. Schließlich überwindet er die Scham, kehrt zurück und bittet zu Haus, seine Sünde zu verzeihen und ihn als Tagelöhner einzustellen, da er das Recht verwirkt habe, der Sohn zu sein. Dies bringt Rembrandt mit dem Kniefall des Sohnes vor dem Vater zum Ausdruck. Doch dieser zieht ihn an sich heran, umfasst den Sohn mit beiden Armen, neigt sein Haupt zu ihm. Welch tiefes Sinnbild. Ohne Christus selbst zu zeigen, wird ein geistig-moralisches Christusbild deutlich, was im Menschenbild eine Seite betont, die im hohen Maße einen Kernpunkt christlichen Handelns verkörpert: Barmherzigkeit und Gnade.

Das alttestamentarische „Auge um Auge, Zahn um Zahn" (2. Mose 21,24) zu ersetzen durch das wohl originärste christliche Gebot, „so dir jemand einen Streich gibt auf deinen rechten Backen, dem biete den anderen auch dar" (Mt 5,39), bleibt offenbar schwierigster und seltenst bildlich dargestellter Grundsatz des Handelns. Aber erst mit ihm wird das Erhabenste lebendig, „das moralische Gesetz in uns", das Kant bewunderte.

Anmerkung

Nach Fertigstellung des vorliegenden Textes begegnet dem Autor eine Hypothese zum Aussehen Jesu, die viele der vorstehenden Ausführungen nichtig machen könnte, wenn sie zuträfe, dass nämlich „wenn Jesus 80 Jahre alt geworden wäre, dann aussehen würde wie (der Heilige Vater)", Papst Benedikt XVI., so Kardinal Joachim Meisner in seinem Gratulationsschreiben zum 16. April 2007. Also könnte wohl ein Jugendfoto des Papstes ebenso Auskunft geben, wie Christus am Kreuz ausgesehen hätte.

Anmerkungen

Anmerkung zu den Seiten 7–10
Einleitung

1   Roman Herzog, „Freiheit ist anstrengend: Fördern und Fordern (leicht gekürzter Text der auf Einladung der drei Berliner Universitäten im Schauspielhaus am Gendarmenmarkt am 5.11.1997 gehaltenen Rede)". In: *Frankfurter Allgemeine Zeitung*, Nr. 258, 6.11.1997, 9.

Anmerkung zu den Seiten 13–27
Jörg Rüpke: Transformation von Religion in Wissen im alten Rom

1   Vgl. W. Schluchter, *Religion und Lebensführung Bd. 1. Studien zu Max Webers Kultur- und Werttheorie; Bd.2. Studien zu Max Webers Religions- und Herrschaftssoziologie*, Frankfurt a. M. 1988, 1, 101. 104; 2, 22–42 (Suhrkamp Taschenbuch Wissenschaft 961); zum Versuch einer Systematisierung der Rationalitätstypen 2,38f. Dieser Beitrag wurde im Rahmen eines Fellowship am Max-Weber-Kolleg Erfurt grundgelegt.
2   Siehe H. G. Kippenberg (Hg.), *Max Weber, Gesamtausgabe I, 22. Wirtschaft und Gesellschaft: Die wirtschaftlichen und die gesellschaftlichen Ordnungen und Mächte. Nachlaß. Teilband 2: Religiöse Gemeinschaften*, Tübingen 2001, z. B. 43f. und passim.
3   Siehe C. Moatti, *La Raison de Rome: naissance de l'esprit critique à la fin de la République. IIe–Ier siècle avant Jésus-Christ*, Paris 1997.
4   Ausnahmen bilden hier die rationalitätsgeschichtlichen Arbeiten von Hubert Cancik (in: ders., *Antik – modern. Beiträge zur römischen und deutschen Kulturgeschichte*, hg. v. R. Faber/B. von Reibnitz/J. Rüpke, Stuttgart 1998).
5   Siehe J. Habermas, *Theorie des kommunikativen Handelns Bd.1. Handlungsrationalität und gesellschaftliche Rationalisierung*, Frankfurt a. M. 1981, 103f.
6   Vgl. K.-J. Hölkeskamp, „Institutionalisierung durch Verortung. Die Entstehung der Öffentlichkeit im frühen Griechenland", in: ders./J. Rüsen/ E. Stein-Hölkeskamp/H. T. Grütter (Hg), *Sinn (in) der Antike. Orientierungssysteme, Leitbilder und Weltkonzepte im Altertum*, Mainz 2003, 81–104.
7   Vgl. J. Habermas, *Strukturwandel der Öffentlichkeit. Untersuchung zu einer Kategorie der bürgerlichen Gesellschaft*, Frankfurt a. M. 1990, 56f.
8   Vgl. E. Flaig, *Ritualisierte Politik: Zeichen, Gesten und Herrschaft im Alten Rom*, Göttingen 2003 (Historische Semantik 1).
9   Siehe J. Rüpke, *Kalender und Öffentlichkeit: Die Geschichte der Repräsentation und religiösen Qualifikation von Zeit in Rom*, Berlin 1995, 248–249 (Religionsgeschichtliche Versuche und Vorarbeiten 40); M. Humm, *Appius Claudius Caecus: la république accomplie*, Rome 2005 (Bibliothèques des Écoles Françaises d'Athènes et de Rome 32).

10 Vgl. J. Rüpke, *Fasti sacerdotum*, Bd. 3, Stuttgart 2005, 1493–1497 (Potsdamer altertumswissenschaftliche Beiträge 12).
11 Dazu die Arbeiten von Martin Jehne (zuletzt „Integrationsrituale in der römischen Republik. Zur einbindenden Wirkung der Volksversammlungen", in: K.-J. Hölkeskamp [u. a.] (Hg.), *Sinn (in) der Antike*, Mainz 2003, 279–297 und Flaig, zuletzt 2003, s. Anm. 8; Partizipation betont dagegen Fergus Millar, *The Crowd in Rome in the Late Republic*, Ann Arbor 1998 (Jerome lectures 22).
12 Dazu J.-M. David, *Le patronat judiciaire au dernier siècle de la République romaine*, Rome 1992; Bittgeste: 117f.
13 Zentral ist Livius 7,2,1–3 und Valerius Maximus 2,4,4.
14 Vgl. J. Blänsdorf, „Voraussetzung und Entstehung der römischen Komödie", in: E. Lefèvre (Hg.), *Das römische Drama*, Darmstadt 1978, 91–134, hier: 115 zählt 28 dem Theater vorbehaltene jährliche Festspieltage am Ende des 2. Jhs. v. Chr., außerordentliche Gelegenheiten wie Triumphe nicht mitgerechnet.
15 Vgl. T. Hölscher, *Staatsdenkmal und Publikum. Vom Untergang der Republik bis zur Festigung des Kaisertums in Rom*, Konstanz 1984 (Xenia 9).
16 Vgl. J. Rüpke, „Triumphator and ancestor rituals between symbolic anthropology and magic", in: *Numen* 53, 2006, 251–289.
17 Ausführlich begründet bei J. Rüpke, „Kulturtransfer als Rekodierung: Überlegungen zum literaturgeschichtlichen und sozialen Ort der frühen römischen Epik", in: ders. (Hg.), *Von Menschen und Göttern erzählen: Formkonstanzen und Funktionswandel vormoderner Epik*, Stuttgart: Steiner, 2001, 42–64 (Potsdamer altertumswissenschaftliche Beiträge 4).
18 Diese These hat Peter Wiseman vielfältig argumentiert (*Remus: A Roman Myth*, Cambridge 1995 u.ö.).

Anmerkung zu den Seiten 29–44
Josef Pilvousek: Bildung als Weg zu grenzüberschreitender Kommunikation.
Kirchen und Klöster als Orte interdisziplinärer Bildung im Mittelalter

1 Vgl. E. Lichtenstein, „Bildung", in: *Historisches Wörterbuch der Philosophie*. Bd. 1. Basel [u.a.] 1971, 921–937, hier: 921.
2 Vgl. L. Boehm, „Erziehungs- und Bildungswesen", in: *Lexikon des Mittelalters 3*, 2196–2208, hier: 2196–2198.
3 Vgl. E. Paul, *Geschichte der christlichen Erziehung. Bd. 1: Antike und Mittelalter*, Freiburg [u.a.] 1993, 236f.
4 Vgl. F. Cardini/M. T. F. Beonio-Brocchieri, *Universitäten im Mittelalter. Die europäischen Stätten des Wissens*, München 1991, 29.
5 Umfassend und auf hohem Niveau informiert über die abendländische

Wissenschaft des Mittelalters das zweibändige Werk von O. Mazal, *Geschichte der abendländischen Wissenschaft Bde. I und II*, Graz 2006. Einen sehr guten und qualifizierten Überblick über Forschung und Technik im Mittelalter bieten die von verschiedenen Autoren verfassten Beiträge im Sonderheft *Spektrum der Wissenschaft Spezial. Forschung und Technik im Mittelalter 2, 200)*: H. Flachenecker, *Scholastik. Theologie und Philosophie im Schulterschluss*, 32–33; K. Kahnert, *Nikolaus von Kues (1401–1464)*, 33; R. A. Müller, *Hochschulen. Von der Universitas zur Universität*, 38–39; U. Lindgren, *Albertus Magnus (etwa 1200–1280). Eine Brücke zur Antike*, 40–41; U. Lindgren, *Gaudeamus igitur. Studieren zwischen scheinbar grenzenloser Freiheit und finanzieller Not*, 42; O. Riha, *Körperwelten, Säfte und Symbole – Konzepte mittelalterlicher Medizin*, 48–53; K.-D. Linsmeier, *Hildegard von Bingen. Die weise Heilerin*, 56f; K. J. Philipp, *Himmelwärts. Bauen zum Lobe Gottes*, 80–83.

6   Vgl. U. Faust, Benediktiner, in: P. Dinzelbacher/J. L. Hogg (Hg.), *Kulturgeschichte der christlichen Orden in Einzeldarstellungen*, Stuttgart 1997, 67–116, hier: 83; zu St. Gallen vgl. ebd., 83f. Abb. des Klosterplans mit Legende ebd., 100f., Nr. 13 „Schreibstube im EG, Bibliothek im OG".

7   Ebd., 93.

8   Vgl. ebd., 112.

9   Ebd., 113.

10 Vgl. ebd., 113f. (vgl. den Klosterplan 100 Nr. 36 und 46).

11 F. Cardini/M. T. F. Beonio-Brocchieri, *Universitäten im Mittelalter*, a. a. O., 10.

12 Ebd., 25.

13 Vgl. D. Berg, *Armut und Wissenschaft. Beiträge zur Geschichte des Studienwesens der Bettelorden im 13. Jahrhundert*. Düsseldorf 1977 (Geschichte und Gesellschaft 15).

14 Vgl. W. A. Hinnebusch, *Kleine Geschichte des Dominikanerordens*, Leipzig 2004, 51 (Dominikanische Quellen und Zeugnisse 4).

15 Vgl. ebd., 51f.

16 Vgl. G. Löhr (Hg.), *Registrum litterarum pro provincia Saxoniae Leonardi de Mansuetis 1474–1480, Salvi Cassetae 1481–1483, Barnabae Saxoni 1486*. Leipzig 1939, 89 (Quellen und Forschungen zur Geschichte des Dominikanerordens 37). – „Conventui Coloniensi [...] in studentes generales [...]. fr. Nicolaum Huppe de Dacia [...]"; cf. B. M. Reichert (Ed.), *Registrum litterarum Raymundi de Capua 1386–1399, Leonardi de Manseutis 1474–1480*, Leipzig 1911, 52 (Quellen und Forschungen zur Geschichte des Dominikanerordens in Deutschland 6).

17 W. A. Hinnebusch, *Kleine Geschichte*, a. a. O., 119.

18 Vgl. ebd., 55: „Es war Ordenspolitik, einen Baccalaureus baldmöglichst promovieren zu lassen, um so den lehrenden Magister, sobald dieser seine zweijährige Lehrtätigkeit beendet hatte, abzulösen. Dies verlieh der

dominikanischen Lehre eine Frische, welche ein langjähriger weltlicher Lehrstuhlinhaber nicht erreichen konnte."
19   Ebd., 53.
20   Vgl. I. W. Frank, *Zur Studienorganisation der Dominikanerprovinz Teutonia in der ersten Hälfte des 14. Jahrhunderts und zum Studiengang des Seligen Heinrich Seuse OP*, in: E. Filthaut (Hg.), *Heinrich Seuse. Studien zum 600. Todestag 1366–1966*, Köln 1966, 39–68, hier: 45.
21   Ebd., 56.
22   Vgl. B. M. Reichert (Ed.), *Registrum Raymundi*, a. a. O. 1.
23   Vgl. ebd., 2.

Anmerkung zu den Seiten 45–62
Christoph Bultmann: Hermeneutische Kompetenz als religiöse Bildung: Impulse für die Bibelauslegung aus der reformatorischen Tradition

1   „Kanon" ist ein auf das Griechische zurückgehender Begriff für einen verbindlichen „Maßstab". Zur Entstehung des biblischen Kanons vgl. die Beiträge von C.-P. März und G. Hentschel in C. Bultmann/C.-P. März/V. N. Makrides (Hg.), *Heilige Schriften. Ursprung, Geltung und Gebrauch*, Münster 2005 (VIFR 2), 17–30 bzw. 31–40. – Die Bedeutung, die der Begriff „Kanon" in einem Zweig der modernen hermeneutischen Debatte gewonnen hat, kann im Folgenden nicht erörtert werden; vgl. dazu G. Steins, „Kanonisch lesen", in: H. Utzschneider/E. Blum (Hg.), *Lesarten der Bibel. Untersuchungen zu einer Theorie der Exegese des Alten Testaments*, Stuttgart 2006, 45–64; ders., „'Wort des lebendigen Gottes'. Neue Brücken zwischen Bibelauslegung und Liturgie", in: *Theologie der Gegenwart* 48, 2005, 242–253; ders., „Der Bibelkanon als Denkmal und Text. Zu einigen methodologischen Aspekten kanonischer Schriftauslegung", in: J.-M. Auwers/H. J. de Jonge (Hg.), *The Biblical Canons*, Leuven 2003, 177–198; J. Barton, „Canonical approaches ancient and modern", in: ebd., 199–209; ders., „Canon and Old Testament interpretation", in: E. Ball (Hg.), *In Search of True Wisdom*, Sheffield 1999, 37–52; ders., *The Spirit and the Letter. Studies in the Biblical Canon*, London 1997, bes. Kap. 5 „Canon and Meaning" (131–156) sowie „Conclusion" (157–162).
2   Auch „Hermeneutik" ist ein auf das Griechische zurückgehender Begriff, abgeleitet von dem Wort für „Dolmetscher" und eigentlich aus einer Zusammensetzung mit der Bezeichnung für eine Kunstfertigkeit (*hermeneutikē technē*). Für eine Vorstellung von Hermeneutik als „Methodenlehre des Interpretierens von Rede und Text" vgl. A. Bühler, „Einführung. Grundprobleme der Hermeneutik", in: ders. (Hg.), *Hermeneutik. Basistexte zur Einführung in die wissenschaftstheoretischen Grundlagen von Verstehen und Interpretation*, Heidelberg 2003, 3–19.

3 Für erste Informationen vgl. die Einleitungen zu den einzelnen biblischen Büchern in der sog. Einheitsübersetzung der Bibel (1980) oder in der revidierten Zürcher Bibel (2007). Vgl. weiterführend z.B. J. C. Gertz (Hg.), *Grundinformation Altes Testament. Eine Einführung in Literatur, Religion und Geschichte des Alten Testaments*, Göttingen 2006.

4 Vgl. C.-P. März, „Eine Bibel in zwei Testamenten. Zur Entstehung der christlichen Bibel. Ein Plakat" in: *Heilige Schriften* (s. Anm. 1), 17–30 (Zitat S. 20). Weiterführend z.B. K.-W. Niebuhr (Hg.), *Grundinformation Neues Testament. Eine bibelkundlich-theologische Einführung*, Göttingen 2000 u.ö. – Die Evangelien des Matthäus, des Markus und des Lukas (dieses zusammen mit der Apostelgeschichte) lassen sich als „synoptische" Evangelien leicht vergleichen; das Evangelium des Johannes (dieses im Sinne einer Schultradition zusammen mit den drei Johannesbriefen) hat ihnen gegenüber eine Sonderstellung.

5 Vgl. H. Bobzin, *Der Koran. Eine Einführung*, München 1999 u.ö.; ders., *KoranLeseBuch. Wichtige Texte aus dem Arabischen neu übersetzt und kommentiert*, Freiburg 2005; M. Sells, *Approaching the Qur'ân. The Early Revelations*, Ashland, Oregon 1999, 2. Aufl. 2007; F. Körner, *Alter Text – neuer Kontext. Koranhermeneutik in der Türkei heute*, Freiburg 2006 (mit Beiträgen von Ö. Özsoy, M. Paçacý, B. Tatar und Y. N. Öztürk).

6 Vgl. als Fallstudie zur Entstehung des Talmud als die „letztgültige Basis für die halachische Praxis" im Judentum D. Rynhold, „Das ethische Gewissen und die Halachah", in: C. Bultmann/C.-P. März/J. Malik (Hg.), *Mahnung und Warnung. Die Lehre der Religionen über das rechte Leben*, Münster 2006 (VIFR 3), 168–188, bes. 169–174 (Zitat S. 173); als Fallstudie zur Ausbildung von „Heiligen Schriften sekundärer Art" im Orthodoxen Christentum V. N. Makrides, „Die Autorität und Normativität der Tradition. Zum Umgang mit Heiligen Schriften im Orthodoxen Christentum" in: *Heilige Schriften* (s. Anm. 1), 72–85, hier: 77; als Fallstudie zur Ausbildung einer „zweiten Säule der islamischen Glaubenslehre" in den Hadîth-Sammlungen A. Fuess, „Gotteswort und Prophetenwort. Zur Rolle von Koran und Hadîth im Islam", 86–98, hier: 95. Für das Westliche Christentum wäre wohl in erster Linie auf den Einfluss Augustins hinzuweisen, vgl. dazu D. F. Wright, „Augustine: His Exegesis and Hermeneutics", in: M. Sæbø (Hg.), *Hebrew Bible. Old Testament. The History of its Interpretation*. Vol. I/1. Antiquity, Göttingen 1996, 701–730; für die theoretisch anspruchsvolle, doktrinale „Erhebung der Überlieferung in den Rang einer zweiten, die Schrift ergänzenden Erkenntnisquelle" in Lehrbildungen des 16. Jahrhunderts vgl. orientierend M. Beintker, „Tradition VI. Dogmatisch (3. Das Problem der Normativität von kirchlicher Tradition)", in: *Theologische Realenzyklopädie*. Bd. 33, Berlin 2002, 720–722 (Lit.). Für aktuelle hermeneutische Überlegungen vgl. U. Luz, „Die Bedeutung der Kirchenväter für die Auslegung der Bibel. Eine westlich-

protestantische Sicht", in: J. D. G. Dunn [u.a.] (Hg.), *Auslegung der Bibel in orthodoxer und westlicher Perspektive. Akten des west-östlichen Neutestamentler/ innen-Symposiums von Neamţ vom 4.–11. September 1998*, Tübingen 2000, 29–52, und weitere Beiträge in dem Band.

7   Im Folgenden können nur wenige Hinweise mit Bezug auf die christliche Tradition gegeben werden. Vgl. für das Judentum J. Maier, „Schriftlesung in jüdischer Tradition", in: A. Franz (Hg.), *Streit am Tisch des Wortes? Zur Deutung und Bedeutung des Alten Testaments und seiner Verwendung in der Liturgie*, St. Ottilien 1997, 505–559; für den Islam N. Kermani, *Gott ist schön. Das ästhetische Erleben des Korans*, München 1999, 171–232, sowie das in Anm. 5 genannte Buch von M. Sells.

8   So nach dem 1999 eingeführten *Evangelischen Gottesdienstbuch*, Berlin 1999, Liturgie Grundform I (65f.); für die Zuordnung der Psalmen zu den Sonntagen des Kirchenjahres und die Leseordnung (in der 1978 eingeführten Revisionsgestalt) vgl. ebd., 239–409 oder den „Liturgischen Kalender" im Anhang des 1995 eingeführten Evangelischen Kirchengesangbuchs. – Auf der katholischen Seite spielen die Psalmen in den drei 1969/81 eingeführten Lesereihen A bzw. B bzw. C als sog. Antwortpsalm nach der ersten Lesung eine Rolle; für die Zuordnung der Psalmen zu den Sonntagen des Kirchenjahres vgl. Deutsches Liturgisches Institut in Trier (Hg.), *Textbuch Gemeindemesse*, Augsburg 1997, 25–510.

9   Vgl. für einige generelle Gesichtspunkte U. Wilckens, „Monotheismus und Christologie", in: *Jahrbuch für Biblische Theologie*. Bd. 12. Biblische Hermeneutik, Neukirchen 1997, 87–97; sowie G. Braulik, „Christologisches Verständnis der Psalmen – schon im Alten Testament?", in: C. Richter/ B. Kranemann (Hg.), *Christologie der Liturgie. Der Gottesdienst der Kirche – Christusbekenntnis und Sinaibund*, Freiburg 1995 (Quaestiones disputatae 159), 57–86.

10 Auf evangelischer Seite gibt es heute in den Kirchenjahres-*Reihen III-VI der Predigttexte* jeweils wechselnd eine alttestamentliche Perikope (Leseabschnitt), so dass sich z.B. für die ersten 24 Sonntage nach Pfingsten die folgende Sequenz ergibt: Jes 6,1–13 (Trinitatis; in III); Dtn 6,4–9 (1. Sonntag nach Trinitatis; in IV); Jes 55,1–3b(3c–5) (in V); Ez 18,1–4.21–24.30–32 (in VI); Gen 50,15–21 (III); Gen 12,1–4a (IV); Jes 43,1–7 (V); Ex 16,2–3.11–18 (VI); Jes 2,1–5 (III); Jer 1,4–10 (IV); Jer 7,1–11(12–15) (V) [bzw. Ex 19,1–6 (in III)]; 2 Sam 12,1–10–13–15a (VI); Jes 29,17–24 (III); Gen 4,1–16a (IV); Gen 28,10–19a (V); Gen 2,4b–9(10–14)15 (VI); Klgl 3,22–26.31–32 (III); Jes 49,1–6 (IV); Ex 20,1–17 (V); Ex 34,4–10 (VI); Gen 8,18–22 (III); Jer 29,1.4–7.10–14 (IV); Mi 6,6–8 (V); Gen 18,20–21.22b–33 (VI); usw. Diese Lesungen sind in der liturgischen Ordnung als „fakultative Texte" markiert und werden in der Regel nur als Predigttexte berücksichtigt; vgl. *Evangelisches Gottesdienstbuch*, 71. Auf katholischer Seite finden sich für diese 24 Sonntage in der *Lesereihe A* Ex 34,4b–

6.8–9 (Trinitatis); Hos 6,3–6 (10. Sonntag im Jahreskreis); Ex 19,2–6a; Jer 20,10–13; 2 Kön 4,8–11.14–16a; Sach 9,9–10; Jes 55,10–11; Weish 12,13.16–19; 1 Kön 3,5.7–12; Jes 55,1–3; 1 Kön 19,91b.11b–13a; Jes 56,1.6–7; Jes 22,19–23; Jer 20,7–9; Ez 33,7–9; Sir 27,30–28,7; Jes 55,6–9; Ez 18,25–28; Jes 5,1–7; Jes 25,6–10a; Jes 45,1.4–6; Ex 22,20–26; Mal 1,14b–2,2b.8–10; Weish 6,12–16 (32. Sonntag im Jk.); in der *Lesereihe B* Dtn 4,32–34.39–40 (Trinitatis); Gen 3,9–15 (10. Sonntag im Jk.); Ez 17,22–24; Hiob 38,1.8–11; Weish 1,13–15 und 2,23–24; Ez 1,28c–2,5; Am 7,12–15; Jer 23,1–6; 2 Kön 4,42–44; Ex 16,2–4.12–15; 1 Kön 19,4–8; Spr 9,1–6; Jos 24,1–2a.15–17.18b; Dtn 4,1–2.6–8; Jes 35,4–7a; Jes 50,5–9a; Weish 2,1a.12.17–20; Num 11,25–29; Gen 2,18–24; Weish 7,7–11; Jes 53,10–11; Jer 31,7–9; Dtn 6,2–6; 1 Kön 17,10–16 (32. Sonntag im Jk.); in der *Lesereihe C* Spr 8,22–31 (Trinitatis); 1 Kön 17,17–24 (10. Sonntag im Jk.); 2 Sam 12,7–10.13; Sach 12,10–11 und 13,1; 1 Kön 19,16b.19–21; Jes 66,10–14c; Dtn 30,10–14; Gen 18,1–10a; Gen 18,20–32; Koh 1,2 und 2,21–23; Weish 18,6–9; Jer 38,4–6.8–10; Jes 66,18–21; Sir 3,17–18.20.28–29; Weish 9,13–19; Ex 32,7–11.13–14; Am 8,4–7; Am 6,1a.4–7; Hab 1,2–3 und 2,2–4; 2 Kön 5,14–17; Ex 17,8–13; Sir 35,15b–17.20–22a; Weish 11,22–12,2; 2 Makk 7,1–2.7a.9–14 (32. Sonntag im Jk.). Diese Lesungen können wegfallen, wo „aus pastoralen Gründen" nicht zwei Lesungen der Verlesung des Evangeliums vorausgehen sollen; vgl. *Textbuch Gemeindemesse*, 568.

11 Für die Zuordnung der einzelnen Psalmverse (Hallelujaverse) zu den Sonntagen vgl. das *Evangelische Gottesdienstbuch* bzw. *Textbuch Gemeindemesse*.

12 *Evangelisches Gottesdienstbuch*, 72; *Textbuch Gemeindemesse*, 570f.

13 *Textbuch Gemeindemesse*, ebd. Vgl. B. Kranemann, „Biblische Texte als Heilige Schrift in der Liturgie" in: *Heilige Schriften* (s. Anm. 1), 159–171.

14 Das *Book of Common Prayer* entstand 1549/52; der Leseplan in den heutigen Ausgaben (Stand 1969) geht im Wesentlichen auf eine Revision 1871 zurück. In der Einführung finden sich folgende Notizen zu den Psalmen und im weiteren zum Alten und Neuen Testament: „The Psalter shall be read through once every Month, as it is there appointed, both for Morning and Evening Prayer. [...] The Old Testament is appointed for the first Lessons at Morning and Evening Prayer, so as the most part thereof will be read every year once [...]. The New Testament is appointed for the second Lessons at Morning and Evening Prayer, and shall be read over orderly every year twice, once in the Morning and once in the Evening, besides the Epistles and Gospels [...]." So ergibt sich nach dem Leseplan z.B. für das Buch Hiob ein Leseablauf (mit einigen Auslassungen) von Morning Prayer am 30. Juni bis Evening Prayer am 15. Juli; für das Markusevangelium im Morning Prayer vom 23. Februar bis 22. März (ggf. mit einem Einschub von Mt 7 am 29. Februar), im Evening Prayer

vom 25. August bis 21. September. Andere Lesepläne ergeben sich nach dem neuen *Common Worship* Lectionary.

15 Ohne auf Details einzugehen, lässt sich für das ausgehende 15. Jahrhundert z.B. das folgende Bild für die Begegnung mit biblischen Texten in den Gottesdiensten von Advent bis Weihnachten zeichnen: Röm 13,11–14a und Mt 21,1–9 (Sonntag, 1. Advent); Jak 5,7–11 und Mt 3,1–6 (Mittwoch); Tit 2,1–10 und Lk 3,7–18 (Freitag); Röm 15,4–13 und Lk 21,25–33 (2. Advent); 1 Thess 2,1–14a und Mt 11,11–15 (Mi); 2 Kor 3,18–4,5a und Lk 12,22–31 (Fr); 1Kor 4,1–5 und Mt 11,2–10 (3. Advent); Jes 2,2–5 und Jes 7,10–15 und Lk 1,26–38a (Mi); Jes 11,1–5 und Lk 1,39–47 (Fr); Jes 19,20b–22; Jes 35,1–10; Jes 40,9; Jes 45,1–8; Dan 3,49–51 (LXX); 2 Thess 2,1–8; Lk 3,1–6 (Sa); Phil 4,4–7 und Joh 1,19–28 (4. Advent); Sach 2,10–13 und Joh 1,15–18 (Mi); 2 Petr 3,8–14 und Mk 1,4–8 (Fr); Jes 62,1–4; Röm 1,1–7; Mt 1,18–21 (in vigilia); Jes 9,2–7; Tit 2,11–15a; Luk 2,1–14 (in gallicantu); Jes 61,1–2a; Tit 3,4–7; Lk 2,15–20 (in aurora); Jes 52,6–10; Hebr 1,1–12; Joh 1,1–14 (in summa missa). So nach der Liste im Anhang des Vulgata-Drucks von Nikolaus Kesler, Basel 1491. Vgl. Anm. 29.

16 Für Informationen zur Perikopengeschichte vgl. H. von Schade und F. Schulz, *Perikopen. Gestalt und Wandel des gottesdienstlichen Bibelgebrauchs*, Hamburg 1978 (reihe gottesdienst 11). Für die Umbrüche in der katholischen Entwicklung der Leseordnung (*ordo lectionum [missae]*) vgl. E. Nübold, „Das Alte Testament in der gegenwärtigen Perikopenordnung. Offene Wünsche", in: *Liturgisches Jahrbuch* 47, 1997, 174–189; J. Bärsch, „‚Von größtem Gewicht für die Liturgiefeier ist die Heilige Schrift' (SC 24). Zur Bedeutung der Bibel im Kontext des Gottesdienstes", in: *Liturgisches Jahrbuch* 53, 2003, 222–241; N. Lohfink, „Altes Testament und Liturgie. Unsere Schwierigkeiten und unsere Chancen", in: *Liturgisches Jahrbuch* 47, 1997, 3–22, bes. 16–21; A. Franz, „Die Rolle des Alten Testamentes in Perikopenreformen des 20. Jahrhunderts", in: *Streit am Tisch des Wortes?* (s. Anm. 7), 619–648; H. Becker, „Wortgottesdienst als Dialog der beiden Testamente. Der Stellenwert des Alten Testamentes bei einer Weiterführung der Reform des Ordo Lectionum Missae", in: ebd., 659–689; B. Janetzky, „Die Lesung für die Frauen befreien. Alttestamentliche Frauenperikopen im erneuerten Lektionar aus der Sicht feministischer Befreiungshermeneutik", in: ebd., 725–749; sowie als umfassendere Studien E. Nübold, *Entstehung und Bewertung der neuen Perikopenordnung des Römischen Ritus für die Meßfeier an Sonn- und Festtagen*, Paderborn 1986; A. Franz, *Wortgottesdienst der Messe und Altes Testament. Katholische und ökumenische Lektionarreform [...]: Positionen, Probleme, Perspektiven*, Tübingen 2002.

17 Vgl. B. Kranemann, „Biblische Texte – liturgische Kontexte. Intertextualität und Schriftrezeption in der Liturgie", in: *Theologie der Gegenwart* 48, 2005, 254–264.

18 Vgl. für weitere Orientierung die in Anm. 3 genannten Quellen; für das Problem der Datierung für Esra (Esr 7–10 und Neh 8) bes. M. Witte in dem von J. C. Gertz herausgegebenen Band, 492. Weniger leicht wäre nach biblischen Vorgaben die im 18. Jahrhundert viel diskutierte Frage der Zeit vor Mose zu beantworten, für die an Namen wie Seth, Noah, Hiob oder Abraham zu denken wäre.

19 Vgl. M. Görg/B. Lang (Hg.), *Neues Bibel-Lexikon*, 3 Bde., Zürich 1988–2001.

20 Für Einzelheiten sei wiederum auf die von J. C. Gertz bzw. K.-W. Niebuhr herausgegebenen Bände (s. Anm. 3 bzw. 4) und ähnliche sog. „Einleitungen" verwiesen.

21 Vgl. J. C. Gertz, „Grundfragen einer Theologie des Alten Testaments" in dem in Anm. 3 genannten Band, 509–526. Es wird hier indessen nicht recht deutlich, inwiefern neben historischer auch hermeneutische Kompetenz bei dem „deskriptiven Zugang", der auf die „Beschreibung theologischer Konzeptionen" zielt, eine Funktion hat (522f.). Vgl. weiterführend J. Barton, *The Nature of Biblical Criticism*, Louisville 2007, 80–89 („The historical sense").

22 Vgl. G. Ebeling, „Luther und die Bibel", in: ders., *Lutherstudien*. Bd. 1, Tübingen 1971, 286–301.

23 Zu voraufgehenden Drucken der Bibel auf Deutsch seit 1466 vgl. J. Pilvousek, „Gedruckte deutsche Bibeln vor Luther. Anmerkungen zur deutschen Bibelrezeption", in: *Heilige Schriften* (s. Anm. 1), 118–131.

24 Vgl. M. Luther, „An den christlichen Adel deutscher Nation von des christlichen Standes Besserung (1520)", in: *Martin Luther. Studienausgabe*, hg. v. H.-U. Delius. Bd. 2, 89–167, dort 98–108, bes. 104–106. Vgl. auch programmatische Erklärungen zur Universitätsreform, in: ebd., 154–158, bes. 156f.

25 Die Texte sind jetzt am besten zugänglich in der zweisprachigen Ausgabe *Martin Luther. Lateinisch-Deutsche Studienausgabe*. Bd. 2, hg. v. W. Härle/J. Schilling/G. Wartenberg, Leipzig 2006, 187–399 (Antwort an Latomus), Bd. 1, 219–661 (Antwort an Erasmus). Eine Fallstudie zur Diskussion mit Latomus bietet J. Barton, „The Fall and Human Depravity", in: C. Helmer (Hg.), *The Multivalence of Biblical Texts and Theological Meanings*, Atlanta 2006, 105–111.

26 *Studienausgabe* (s. Anm. 25). Bd. 2, 310–404 (Zitat S. 319f.); hier zitiert in der sprachlich vereinfachten Fassung in *Martin Luther. Ausgewählte Werke*, Bd. 2, hg. v. H. H. Borcherdt/G. Merz, 3. Aufl. München 1962, 301–380 (Zitat 306f.; Kursivierungen C.B.). – Vgl. für Luthers Schriften in ihrem zeithistorischen Kontext V. Leppin, *Martin Luther*, Darmstadt 2006.

27 Die Berufung auf 1Thess 5,21 ist ein schwaches Argument, denn dort geht es um die Beurteilung von Äußerungen aus einer Geisterfahrung heraus (V. 19–20: „Den Geist dämpft nicht. Prophetische Rede verach-

tet nicht."), und eine Sammlung von kanonischen Schriften spielt im Kontext keine Rolle. Vgl. E. Reinmuth, Der erste Brief an die Thessalonicher, in: N. Walter/E. Reinmuth/P. Lampe, *Die Briefe an die Philipper, Thessalonicher und an Philemon*, Göttingen 1998, 154.

28 Eine Untersuchung des Arguments der Irrtumsfreiheit in modernen theologischen Diskursen bietet J. Barr, *Fundamentalism*, London 1977, 40–89. Auf die noch wichtigere Frage nach einer vernunftgemäßen „natürlichen Religion" im Verhältnis zur Bibel kann hier nicht eingegangen werden, vgl. dazu J. Barr, *Biblical Faith and Natural Theology. The Gifford lectures for 1991 delivered in the University of Edinburgh*, Oxford 1993.

29 Auslegung der Episteln und Evangelien, die nach Brauch der Kirchen gelesen werden [...], 1522 (sog. Kirchenpostille); hier zitiert in der sprachlich vereinfachten Fassung in *Ausgewählte Werke* (s. Anm. 26), Erg.-Bde. 4 und 5, 3. Aufl. München 1960, hier: Bd. 4, 11–16 (Zitate 11–14; Kursivierungen C.B.). Für die von Luther ausgelegten Texte vgl. die Leseordnung in Anm. 15.

30 Die Berufung auf Röm 1,1–4 reicht nicht ganz aus, da hier nur die Motive des Kommens und der Erhöhung belegt sind; aus dem Kontext, z.B. Röm 3,23–25 oder 4,25, lässt sich jedoch auch der Sühnetod Jesu als Aspekt der Summe des Evangeliums zitieren. Für Luthers Zusammenziehung der Titel „Gottes und Davids Sohn" wäre im Kontext auf Röm 8,32 zu verweisen. Vgl. zu Auslegungsfragen E. Lohse, *Der Brief an die Römer*, Göttingen 2003 (Kritisch-exegetischer Kommentar über das Neue Testament 4); M. Theobald, *Römerbrief*, Stuttgart 1992/93 (Stuttgarter Kleiner Kommentar Neues Testament NF 6) u.ö.

31 Diese hermeneutische Option für das Verständnis des Alten Testament hat bei Luther Konsequenzen für eine abwertende Einschätzung des Judentums, auf die hier nicht eingegangen werden kann. Vgl. E.-J. Waschke, „Martin Luther und die Juden oder: Von einem Irrweg in der Theologie", in: J. Männchen [u.a.] (Hg.), *Mein Haus wird ein Bethaus für alle Völker genannt werden (Jes 56,7). Judentum seit der Zeit des Zweiten Tempels in Geschichte, Literatur und Kult*, Neukirchen-Vluyn 2007, 371–384.

32 G. Ebeling, „Wort Gottes und Hermeneutik" (1959), in: ders.: *Wort und Glaube*. Bd. 1, 3. Aufl. Tübingen 1967, 319–348 (Zitat 347).

33 „An die Ratsherren aller Städte deutschen Landes, daß sie christliche Schulen aufrichten und halten sollen", 1524; hier zitiert in der sprachlich vereinfachten Fassung in *Ausgewählte Werke* (s. Anm. 26), Bd. 5, 3. Aufl. München 1962, 83–104, (Zitate 90–95; Kursivierungen C.B.).

34 Die in der Spätantike systematisierte Kultur der Sieben freien Künste/ Wissenschaften umfasst „Grammatik, Rhetorik, Dialektik" und „Arithmetik, Geometrie, Astronomie, Musik"; vgl. dazu I. Hadot, „Geschichte der Bildung; artes liberales", in: F. Graf (Hg.), *Einleitung in die lateinische Philologie*, Stuttgart [u.a.] 1997, 17–34. Für die literarische Bildung betont

Luther ausdrücklich auch die „Poeten und Oratores, nicht angesehen, ob sie Heiden oder Christen wären" (103), daneben empfiehlt er gemäß dem Topos „historia magistra vitae" Werke der Geschichtsschreibung (98).

35 Vgl. „De corrigendis adolescentiae studiis"; übers. v. G. Steinger, in: *Melanchthon deutsch*. Bd. 1, hg. v. M. Beyer, S. Rein, G. Wartenberg, Leipzig 1997, 41–63, bes. 57f.

36 Vgl. „An die Ratsherren" (s. Anm. 33), 94 mit Verweis auf Augustin, *De doctrina Christiana*, Buch 2, Abschnitt XI.16.34 (*Die christliche Bildung*, übers. v. K. Pollmann, Stuttgart 2002 [Reclam Universalbibliothek 18165], 57); für Paulus 1 Kor 12,[4–11.27–31] sowie Eph 4,[11–16].

37 Als eine Untersuchung von Luthers exegetischer Praxis sei hier nur C. Burger, *Marias Lied in Luthers Deutung. Der Kommentar zum Magnificat (Lk 1,46b–55) aus den Jahren 1520/21*, Tübingen 2007 (Spätmittelalter und Reformation NR 34), genannt.

38 Vgl. zu Glassius V. Jung, *Das Ganze der Heiligen Schrift*, Stuttgart 1999 (Calwer theologische Monographien B 18), 20–87, bes. 66–77; B. Hägglund, „Vorkantianische Hermeneutik", in: *Kerygma und Dogma* 52, 2006, 165–181, bes. 174–177; Artikel „Glassius, Salomon", in: *Realencyklopädie für protestantische Theologie und Kirche*. Bd. 6, 3. Aufl. Leipzig 1899, 671–674 (Tholuck/Loesche, G.).

39 S. Glassius, *Philologia Sacra* (Buch 2, Teil 2; zuerst 1623), Ausgabe Leipzig 1743, 493–506 („De scripturae sensu eruendo"; Zitat Sp. 500). Eine ähnliche Liste ergibt sich bereits aus dem Hermeneutiktraktat von Glassius' akademischem Lehrer Johann Gerhard (1582–1637), der in seinen „Regulae speciales respectu circumstantiarum" die Aspekte „Persona [= Quis], Occasio (Consilium, Finis) [= Impellens], Tempus, Locus, Modus" nennt und gleichfalls auf „Scopus" und „Sedes" hinweist: *Tractatus de legitima Scripturae Sacrae interpretatione* (1610; dann in Teil 1 der *Loci Theologici*), § 183 bzw. § 210–212. Vgl. die Neuausgabe hg. v. J. A. Steiger, Stuttgart-Bad Cannstatt 2007. Die beiden zitierten Werke von Glassius und Gerhard sind auch in der Datenbank *The Digital Library of Classic Protestant Texts* (http://solomon.tcpt.alexanderstreet.com/ vom 29.08.2007) enthalten.

40 Vgl. als einen Diskussionsbeitrag U. Luz, „Was heißt ‚Sola Scriptura' heute? Ein Hilferuf für das protestantische Schriftprinzip", in: *Evangelische Theologie* 57, 1997, 28–35.

Anmerkung zu den Seiten 75–85
Christian Albrecht: Zur Vernunft gekommene Individualität.
Das Bildungsprogramm der humboldtschen Universität

1   J. G. Fichte, „Einige Vorlesungen über die Bestimmung des Gelehrten (1794)", in: *Johann Gottlieb Fichte's sämmtliche Werke*, Bd. 6, Berlin, 1845, 289–346, hier: 333.
2   H. Schelsky: *Einsamkeit und Freiheit. Idee und Gestalt der deutschen Universität und ihrer Reformen*, Reinbek 1963, 68.
3   Ebd., 82.
4   F. Schleiermacher, „Gelegentliche Gedanken über Universitäten im deutschen Sinne. Nebst einem Anhang über eine neu zu errichtende (1808)", in: ders., *Kritische Gesamtausgabe, Erste Abteilung. Bd. 6,* hg. von D. Schmid, 15–100, 47.
5   H. Schelsky, *Einsamkeit und Freiheit,* a. a. O., 69.
6   Ebd., 40
7   Ebd., 73.
8   F. Schleiermacher, „Gelegentliche Gedanken über Universitäten im deutschen Sinne", a. a. O., 38.
9   Schelsky, *Einsamkeit und Freiheit,* a. a. O., 87.
10 Ebd., 90.
11 Vgl. E. Spranger, „Gedanken über Lehrerbildung (1920)", in: A. Kühne (Hg.), *Handbuch für das Berufs- und Fachschulwesen*, Leipzig 1922, 25.
12 F. Schleiermacher, „Gelegentliche Gedanken über Universitäten im deutschen Sinne", a. a. O., 31.
13 S. Anm. 3.
14 Dazu C. Albrecht, *Bildung in der Praktischen Theologie*, Tübingen 2003.
15 T. Rendtorff, „Die permanente Reformation. Protestantismus als neuzeitliches Bildungsprogramm", in: Evangelische Kommentare 31, 1998, 31–34, hier: 32.

Anmerkung zu den Seiten 87–117
Andreas Gotzmann: Jüdische Bildung in Deutschland – Charakteristiken und Problemlagen in zwei Jahrhunderten

1   Vgl. A. Brämer, *Leistung und Gegenleistung. Zur Geschichte jüdischer Religions- und Elementarlehrer in Preußen 1823/24 bis 1872*, Göttingen 2006, 39–82 (Hamburger Beiträge zur Geschichte der deutschen Juden 30); zur Vorgeschichte: I. Fishman, *The History of Jewish Education in Central Europe. From the End of the 16th to the End of the 18th Century*, London 1944; Z. E. Kurzweil, *Hauptströmungen der jüdischen Pädagogik in Deutschland von der Auf-*

klärung bis zum Nationalsozialismus, Frankfurt a.M. 1987; A. Sheffer, „Beyond Heder, Haskalah and Honeybees. Genius and Gender in the Education of 17th–18th Century Judeo-German Women", in: P. J. Haas (Hg.), *Recovering the Role of Women. Power and Authority in Rabbinic Jewish Society*, Atlanta 1992, 85–112; M. Eliav, *Jüdische Erziehung in Deutschland im Zeitalter der Aufklärung und der Emanzipation*, Münster 2001 (Jüdische Bildungsgeschichte in Deutschland 2).

2 Z. B. S. Feiner, „Erziehungsprogramme und gesellschaftliche Ideale im Wandel. Die Freischule in Berlin", 1778–1825, in: B. L. Behm/U. Lohmann/I. Lohmann (Hg.), *Jüdische Erziehung und aufklärerische Schulreform. Analysen zum späten 18. und frühen 19. Jahrhundert*, New York [u.a.] 2002, 69–105 (Jüdische Bildungsgeschichte in Deutschland 5); D. Schimpf, *Emanzipation und Bildungswesen der Juden im Kurfürstentum Hessen (1807–1866). Jüdische Identität zwischen Selbstbehauptung und Assimilationsdruck*, Wiesbaden 1994 (Kommission für die Geschichte der Juden in Hessen 13); S. Lässig, *Jüdische Wege ins Bürgertum. Kulturelles Kapital und sozialer Aufstieg im 19. Jahrhundert*, Göttingen 2004, 61–100 (Bürgertum NF 1). Leider nur heterogene Aspekte, R. Liberles, „An der Schwelle zur Moderne (1618–1780)", in: M. Kaplan (Hg.), *Geschichte des jüdischen Alltags in Deutschland. Vom 17. Jahrhundert bis 1945*, München 2003, 66–75.

3 Vgl. S. Lässig, *Jüdische Wege ins Bürgertum. kulturelles Kapital und sozialer Aufstieg im 19. Jahrhundert*, Göttingen 2004, 101–244. Allgemein S. M. Lowenstein, „Anfänge der Integration (1780–1871)", in: M. Kaplan (Hg.), Geschichte, ebd., 154–168.

4 Vgl. A. Brämer, *Leistung und Gegenleistung*, a. a. O., 83–154; für Preußen.

5 Vgl. ebd., 155–244. Übergreifend nach wie vor J. Toury, *Soziale und politische Geschichte der Juden in Deutschland 1847–1871*, Düsseldorf 1977, 163–178 (Schriftenreihe des Instituts für deutsche Geschichte der Universität Tel Aviv 2).

6 Vgl. ebd. 166, Tab. 53.

7 Wobei die meist genannten Zahlen meines Erachtens letztlich nicht verifiziert sind. Vgl. insgesamt ebd., 177–178; dies zumal der Religionsunterricht an höheren Schulen offenbar zuweilen nicht mehr verpflichtend war. So ging in Preußen der Besuch jüdischer Schulen zwischen 1864 und 1906 von 50 % auf nurmehr 20 % zurück; vgl. M. Kaplan, „Konsolidierung eines bürgerlichen Lebens im kaiserlichen Deutschland (1871–1918)", in: dies. (Hg.), *Geschichte*, a. a. O., 265–266. M. Zimmermann, *Die deutschen Juden (1914–1945)*, München 1997 (Enzyklopädie deutscher Geschichte 43), 39; betont, dass nur ein Drittel aller jüdischen Schüler in der Weimarer Republik eine jüdische Volksschule besuchte, im Gegensatz zum Anstieg der jüdischen Beteiligung an der höheren Bildung. M. Breuer, *Jüdische Orthodoxie. Sozialgeschichte im Deutschen Reich. 1871–1918. Sozialgeschichte einer religiösen Minderheit*, Frankfurt a. M. 1986, 97; nennt

für Preußen, dass 1901 von 17.085 Kindern in nichtjüdischen Volksschulen nur 3.530 dort einen ordnungsgemäßen Religionsunterricht erhielten; nahezu 80 % seien ohne einen (zureichenden) Religionsunterricht aufgewachsen.

8   Vgl. S. M. Lowenstein, *Anfänge der Integration (1780–1871)*, in: M. Kaplan (Hg.), *Geschichte,* a. a. O., 162–163; A. Gotzmann, *Eigenheit und Einheit. Modernisierungsdiskurse des deutschen Judentums der Emanzipationszeit,* Leiden 2002, 31–66 (Studies in European Judaism, 2).

9   Vgl. S. Lässig, „Bildung als kulturelles Kapital? Jüdische Schulprojekte in der Frühphase der Emanzipation", in A. Gotzmann/T. van Rahden/R. Liedtke (Hg.), *Juden, Bürger, Deutsche. Zur Geschichte von Vielfalt und Differenz (1800–1933),* Tübingen 2001, 263–298 (Schriftenreihe wissenschaftliche Abhandlungen des Leo Baeck Instituts 63).

10 Vgl. T. Maurer, „Integration und Selbstbehauptung. Bildungsgeschichte als Zugang zur Entwicklung der jüdischen Minderheit in nichtjüdischen Gesellschaften", in: Judaica 59, 2, 2003, 82–96. Lässig, *Jüdische Wege ins Bürgertum,* a. a. O., 243–441.

11 Zu spezifischen Schulen existiert inzwischen eine Fülle von Einzelstudien. Hier seien nur einige genannt, so etwa J. H. Fehrs, *Von der Heidereutergasse zum Roseneck. Jüdische Schulen in Berlin 1712–1942,* Berlin 1993 (Reihe Deutsche Vergangenheit 90); I. Schlotzhauer, *Das Philanthropin (1804–1942). Die Schule der Israelitischen Gemeinde in Frankfurt a.M.,* Frankfurt a.M. 1990; siehe die Zahlen bei J. Toury, *Politische und Soziale Geschichte,* a. a. O., 172–173, Tab. 57, 58, 59; 172–177; S. M. Lowenstein, *Anfänge der Integration (1780–1871),* in: M. Kaplan (Hg.), *Geschichte,* a. a. O., 164–165.

12 Dabei handelte es sich insbesondere um das Schreibverbot am Schabbat, eine Befreiung vom Unterricht kam aufgrund der durchweg fehlenden Unterstützung von staatlicher Seite letztlich gar nicht in Betracht.

13 Vgl. allgemein M. Breuer, *Jüdische Orthodoxie,* a. a. O., 73–82; 91–120.

14 Vgl. ebd., 106–112.

15 Insgesamt ebd., 102–106.

16 Vgl. C. Prestel, *Jüdisches Schul- und Erziehungswesen in Bayern 1804–1933. Tradition und Modernisierung im Zeitalter der Emanzipation,* Göttingen 1989 (Schriften der historischen Kommission bei der Bayerischen Akademie der Wissenschaften 36).

17 Z. B. A. Brämer, *Leistung und Gegenleistung,* a. a. O., 365–442; vgl. Kaplan, *Konsolidierung eines bürgerlichen Lebens im kaiserlichen Deutschland (1871–1918),* in: dies. (Hg.), *Geschichte,* a. a. O., 268–269.

18 Z. B. C. Schatzker, *Jüdische Jugend im zweiten Kaiserreich. Sozialisations- und Erziehungsprozesse der jüdischen Jugend in Deutschland (1870–1917),* Frankfurt a.M. 1988 (Studien zur Erziehungswissenschaft 24); M. Kaplan, *Konsolidierung eines bürgerlichen Lebens im kaiserlichen Deutschland (1871–1918),* in: dies. (Hg.), *Geschichte,* a. a. O., 258–275. 267–269.

19 Breuer, *Jüdische Orthodoxie*, a. a. O., 98 nennt die orthodoxen Bedenken.
20 A. Gotzmann, „The Dissociation of Religion and Law in Nineteenth-Century German-Jewish Education", in: *Leo Baeck Institute Year Book* 43, 1998, 103–126.
21 M. Kaplan, *Konsolidierung eines bürgerlichen Lebens im kaiserlichen Deutschland (1871–1918)*, in: dies. (Hg.), *Geschichte*, a. a. O., 301–321. A. Gotzmann, *Eigenheit und Einheit*, a. a. O., 67–113.
22 Insgesamt ebd.
23 Vgl. A. Gotzmann, „Geschichte als Abkehr von der Vergangenheit. Zur Problematik historischer Identität im deutschen Judentum der Emanzipationszeit", in: *Aschkenas* 2, 1999, 327–352.
24 Vgl. M. Kaplan, *Konsolidierung eines bürgerlichen Lebens im kaiserlichen Deutschland (1871–1918)*, in: dies. (Hg.), *Geschichte*, a. a. O., 266–267.
25 Allgemein P. Mendes-Flohr, „Jüdisches Kultur- und Geistesleben", in: M. A. Meyer/M. Brenner (Hg.), *Deutsch-jüdische Geschichte in der Neuzeit*. Bd.4 (1918–1945), München 1997, 125–153; M. Brenner, *The Renaissance of Jewish Culture in Weimar Germany*, New Haven 1996.
26 Vgl. T. Maurer, „Vom Alltag zum Ausnahmezustand. Juden in der Weimarer Republik und im Nationalsozialismus 1918–1945", in: M. Kaplan (Hg.), *Geschichte* a. a. O., 371–387; J. Walk, *Jüdische Schule und Erziehung im Dritten Reich*, Frankfurt a. M. 1991; P. Mendes-Flohr, *Jüdisches* a. a. O., 290–292. W. Scharf, *Religiöse Erziehung an den jüdischen Schulen in Deutschland 1933–1938*, Wien [u.a.] 1998; Y. Weiss, *Schicksalsgemeinschaft im Wandel. Jüdische Erziehung im nationalsozialistischen Deutschland, 1933–1938*, Hamburg 1991 (Hamburger Beiträge zur Sozial- und Zeitgeschichte); M. Brenner, „East European and German Jews in Post-War Germany, 1945–1950", in: Y. M. Bodemann (Hg.), *Jews, Germans, Memory. Reconstructions of Jewish Life in Germany*, Ann Arbor 1996, 49–63.
27 Vgl. H. Lavsky, „British Jewry and the Jews in post-Holocaust Germany. The Jewish Relief Unit, 1945–50", in: *Journal of Holocaust Education* 4,1, 1995, 29–40.
28 Vgl. J. Giere/R. Salamander (Hg.), *Ein Leben aufs neu. Das Robinson-Album. DP-Lager: Juden auf deutschem Boden 1945–1948*, Wien 1995 (Schriftenreihe des Fritz Bauer Instituts; 8); M. Brumlik [u.a.] (Hg.), *Jüdisches Leben in Deutschland seit 1945*, Frankfurt a. M. 1986 (Die kleine weiße Reihe 104); A. Königseder/J. Wetzel, *Lebensmut im Wartesaal. Die jüdischen DPs im Nachkriegsdeutschland*, Frankfurt a. M. 1994; dies., *Jüdisches Leben in München 1945–1951. Durchgangsstation oder Wiederaufbau?*, München 1987; (A. Brämer)/J. Carlebach, „Flight into Action as a Method of Repression. American Military Rabbis and the Problem of Jewish Displaced Persons in Postwar Germany", in: *Jewish Studies Quarterly* 2,1, 1995, 59–76.
29 Vgl. M. Brenner, *After the Holocaust. Rebuilding Jewish Lives in Postwar Germany*, Princeton 1997; ders., Jüdisches Leben und jüdische Kultur in Berlin

nach 1945, in: U. R. Kaufmann (Hg.), „Jüdisches Leben in Deutschland heute", Bonn 1994, 15–26; M. Brumlik [u.a.] (Hg.), *Jüdisches Leben* a. a. O.
30 Kürzlich wurde zudem in Hamburg die ehemalige Talmud-Tora-Schule wieder als jüdische Schule eröffnet.
31 Soeben erschienen A. D. Kauder, *Unmögliche Heimat. Eine deutsch-jüdische Geschichte der Bundesrepublik*, München 2007, 90–125; dort auch einige Angaben zur Erziehung und Jugendbildung, die das hier Gesagte durchweg bestätigen; ebd., 169–191.
32 Hierzu existieren nahezu keine öffentlich zugänglichen Daten; allgemein siehe etwa L. Rosenberg, „Jüdische Kultur in Deutschland heute. Eine Zustandsbeschreibung", in: *Tribüne* 148, 1998, 198–208. Noch für die Zeit der DP-Camps zur zionistischen Erziehung; S. Goldman, „The Survivors. The Emergence of a New Community and a System of Zionist Education in Germany 1945–1950", in: *Journal of Jewish Education* 64, 1998, 37–46.
33 In der DDR ist von einer solchen Erziehung nicht zu reden; siehe z.B. J. Illichmann, *Die DDR und die Juden*, Frankfurt a.M. [u.a.] 1997; U. Mull, Die Jüdische Oberschule in Berlin, in: *Schulmanagement* 1, 1994, 30–35.
34 Um nur eine Stimme von vielen zu nennen; M. Brumlik, „Krise jüdischer Identität?", in: *Cheschbon* 1, 1980, 7f.

Anmerkung zu den Seiten 121–133
Manfred Eckert: Geisteswissenschaftliche Pädagogik und ihre religiösen Bezüge

1 L. Landgrebe, *Philosophie der Gegenwart*, Berlin 1957.
2 R. Descartes, *Meditationen über die Grundlagen der Philosophie*, Essen (o.J.).
3 T. W. Adorno, *Zur Metakritik der Erkenntnistheorie. Studien über Husserl und die phänomenologischen Antinomien*, Frankfurt a. M. 1972.
4 I. Kant, *Kritik der reinen Vernunft*, 2. Aufl. Frankfurt a. M. 1976 (Suhrkamp Taschenbuch Wissenschaft 55,1).
5 G. W. F. Hegel, *Phänomenologie des Geistes,* unveränd. Nachdr. d. 6. Aufl. von 1952, Frankfurt a. M. 1975.; T. W. Adorno, *Zur Metakritik der Erkenntnistheorie. Studien über Husserl und die phänomenologischen Antinomien*, Frankfurt a. M. 1972.
6 G. W. F. Hegel, *Phänomenologie des Geistes* a. a. O.; T. W. Adorno, *Zur Metakritik der Erkenntnistheorie* a. a. O.
7 P. K. Feyerabend, *Wider den Methodenzwang. Skizze einer anarchistischen Erkenntnistheorie*, Frankfurt a. M. 1976.
8 J. Habermas, *Erkenntnis und Interesse*, Frankfurt a. M. 1973 (Suhrkamp Taschenbücher Wissenschaft 1).
9 Ebd., 22.

10 H.-G. Gadamer, *Wahrheit und Methode. Grundzüge einer philosophischen Hermeneutik*, 4. Aufl. Tübingen 1975.
11 F. Schleiermacher, „Grundzüge der Erziehungskunst (Vorlesungen 1826)", in: M. Winkler/J. Bachmann (Hg.), *Friedrich Schleiermacher. Texte zur Pädagogik*. Bd. 2, Frankfurt a. M. 2000, 7–404 (Suhrkamp Taschenbuch Wissenschaft 2).
12 D. Benner, *Hauptströmungen der Erziehungswissenschaft. Eine Systematik traditioneller und moderner Theorien*, 4. Aufl. Weinheim 2001 (UTB für Wissenschaft. Pädagogik 2260), 199ff; W. Flitner, „Rückschau auf die Pädagogik in futurischer Absicht", in: *Zeitschrift für Pädagogik* 22, 1976, 1–8; R. Lassahn, *Einführung in die Pädagogik*, Heidelberg 1974 (Uni-Taschenbücher 178).
13 W. Klafki, „Didaktische Analyse als Kern der Unterrichtsvorbereitung", in: ders., *Studien zur Bildungstheorie und Didaktik*, Weinheim 1958/1975, 126–153.
14 D. Benner, *Hauptströmungen der Erziehungswissenschaft* a. a. O., 199ff
15 H.-G. Gadamer, *Wahrheit und Methode* a. a. O.
16 T. Ballauff/K. Schaller, *Pädagogik. Eine Geschichte der Bildung und Erziehung*, Freiburg 1970 (Orbis academicus).
17 F. Paulsen, *Das deutsche Bildungswesen in seiner geschichtlichen Entwicklung*, 2. Aufl. Leipzig 1909 (Aus Natur und Geisteswelt 100), 86.; F. Blättner, *Geschichte der Pädagogik*, 13. Aufl. Heidelberg 1968.
18 F. Paulsen, *Das deutsche Bildungswesen* a. a. O., 86.
19 E. Spranger, *Kultur und Erziehung. Gesammelte pädagogische Aufsätze*, Leipzig 1925.
20 Zur Gegenthese des „Technologiedefizits" siehe N. Luhmann/K.-E. Schorr, *Reflexionsprobleme im Erziehungssystem*, Stuttgart 1979.
21 T. W. Adorno, *Zur Metakritik der Erkenntnistheorie* a. a. O.; M. Horkheimer, *Traditionelle und kritische Theorie. Vier Aufsätze*, Frankfurt a. M. 1970 (Fischer-Bücherei Bücher des Wissens 6015); J. Habermas, *Erkenntnis und Interesse*, Frankfurt a.M. 1973 (Suhrkamp Taschenbücher Wissenschaft 1).
22 E. Spranger, *Kultur und Erziehung* a. a. O., 1.
23 K. Schaller, *Die Pädagogik des Johann Amos Comenius und die Anfänge des pädagogischen Realismus im 17. Jahrhundert*, Heidelberg 1962 (Pädagogische Forschungen 2).
24 D. Sölle, *Lieben und arbeiten. Eine Theologie der Schöpfung*, München 2001.
25 F. Paulsen, *Das deutsche Bildungswesen* a. a. O., 86.
26 G. Wehr, *Die deutsche Mystik. Leben und Inspirationen gottentflammter Menschen in Mittelalter und Neuzeit*, Köln 2006.
27 D. Sölle, *Lieben und arbeiten* a. a. O.
28 H.-G. Gadamer, *Wahrheit und Methode* a. a. O.
29 E. Spranger, *Kultur und Erziehung* a. a. O., 1.

30 H.-G. Gadamer, *Wahrheit und Methode* a. a. O.
31 K. Schaller, *Die Pädagogik des Johann Amos Comenius und die Anfänge des pädagogischen Realismus im 17. Jahrhundert* a. a. O.
32 M. Buber, *Der große Maggid und seine Nachfolge*, Frankfurt a.M. 1922.; D. Sölle, *Lieben und arbeiten* a. a. O.
33 H. D. Zimmermann (Hg.), *Geheimnisse der Schöpfung. Über Mystik und Rationalität*, Frankfurt a. M. [u.a.] 1999.
34 J. Dewey, *Demokratie und Erziehung. Eine Einleitung in die philosophische Pädagogik*, Nachdr. d. 3. Aufl. von 1964, Weinheim 1993.
35 E. Spranger, *Kultur und Erziehung* a. a. O., 418.
36 A. N. Leontjew, *Tätigkeit, Bewußtsein, Persönlichkeit*, Köln 1979 (Studien zur empirischen Psychologie 7).; J. Dewey, *Demokratie und Erziehung. Eine Einleitung in die philosophische Pädagogik*, Nachdr. d. 3. Aufl. von 1964, Weinheim 1993.
37 K. Stöcker, *Neuzeitliche Unterrichtsgestaltung*, 5. Aufl. München 1960., 212.

Anmerkung zu den Seiten 135–151
Detlef Zöllner: Zusammenhang und Differenz von
Meinung, Glaube und Wissen

1 K. Prange, *Bauformen des Unterrichts. Eine Didaktik für Lehrer*, 2., durchges. Aufl., Bad Heilbrunn 1986; Platon, „Menon", in: *Sämtliche Dialoge*. Bd. II, hg. v. O. Apelt, Hamburg 1993, 19–88.
2 Vgl. K. Prange, *Bauformen* a. a. O., 39f.
3 Vgl. K. Prange am Beispiel des Textverstehens *ebd.*, 37f.; 39.
4 Vgl. ebd., 26–35.
5 Vgl. ebd., 26f.
6 Ebd., 27.
7 Vgl. ebd., 28.
8 Vgl. ebd., 32; 41.
9 Ebd., 28f.
10 Vgl. Platon, „Menon" a. a. O., 41.
11 Dieses mathematische Problem stellt die Variation eines von Sokrates' Zeitgenossen Hippasos von Metapont (450 v. Chr.) entdeckten Phänomens dar, mit dessen Inkommensurabilität von Quadratseite und Diagonale die Entdeckung der irrationalen Zahlen einherging. Für Sokrates ist die Differenz zwischen dem arithmetisch nicht mehr Fassbaren (irrationale Zahl) und dem geometrisch Anschaulichen (die in den Sand gezeichneten Figuren) möglicherweise eine Metapher für das Verhältnis von Sagbarem und Nicht-Sagbarem, das fundamental ist für die Klärung des Tugendbegriffs. Ironischerweise erlitt Hippasos aufgrund seiner Ent-

deckung ein ähnliches Schicksal wie Sokrates: weil die Pythagoreer die Existenz irrationaler Zahlen nicht ertragen konnten, sollen sie der Legende nach Hippasos ertränkt haben. Insofern haben wir es im Menon eben nicht, wie Adorno schreibt, mit einem „Triumph" der Mathematik über das „Ungeheuerliche" zu tun, auch nicht mit der *Schematisierbarkeit* von Tugend, sondern mit ihrer *Anschaubarkeit* und mit der Kritik des arithmetischen Ideals. (Vgl. T. W. Adorno, „Zur Metakritik der Erkenntnistheorie. Drei Studien zu Hegel: Einleitung", in: *Gesammelte Schriften*. Bd. 5, Darmstadt 1998, 18f.) – Im Gefolge der Entdeckung der Grenzen der Arithmetik wandte sich übrigens die griechische Mathematik der Geometrie zu und „kein der Geometrie Unkundiger (durfte) in die Platonische Akademie aufgenommen werden [...]." (K. Mainzer, „Mathematik", in: *Historisches Wörterbuch der Philosophie*. Bd. 5, hg. v. J. Ritter und K. Gründer, Darmstadt 1980, 926–937, hier: 928)

12 Zitiert nach: *Die Grundlegung der modernen Welt. Spätmittelalter, Renaissance, Reformation*, hg. u. verf. von R. Romano/A. Tenenti, 20. Aufl. Frankfurt a. M. 2002, 197 (Fischer Weltgeschichte 12).

13 J.-J. Rousseau, *Emile oder Über die Erziehung*, hg., eingel. u. mit Anmerkungen versehen von M. Rang, Stuttgart 1963, 535–639 (Universal-Bibliothek 901/909).

14 Ebd., 535.

15 Ebd., 545.

16 In: D. Benner/H. Kemper, *Quellentexte zur Theorie und Geschichte der Reformpädagogik. Teil 1. Die pädagogische Bewegung von der Aufklärung bis zum Neuhumanismus*, Weinheim 2000, 227–260.

17 Vgl. ebd., 237f.

18 Vgl. ebd., 232ff.

19 Vgl. ebd., 232. – So heißt es an dieser Stelle bei Salzmann in der naiven Gewissheit einer einfachen Tatsachenerkenntnis: „Und gleichwohl *ist* doch die Natur ebensowohl Gottes Werk als die Bibel!" (Hervorhebung: DZ; vgl. auch *ebd.*, 250f.) Immanuel Kant, von dem Salzmann ansonsten brav den Satz von der Wahrheit als Übereinstimmung unserer Vorstellungen mit den Dingen abgeschrieben hat (vgl. I. Kant, „Kritik der reinen Vernunft", in: ders., *Werke in sechs Bänden*. Bd. 2, hg. v. W. Weischedel, 5., erneut überprüfter reprograf. Nachdr. der Ausg. Darmstadt 1960, Darmstadt 1983, 688), formuliert dieselbe Überzeugung unendlich vorsichtiger: statt „*es ist* moralisch gewiß, daß ein Gott sei etc.", müsse es heissen: „*ich bin* moralisch gewiß etc." (693), um den Unterschied zwischen einer objektiven und einer subjektiven Überzeugung zum Ausdruck zu bringen; es handelt sich eben nur um einen Glauben und nicht um ein Wissen.

20 Dietrich Bonhoeffers Antwort auf die Problematik, dass Religion zunehmend mit „intellektueller Unredlichkeit" (305) Hand in Hand geht,

ist das „religionslose Christentum" (305–308). Provokant fragt er, warum es ihn „häufig mehr zu den Religionslosen als zu den Religiösen zieht" (307f.) und beantwortet diese Frage selbst damit, dass er nur bei ihnen ohne Heuchelei von Gott reden kann. (Vgl. D. Bonhoeffer, *Widerstand und Ergebung. Briefe und Aufzeichnungen aus der Haft*, hg. v. E. Bethge. 13. Aufl. München 1985 [Gütersloher Taschenbücher Siebenstern 1].)

Anmerkung zu den Seiten 153–172
Jürgen Manemann: „In Geschichten verstrickt" (W. Schapp)
Religion und Menschenbildung

1 Vgl. S. Leimgruber, „Religionspädagogik im Kontext jüdisch-christlicher Lernprozess", in: H.-G. Ziebertz/W. Simon (Hg.), *Bilanz der Religionspädagogik*, Düsseldorf 1995, 193–203, hier: 201.
2 T. W. Adorno, „Erziehung nach Auschwitz", in: ders., *Erziehung zur Mündigkeit*, Frankfurt 1970, 88–104.
3 Vgl. dazu: R. Boschki, „Zugänge zum Unzugänglichen. Religionspädagogik nach Auschwitz", in: O. Fuchs/R. Boschki/B. Frede-Wenger (Hg.), *Zugänge zur Erinnerung. Bedingungen anamnetischer Erfahrung. Studien zur subjektorientierten Erinnerungsarbeit*, Münster 2001, 346–355 (Tübinger Perspektiven zur Pastoraltheologie und Religionspädagogik 5).
4 K. E. Nipkow, *Grundfragen der Religionspädagogik. Bd. 1. Gesellschaftliche Herausforderungen und theoretische Ausgangspunkte*, 4. Aufl. Gütersloh 1990, 91f.
5 Vgl. ebd., 96.
6 Vgl. T. W. Adorno, *Negative Dialektik*, 3. Aufl. Frankfurt 1982.
7 Vgl. P. Bichsel, *Der Leser. Das Erzählen*, Frankfurt 1997, 7.
8 H. v. Hentig, *Bildung. Ein Essay*. München [u.a.] 1996, 85ff.
9 Vgl. K. E. Nipkow, *Gesellschaftliche Herausforderungen und theoretische Ausgangspunkte* a. a. O., 97.
10 Ebd.
11 Vgl. U. Beck, *Die Erfindung des Politischen. Zu einer Theorie reflexiver Modernisierung*, Frankfurt 1993; A. Giddens, *Jenseits von Rechts und Links. Die Zukunft radikaler Demokratie*, Frankfurt 1997 (Edition Suhrkamp NF 780).
12 L. Kolakowski, „Der Anspruch auf die selbstverschuldete Unmündigkeit", in: L. Reinisch (Hg.), *Vom Sinn der Tradition*, München 1970, 1–15, hier: 1.
13 Vgl. E. Nolte, „Vergangenheit, die nicht vergehen will. Eine Rede, die geschrieben, aber nicht gehalten werden konnte", in: *Historikerstreit. Die Dokumentation der Kontroverse um die Einzigartigkeit der nationalsozialistischen Judenvernichtung*, 3. Aufl. München 1987, 39–47. Zu dieser Diskussion siehe: J. Manemann, *„Weil es nicht nur Geschichte ist" (H. Sherman). Die Be-*

gründung der Notwendigkeit einer fragmentarischen Historiographie des Nationalsozialismus aus politisch-theologischer Sicht, Münster 1995, 66–97.

14 M. Walser, *Dank. Erfahrungen beim Verfassen einer Sonntagsrede*, in: http://www.boersenverein.de/fpreis/mw_rede.htm, 4.

15 T. W. Adorno, *Minima Moralia. Reflexionen aus dem beschädigten Leben*, Frankfurt 1987, 65.

16 F. Nietzsche, *Unzeitgemäße Betrachtungen. Zweites Stück: Vom Nutzen und Nachteil der Historie für das Leben*, in: *Kritische Studienausgabe 1*, München 1988, 248.249.

17 Vgl. G. Smith, „Arbeit am Vergessen", in: ders./H. M. Emrich (Hg.), *Vom Nutzen des Vergessens*, Berlin 1996, 15–26.

18 F. Nietzsche, „Unzeitgemäße Betrachtungen. Zweites Stück: Vom Nutzen und Nachteil der Historie für das Leben", in: *Kritische Studienausgabe* a. a. O., 250.

19 Vgl. G. Smith, „Arbeit am Vergessen" a. a. O., 20.

20 Vgl. ebd., 15–26.

21 B. Liebsch, *Vom Anderen her. Erinnern und Überleben*, Freiburg i. Br. 1997.

22 M. Kalèko, „Memento", in: dies., *Verse für Zeitgenossen*, Reinbek 1980.

23 M. Mayer, *Totenwache*, Wien 2001, 55.

24 Vgl. K. E. Müller, *Der Krüppel. Ethnologia passionis humanae*, München 1996, 290.

25 Vgl. D. J. Fasching, *Narrative Theology after Auschwitz. From Alienation to Ethics*, Minneapolis 1992, 89ff.

26 Vgl. E. Arens/J. Manemann, „Wie sollen wir zusammen leben? Zur Diskussion über den Kommunitarismus", in: J. Manemann (Hg.), *Jahrbuch Politische Theologie. Bd. 1. Demokratiefähigkeit*, 2. Aufl. Münster 2000, 155–187.

27 So S. Hauerwas, zitiert nach: D. J. Fasching, *Narrative Theology after Auschwitz* a. a. O. 89–97.

28 E. Lévinas, „Die Tora mehr zu lieben als Gott", in: M. Brocke/H. Jochum (Hg.), *Wolkensäule und Feuerschein. Jüdische Theologie des Holocaust*, München 1982, 213–217.

29 Vgl. J. B. Metz, *Glaube in Geschichte und Gesellschaft. Studien zu einer praktischen Fundamentaltheologie*, Mainz 1977, v.a. 159–194.

30 E. Zenger, *Am Fuss des Sinai. Gottesbilder des Ersten Testaments*, 2. Aufl üsseldorf 1994, 52–67.

31 Vgl. J. Manemann, *Die Gottesfrage – eine Anfrage an ein Projekt historischer Sinnbildung*, in: K. E. Müller/J. Rüsen (Hg.), *Historische Sinnbildung. Problemstellungen, Zeitkonzepte, Wahrnehmungshorizonte, Darstellungsstrategien*, Reinbek 1997, 373–387.

32 Vgl. ders., „Wider das Vergessen. Entwurf einer Kritischen Theorie des Eingedenkens aus politisch-theologischer Sicht", in: R. Boschki/F.-M. Konrad (Hg.), *Ist die Vergangenheit noch ein Argument? Aspekte einer Erziehung nach Auschwitz*, Tübingen 1977, 88–118.

33 Vgl. zum Konzept einer anamnetischen Rationalität: J. Manemann, *„Weil es nicht nur Geschichte ist"* a. a. O., 217–233.
34 Vgl. J. Ebach, *Ursprung und Ziel. Erinnerte und erhoffte Vergangenheit. Biblische Exegesen, Reflexionen, Geschichten*, Neukirchen-Vluyn 1986, 51.
35 Ebd., 148.
36 Vgl. ebd., 149.
37 M. Buber, *Die Erzählungen der Chassidim*, 13. Aufl. Zürich 1996, 6.
38 B. Liebsch, „Erinnerung an die Zukunft der Geschichte", in: *Selbstorganisation. Jahrbuch für Komplexität in den Natur-, Sozial- und Geisteswissenschaften. Bd. 10. Geschichte zwischen Erlebnis und Erkenntnis*, hg. v. R.-M. Jacobi, Berlin 2000, 73–98, hier: 97.
39 Vgl. ebd., 76.
40 L. Schestow, *Auf Hiobs Waage. Über die Quellen der ewigen Wahrheiten*. Berlin 1929, 44.
41 Vgl. B. Liebsch, *Erinnerung an die Zukunft der Geschichte*, ebd., 36.
42 Vgl. ebd., 15.
43 Vgl. ebd., 17.
44 Ders., *Vom Anderen her* a. a. O.
45 Vgl. ebd., 54.
46 Vgl. O. John, *„... und dieser Feind hat zu siegen nicht aufgehört." Die Bedeutung Walter Benjamins für eine Theologie nach Auschwitz*, Münster 1982, 101.102.
47 Vgl. J. B. Metz, „Theodizee-empfindliche Gottesrede", in: ders. (Hg.), *„Landschaft aus Schreien". Zur Dramatik der Theodizeefrage*, Mainz 1995, 81–102.
48 S. Wiesenthal, *Every Day Remembrance Day. A Chronicle of Jewish Marytdom*, New York 1987, 28f.
49 Vgl. F. Duve, „Was heißt heute eigentlich ‚politisch'?", in: J. Manemann (Hg.), *Jahrbuch Politische Theologie. Bd. 1. Demokratiefähigkeit*, 2. Aufl. Münster 2000, 7–12.
50 U. Beck, „Die Erfindung des Politischen" a. a. O., 147.
51 *„Unsere Hoffnung". Ein Beschluß der Gemeinsamen Synode der Bistümer in der Bundesrepublik Deutschland*, Bonn 1975, 23 (Synodenbeschlüsse 18).
52 Vgl. Y. H. Yerushalmi, *Ein Feld in Anatot. Versuche über jüdische Geschichte*, Berlin 1993, 9–20.
53 E. Canetti, *Über den Tod*, München [u.a.] 2003, 45.
54 Vgl. R. Boschki, *Zugänge zum Unzugänglichen* a. a. O., 353.
55 Vgl. ebd., 362.
56 In geringfügiger Abweichung zu Nipkow formuliert: vgl. ebd., 366.
57 Vgl. zum Überleben: B. Liebsch, *Vom Anderen her* a. a. O.
58 H. v. Hentig, *Bildung* a. a. O., 85–94.
59 Vgl. ders., „Menschenbildung und Lehrerbildung", in: E. Cloer u.a. (Hg.), *Welche Lehrer braucht das Land? Notwendige und mögliche Reformen der Lehrerbildung*, Weinheim [u.a.] 2000, 59–74, hier: 63.

60 Ders., *Bildung* a. a. O., 75.
61 Vgl. ders., *Menschenbildung und Lehrerbildung* a. a. O.
62 Die maieutische Dimension wird bereits seit den 60er Jahren in der Religionspädagogik anvisiert und kulminierte in einer Didaktik des Glauben-Lernens (dazu: G. Bitter, „Ansätze zu einer Didaktik des Glauben-Lernens – Versuch einer religionspädagogischen Selbstaufklärung", in: H.-G. Ziebertz/W. Simon (Hg.), *Bilanz* a. a. O., 276–290). Eine Didaktik des Glauben-Lernens zielt auf das Programm „Glaubenlernen aus Erfahrung", in dem Identitätsfindung zum Leitmotiv des Glaubenlernens wird (vgl. J. Werbick, *Glaubenlernen aus Erfahrung. Grundbegriffe einer Didaktik des Glaubens*, München 1989, 92).
63 Vgl. dazu – im Hinblick auf die Bibellektüre – : T. Meurer, „Die Methode des Fehllesens: Harold Bloom, Richard Rorty und die Exegese", in: *Orientierung* 9, 1999, 104–107.
64 Zu einem umfassenderen Korrelationsverständnis siehe: N. Mette, *Religionspädagogik*, Düsseldorf 1994, 244f.; J. Werbick, „Korrelation. I. Systematisch-theologisch", in: *Lexikon für Theologie und Kirche* 6, 1997, 387f.
65 W. H. Ritter, *Der Erfahrungsbegriff – Konsequenzen für die enzyklopädische Frage der Theologie*, in: ders./M. Rothgangel (Hg.), *Religionspädagogik und Theologie. Enzyklopädische Aspekte*, Stuttgart [u.a.] 1998, 149–166, hier: 159.

Anmerkung zu den Seiten 175–191
Myriam Wijlens: „Alle Menschen haben das unveräußerliche Recht auf educatio" (Vaticanum II, GE 1). Das Recht der katholischen Kirche

1 Vatikanum II, „Erklärung ‚Gravissimum educationis'" (= GE), in: Acta Apostolicae Sedes 58, 1966, 728–739; deutsche Übersetzung K. Rahner/ H. Vorgrimler, *Kleines Konzilskompendium*, Freiburg i.Br., 1966, 335–348, hier: 336–337.
2 GE verwendet neben *educatio* auch die Begriffe *formatio, instructio* und *institutio*.
3 Die katholische Kirche hat zwar eine Art von Rahmengesetz zu den katholischen Schulen und Universitäten, aber dieses muss immer im Rahmen der staatlichen Bedingungen und Gesetze konkretisiert werden. Da gilt es dann die Beziehung zwischen Kirche und Staat und die möglichen konkordatären Bestimmungen zu berücksichtigen.
4 An anderer Stelle habe ich die Themen des zweiten und dritten Abschnittes umfassender dargestellt. Siehe dazu mein Aufsatz „Elternschaft und educatio," in: R. Althaus/K. Lüdicke/M. Pulte (Hg.), *Kirchenrecht und Theologie im Leben der Kirche. Festschrift für Heinrich F. J. Reinhardt zur Vollendung des 65. Lebensjahres*, Essen 2007, 441–456 (Beihefte zum Münsterischen Kommentar zum Codex Iuris Canonici). Den Herausge-

bern sei gedankt für die Zustimmung, den Text hier verkürzt erneut veröffentlichen zu dürfen.

5   Johannes Paul II, „Codex Iuris Canonici", in: Acta Apostolicae Sedes 75, 1983, deutsche Übersetzung: *Codex Iuris Canonici. Codex des kanonischen Rechtes*, 5. Aufl. Kevelaer, 2001 (= CIC).
6   L. Gerosa (Hg.), *Codex Canonum Ecclesiarum Orientalum*. Lateinisch-deutsche Ausgabe, Paderborn 2000 (= CCEO).
7   Johannes Paul II, *Codex Iuris Canonici*, XIX.
8   Vgl. M. Wijlens, „Das II. Vatikanum als Fundament für die Anwendung des Rechtes", in: *Theologie der Gegenwart* 50, 2007, 2–14.
9   Vgl. A. Stankiewicz, *L'esclusione della procreazione ed educazione della prole*, in: *La simulazione del consenso matrimoniale canonico* (Studi giuridici 22), Vatikan 1990, 166.
10 Dieses entspricht der Absicht des Gesetzgebers, keine Definitionen geben zu wollen, weil ein Gesetzbuch, so die Redaktoren des Codex, kein Textbuch sei und im Recht alle Definitionen gefährlich seien (vgl. *Communicationes* 16, 1984, 38). Für die Bedeutung der Kultur in der Interpretation des Gesetzes vgl. J. Huels, „Interpreting Canon Law in Diverse Cultures", in: *The Jurist* 47, 1987, 249–293.
11 Vgl. P. Huizing, „Bonum prolis ut elementum essentiale obiecti formalis consensus matrimonialis", in: *Gregorianum* 43, 1962, 657–722. Huizing beschreibt hier die geschichtliche Entwicklung des *bonum prolis*. Der frühere Offizial von Münster und jetzige Bischof von Aachen, Heinrich Mussinghoff, fasst Huizings Argumente zusammen und vervollständigt dessen Studie mit einer Aktualisierung für die Zeit nach 1962 (H. Mussinghoff, „Ausschluss der Erziehung als Ehenichtigkeitsgrund?", in: *Archiv für katholisches Kirchenrecht* 156, 1987, 63–94).
12 In der Kanonistik bestehen unterschiedliche Ansichten, ob die Ablehnung einer religiösen Kindererziehung die Nichtigkeit des Ehekonsenses verursachen könnte. Vgl. zu dieser Diskussion: K. Schmidt, „The ‚Raising of Children' as an Essential Element of Marriage", in: *Canon Law Society of America Proceedings* 59, 1997, 223–266, hier: 235–237. Darüber hinaus schreibt Schmidt (ebd., 237): „Rotal Jurisprudence establishes that *educatio prolis* belongs to the essence of the *bonum prolis*. It also recognizes that the education of offspring constitutes an essential object of marital consent. But jurists do not agree yet: 1) what constitutes *educatio prolis*, and 2) whether the *educatio prolis* or certain aspects of it have any relationship to the validity of marital consent. So most of the cases consider *educatio prolis* solely *in iure*."
13 Vgl. M. J. Iunanyachukwu Nwaogwugwu, *Integral Education in the Code of Canon Law*, Rom 2005, 13–14.
14 Im Prinzip zwei der UNO Erklärung heißt es: „The child shall enjoy special protection, and shall be given opportunities and facilities, by law

and by other means, to enable him to develop physically, mentally, morally, spiritually and socially in a healthy and normal manner and in conditions of freedom and dignity. In the enactment of laws for this purpose, the best interests of the child shall be the paramount consideration." Vgl. dazu auch S. Leimgruber, „Die Erklärung über die christliche Erziehung Gravissimum educationis", in: F. X. Bischof/ders. (Hg.), *Vierzig Jahre II. Vaticanum. Zur Wirkungsgeschichte der Konzilstexte*, Würzburg 2004, 191–207, hier: 193.

15   In Art. 6, Abs. 2 GG (der Bundesrepublik Deutschland) wird den Eltern das Recht auf Erziehung zugesprochen, wenn es heißt: „Pflege und Erziehung der Kinder sind das natürliche Recht der Eltern und die zuvorderst ihnen obliegende Pflicht. Über ihre Betätigung wacht die staatliche Gemeinschaft." Bemerkenswert ist, dass das Grundgesetz hier einer dritten Person zuspricht, ein Recht über andere auszuüben, und es nicht den Kindern selbst überträgt. Das Gesetz beabsichtigt, dass die Erziehung im Prinzip ohne staatliche Einmischung erfolgt.

16   Einige Geistesstörungen können einen schweren Einfluss ausüben auf das Wissen, die Kritikfähigkeit oder das Vermögen, Entscheidungen hinsichtlich eines gesunden Erziehens von Kindern zu treffen. Für Ehenichtigkeitsverfahren, in denen dies verhandelt wird, schreibt das Prozessrecht den Richtern vor, auf die Unterstützung von Experten z. B. der Psychiatrie zurückzugreifen, bevor sie ein Urteil fällen (vgl. cc. 1574 und 1680 CIC).

17   Vgl. K. Schmidt, „The 'Raising of Children'" a. a. O., 238–240. Er nennt zusätzlich weitere Elemente und weist auf entsprechende Urteile der Rota Romana hin. Es ist darauf hinzuweisen, dass einige dieser Urteile aus der Zeit vor dem II. Vatikanischen Konzil stammen, als hinsichtlich des Ökumenismus ein völlig anderes Verständnis herrschte und die Diskussion über die *educatio prolis* auch das Problem der Erziehung von Kindern aus einer sog. *Mischehe* im Glauben der kirchlichen Gemeinschaft oder Kirche des nichtkatholischen Partners einschloss.

18   Vgl. H. Mussinghoff, „Ausschluss der Erziehung als Ehenichtigkeitsgrund?" a. a. O., 92.

19   K. Schmidt, „The 'Raising of Children'" a. a. O., 249 bezieht sich auf diverse Autoren und Entscheidungen der Rota Romana um nachzuweisen, dass es auch den Tatbestand eines teilweisen Ausschlusses der *Erziehung* gibt. Die Rechtsprechung hat immer den Tatbestand des Ausschlusses der religiösen Erziehung diskutiert, wobei sie jedoch nicht zu einer einheitlichen Entscheidung gekommen ist. Dieses liegt möglicherweise an dem Kontext, in dem dieser Tatbestand diskutiert wurde. Im früheren Recht musste eine nichtkatholische Person, die einen Katholiken heiraten wollte, versprechen, dass mögliche Kinder in der römisch-katholischen Kirche getauft und im katholischen Glauben erzogen wer-

den. Wenn eine Person mit positivem Willensakt festlegen würde, dies nicht zu tun, würde der Tatbestand der Simulation nicht so sehr in Bezug auf den Willensakt, als vielmehr hinsichtlich der Gültigkeit der Dispens vom Hindernis der Religionsverschiedenheit diskutiert.

20 Vgl. I. Riedel-Spangenberger, „Familie", in: A. Frhr. v. Camphausen/I. Riedel-Spangenberger/R. Sebott (Hg.), *Lexikon für Kirchen- und Staatskirchenrecht*. Bd. 1, Paderborn 2000, 681–683. H. Mussinghoff, „Familienrecht im Codex Iuris Canonici", in: *Österreichisches Archiv für Kirchenrecht* 34, 1983–1984, 96–130.

21 Einige Autoren vertreten die Meinung, *educatio prolis* gehöre nicht im strikten Sinne zu den Gatten als Gatten, sondern zur Beziehung zwischen den Gatten als Eltern und ihren Kindern. So äußert K. Schmidt, „The 'Raising of Children'" a. a. O., 234: „That is, the right-duty to educate offspring comes into existence out of the relationship between parents and children which derives from *procreation*, and not because of the relationship, rights, and duties that derive from *marriage*." Schmidt liefert außerdem einen Überblick über die Diskussion.

22 Dieses wiederholt der Codex in dem Abschnitt, der die Vorschriften über die katholische Erziehung enthält, und zwar in c. 793 § 1: „Die Eltern und diejenigen, die ihre Stelle einnehmen, haben die Pflicht und das Recht, ihre Kinder zu erziehen."

23 Pontificio Consilium de Legum Textibus, Instructio *Dignitas Connubii* vom 26.01.2005 (= DC), Art. 252 wiederholt diese Bestimmung.

24 *Communicationes* 11, 1979, 271–272.

25 K. Lüdicke, *Dignitas Connubii. Die Eheprozessordnung der katholischen Kirche. Text und Kommentar*, Essen 2005, 318 (Münsterischer Kommentar zum Codex Iuris Canonici Beiheft 42) überschreibt Art. 252 DC mit dem Titel „Mahnung an Unterhaltspflicht" und kommentiert, dass Zielsetzung dieser Aufforderung sei, „den Partnern der für nichtig erklärten Ehe ihre bleibende Verantwortung deutlich zu machen und sie davor zu warnen, sich auf die Anordnungen des Zivilgerichtes über Unterhalt und Besuchsrecht zurückzuziehen." Der Kommentar hätte gewonnen, wenn stärker betont worden wäre, dass es hier nicht nur um Unterhalt und Besuchsrecht geht, sondern dass der vollständige Erziehungsauftrag weiter bestehen bleibt und die Eltern somit auch die Pflicht haben, dem anderen Partner die Möglichkeit zu gewähren, dieser Pflicht nachkommen zu können.

26 Vgl. *Communicationes* 9, 1977, 144–145.

27 Der CIC/1917 kannte eine solche Norm nicht. Eine ähnliche Formulierung enthielt jedoch die Instruktion der Glaubenskongregation *Ut notum est* vom 06.12.1973 über die Auflösung von Ehen zugunsten des Glaubens. In der der Norm vorausgehenden Einleitung heißt es: „[It is required:] § 5. That the party seeking a dissolution take care that children

who may have been born from the previous marriage be brought up in a religious manner; § 6. That equitable provisions be made according to the laws of justice for the abandoned spouse and for the children who may have been generated." Nr. 12 der Instruktion legt fest: „The judge or Ordinary should likewise report how the petitioner has made plans or intends to plan equitably, in accord with the laws of justice, for the abandoned spouse and children who may have been born" (*Canon Law Digest* 8, 1177–1184, 1178 und 1183 [englische Fassung]; Xaverius Ochoa, *Leges Ecclesiae* V n. 4244 [lateinische Fassung]).

28 Vgl. z. B. T. P. Doyle, „Marriage", in: J. A. Coriden/T. J. Green/D. E. Hentschel (Hg.), *The Code of Canon Law. A Text and Commentary*, New York 1985, 754. Nicht alle Autoren stimmen dieser Position zu, vgl. dazu z. B. M. S. Foster, „Divorce and Remarriage. What about the Children?", in: *Studia Canonica* 31, 1997, 147–191, hier: 156.

29 Das niederländische Formular aus dem Jahr 2003 (C.4): „Sehen Sie irgendeinen Grund, der Ihrer Eheschließung im Wege stehen könnte?" Vgl. www.rkk.nl/documenten. Die Formulare der niederländischen und der belgischen Bischofskonferenz sind nur als Formulare erhältlich und wurden als solche nicht veröffentlicht.

30 Konsultiert wurde das Formular der Erzdiözese Southwark.

31 Vgl. z. B. *KABl Münster* 89, 2005, 201; ebenfalls H. J. F. Reinhardt, *Die kirchliche Trauung: Ehevorbereitung, Trauung und Registrierung der Eheschließung im Bereich der Deutschen Bischofskonferenz. Text und Kommentar*, 2. akt. Aufl. Essen 2006, 26 (Münsterischer Kommentar zum Codex Iuris Canonici Beiheft 3).

32 Ebd., 65 Nr. 122.

33 Vgl. J. Prader/H. J. F. Reinhardt, *Das kirchliche Eherecht in der seelsorgerischen Praxis. Orientierungshilfen für die Ehevorbereitung und Krisenberatung. Hinweise auf die Rechtsordnungen der Ostkirchen und auf das islamische Eherecht*, 4. Aufl. Essen 2001, 104.

34 S. Foster „Divorce and Remarriage" a. a. O., 160–162.

35 Ders., „The Promotion of the Canonical Rights of Children", in: *Canon Law Society of America Proceedings* 59, 1997, 163–203, hier: 193.

36 Zu beachten bleibt, dass das deutsche Schulsystem nur ein Modell von vielen ist; zieht man in Betracht, dass sogar innerhalb Deutschlands von Bundesland zu Bundesland Unterschiede bestehen, ist leicht vorstellbar, dass es im Ausland Modelle gibt, die von denen in Deutschland abweichen.

37 S. A. Euart, „Catholic Education, Commentary to c. 800", in: J. P. Beal/J. A. Coriden/T. J. Green (Hg.), *New Commentary on the Code of Canon Law*, New York 2000, 956.

38 C. 803 CIC bestimmt: „§ 1. Als katholische Schule versteht man jene Schule, welche die zuständige kirchliche Autorität oder eine kirchliche

öffentliche juristische Person führt oder welche die kirchliche Autorität durch ein schriftliches Dokument als solche anerkennt. § 2. In der katholischen Schule müssen Unterricht und Erziehung von den Grundsätzen der katholischen Lehre geprägt sein. Die Lehrer haben sich durch Rechtgläubigkeit und rechtschaffenen Lebenswandel auszuzeichnen."

Anmerkung zu den Seiten 193–206
Michael Kiefer: Zwischen Islamkunde und islamischem Religionsunterricht.
Zum Entwicklungsstand der Modellversuche in den Bundesländern[1]

1   Der nachfolgende Beitrag, der aktualisiert und überarbeitet wurde, erschien zuerst in: Herbert-Quandt-Stiftung (Hg.), *Religion in der Schule. Bildung in Deutschland und Europa vor neuen Herausforderungen*, Bad Homburg 2007, 48–62.
2   Eine ausführliche und detailreiche Darstellung der hier skizzierten Probleme ist nachzulesen bei: M. Kiefer, *Islamkunde in deutscher Sprache in Nordrhein-Westfalen. Kontext, Geschichte, Verlauf und Akzeptanz eines Schulversuchs*, Münster 2006 (Islam in der Lebenswelt Europa 2).
3   Vgl. A. Emenet, *Verfassungsrechtliche Probleme einer islamischen Religionskunde an öffentlichen Schulen – Dargestellt anhand des nordrhein-westfälischen Schulversuchs „Islamische Unterweisung"*, Frankfurt a. M. 2003 (Hochschulschriften zum Staats- und Verwaltungsrecht 5).
4   Urteil des Bundesverwaltungsgerichts Leipzig vom 23.02.2005, BVerwG 6 C 2.04, unter: http://www.bverwg.de (03.10.2005). Am Oberverwaltungsgericht Münster ruht die Klage derzeit (Juli 2007).
5   Urteil des Hessischen Verwaltungsgerichtshofs vom 14.09.2005, AZ: 7 UE 2223/04.
6   F. Sen/H. Aydin, *Islam in Deutschland*, München 2002, 17 und: T. Lemmen, *Islamische Vereine und Verbände in Deutschland*. Hg. vom Wirtschafts- und sozialpolitischen Forschungs- und Beratungszentrum der Friedrich-Ebert-Stiftung, 2. Aufl. Bonn 2002, 20 (Abteilung Arbeit und Sozialpolitik).
7   I.-C. Mohr, *Islamischer Religionsunterricht im europäischen Vergleich*, unter: http://uni-erfurt.de/islamwissenschaft/mohr-vortrag.html (25.03.04)
8   K. Gebauer, „Islamische Unterweisung in deutschen Klassenzimmern", *in: Recht der Jugend und des Bildungswesens – Zeitschrift für Schule, Berufsbildung und Jugenderziehung* 37, 1989, 265.
9   Dies ist z. B. in Niedersachsen der Fall. Formal gesehen gibt es zur Begleitung des Schulversuchs „Islamischer Religionsunterricht" einen „Runden Tisch" für die Vertreter der Muslime. DITIB – vertreten durch Konsulatsbeamte aus Hannover – bestand jedoch bisher auf einem separaten Kontakt zum Ministerium.

10 Eine gute Darstellung zum Problem Repräsentation ist nachzulesen bei: W. Schiffauer, „Muslimische Organisationen und ihr Anspruch auf Repräsentativität: dogmatisch bedingte Konkurrenz und Streit um Institutionalisierung", in: A. Escudier (Hg.), *Der Islam in Europa. Der Umgang mit dem Islam in Frankreich und Deutschland*, Göttingen 2003, 143–159.

11 Gleiches gilt auch für den zwischenzeitlich gegründeten *Koordinierungsrat der Muslime (KRM)*.

12 H. Aydin/D. Halm/F. Sen, *„Euro-Islam". Das neue Islamverständnis der Muslime in der Migration*. Stiftung Zentrum für Türkeistudien/Renner Institut, Essen, 2003, 6.

13 Dokumentiert sind solche Äußerungen unter anderem in: Innenministerium des Landes Nordrhein-Westfalen (Hg.), *Islamischer Extremismus in Nordrhein-Westfalen*. Düsseldorf 1999. Mittlerweile haben sich führende IGMG-Funktionäre des Reformflügels von diesen Äußerungen distanziert.

14 Bei den folgenden Ausführungen handelt es sich in wesentlichen Teilen um eine aktualisierte und ergänzte Fassung meines Beitrags: „Staatlicher Islamunterricht in Deutschland. Unterrichtsmodelle der Länder – Der aktuelle Sachstand im Schuljahr 2004/2005", in: S. Reichmuth/M. Bodenstein/M. Kiefer/B. Väth (Hg.), *Staatlicher Islamunterricht in Deutschland*. Münster 2006 (Islam in der Lebenswelt Europa 1).

15 In Nordrhein-Westfalen wird der Schulversuch Islamkunde seit dem Jahr 2004 von einem Beirat begleitet, in dem auch alle muslimischen Spitzenverbände vertreten sind. Dieses Gremium besitzt jedoch lediglich eine Beratungsfunktion. Mitsprachemöglichkeiten bei der Lehrplanentwicklung wurden dem Beirat nicht eingeräumt.

16 Staatsinstitut für Schulpädagogik und Bildungsforschung (Hg.), *Islamischer Religionsunterricht an bayerischen Schulen? – ein Problemaufriss*, München 2000, 22.

17 In der Regel ist dies die Türkei.

18 Ebd., 22.

19 In Hamburg wird der islamkundliche Unterricht seit dem Jahr 2004 nicht mehr im muttersprachlichen Unterricht erteilt.

20 Die aus den 80er Jahren stammenden Lehrpläne thematisieren den Islam häufig aus der Perspektive der Migranten. So lautet eine Themeneinheit im NRW-Grundschulcurriculum „Wir leben in einer fremden Welt". Siehe Landesinstitut für Schule und Weiterbildung (Hg.), *Religiöse Unterweisung für Schüler islamischen Glaubens – 24 Unterrichtseinheiten für die Grundschule* (Entwurf), Soest 1986.

21 Angesichts der Verbleiborientierung der türkischstämmigen Schülerinnen und Schüler und der zunehmenden Zahl von Einbürgerungen erscheint die enge Kooperation mit der Türkei in einem fragwürdigen Licht.

22 M. Stock, *Beitrag auf den Hohenheimer Tagen zum Ausländerrecht 2004: Auf dem Weg zur Rechtsgleichheit? Integration zwischen Zwang und Förderung*, veran-

staltet von der Diözese Rottenburg-Stuttgart am 31.1.2004 in Hohenheim, unter: www.jura.uni-bielefeld.de/Lehrstuehle/Stock/ Veroeffentlichungen_Vortraege/Vortrag_K.html (01.03.2004).
23 Bayerisches Staatsministerium für Unterricht und Kultus: Pressemitteilung 271 vom 28. September 2001.
24 M. Stock, *Islamunterricht: Religionskunde, Bekenntnisunterricht oder was sonst?* Münster 2003, 7 (Religion und Recht 1).
25 Bayerisches Staatsministerium für Unterricht und Kultus, *Sachstand bei den Angeboten islamischer Erziehung*, Bericht vom 20. Januar 2004. Das bayerische Kultusministerium will in den nächsten Jahren den Modellversuch erheblich ausweiten. Und: Bayrisches Staatsministerium für Unterricht und Kultus, *Lehrerinfo*, unter: http://www.km.bayern.de/km/ lehrerinfo/thema/2005/02514/index02.asp (14.05.2006)
26 Die türkischen Schülerinnen und Schüler bevorzugen mehrheitlich das parallel laufende türkischsprachige Angebot.
27 Bayerisches Staatsministerium für Unterricht und Kultus, *Zwischenbericht an den Ausschuss für Bildung, Jugend und Sport* vom 12. Januar 2002, 4f.
28 Bayerisches Staatsministerium für Unterricht und Kultus, *Lehrerinfo* a. a. O.
29 Das Fach „Islamische Unterweisung" wurde im Februar 2005 in „Islamkunde in deutscher Sprache" umbenannt.
30 Diese Zahl bezieht sich auf das aktuelle Schuljahr 2006/2007.
31 Ministerium für Schule, Jugend und Kinder in Nordrhein-Westfalen, *Pressemitteilung* vom 29. Juni 2004. Und: Bildungsportal NRW – Islamische Unterweisung, unter: http://www.bildungsportal.nrw.de/BP/Schule/ System/Faecher/Islamische_Unterweisung/index.html (06.12.2004). Die aktuelle Schülerzahl beruht auf einer Schätzung des LfS (September 2005).
32 Landesinstitut für Schule NRW, *Islamische Unerweisung in deutscher Sprache in der Grundschule Klasse 1 bis 4. Entwurf zur Erprobung in den Grundschulen des Landes Nordrhein-Westfalen*, Fassung März 2005. Die neuen Lehrpläne für die Sekundarstufe I werden in der zweiten Jahreshälfte 2007 fertig gestellt.
33 In der Praxis des Schulversuchs bestehen schon seit dem Januar 2000 multikonfessionelle Unterrichtsgruppen. Bislang gab es für einen Unterricht, der sowohl sunnitische, schiitische und alevitische Aspekte berücksichtigt, aber keine curriculare Grundlage.
34 Die in der Entwicklung befindliche alevitische Lehrplanvariante kann sowohl in der Islamischen Unterweisung als auch in einem eigenständigen alevitischen Religionsunterricht eingesetzt werden.
35 Die Schüler- und Lehrerzahlen, die ich im September 2005 vom LfS erhalten habe, beziehen sich auf das laufende Schuljahr 2005/2006.
36 Das Landesinstitut wurde im Jahr 2006 aufgelöst. Die Betreung des Faches und die Curriculumentwicklung erfolgt nun durch das Bildungsministerium.

37 Freie Hansestadt Bremen – Der Senat, *Pressemitteilung* vom 19. August 2003, unter: http://www.bremen.de/web/owa/extern.p_anz_presse2 _mitteilung?pi_mid =86378&pi_back=javascript:history.back()&pi_ begriff=islam kunde&pi_teilsuche=0 (24.03.2004).

38 M. Siebert, *Vier Jahre Vorlauf. Interview mit Werner Willker* (Radiosendung), unter: http://www.radiobremen.de/online/gesellschaft/ islam_unterricht.html (24.03.2004).

39 Mittlerweile erteilt auch eine buddhistische Gemeinschaft in zwei Berliner Schulen Religionsunterricht. Es wird angenommen, dass im Laufe der nächsten Jahre weitere Gemeinschaften (z. B. die griechisch-, die serbisch-, die syrisch- und die russisch-orthodoxe Kirche) folgen. Nach Stock entwickelt sich in Berlin auf dem Boden von Art. 141 GG eine „kleinräumig parzellierte und pluralisierte, postmodern-patchworkartige Curriculumstruktur" (M. Stock, *Beitrag* a. a. O., 2).

40 Aktuelle Zahlen über den Islamischen Religionsunterricht, unter: http://www.islamische-foederation.de/iru.htm (30.08.2006).

41 Kulturzentrum Anatolischer Aleviten Berlin, *Presseerklärung* vom 19. April 2002.

42 M. Rohe, *Zur Genese des Erlanger Schulversuchs „Islamunterricht"*, unter: www.zr2.jura.uni-erlangen.de/Schulversuch.pdf (10.03.2004).

43 J. Lähnemann, *Perspektiven in der Ausbildung islamischer Religionslehrer*, in: http://presse.verwaltung.uni-muenchen.de/mum043/essay.htm (10.03.2004); ders., *Islamische Religion als normales Unterrichtsfach*, unter: http://www.uni-rlangen.de/infocenter/presse/pressemitteilungen/ nachrichten_2005/01_05/3996islamunterricht.shtml (30.08.2006).

44 Bayrisches Staatsministerium für Unterricht und Kultus: Pressemitteilung Nr. 25 vom 6. Februar 2003.

45 Die auch in Bayern tätigen islamischen Verbände (Zentralrat der Muslime, der Islamrat, der Verband der Islamischen Kulturzentren und DITIB) haben mittlerweile einen Verein mit dem Namen Islamische Religionsgemeinschaft in Bayern (IRB) gegründet. Dieser Verein will sich als Ansprechpartner für islamischen Religionsunterricht anbieten. Vgl. Bayerisches Staatsministerium für Unterricht und Kultus, *Zwischenbericht an den Ausschuss für Bildung, Jugend und Sport* vom 12. Januar 2002, 3.

46 Bayerisches Staatsministerium für Unterricht und Kultus, *Sachstand bei den Angeboten islamischer Erziehung*, Bericht vom 20. Januar 2004. Und: Bayerisches Staatsministerium für Unterricht und Kultus, *Statement von Bayerns Kultusminister Siegfried Schneider bei der Schuljahrespressekonferenz am 8. September 2006 im Bayrischen Kultusministerium*, unter: http://www.stmuk.bayern.de/ km/asps/archiv/08_09_schuljahrespressekonferenz.pdf (06.11.2006).

47 Ministerium für Bildung, Frauen und Jugend Rheinland-Pfalz, *Pressemitteilung* vom 29.04.2004.

48 Nach Angaben des Schulleiters kam das Unterrichtsprojekt in enger Absprache mit den Eltern zustande. Der Lehrplan wurde an der Schule entwickelt.

49 Jeweils zwei ausgewählte Grundschulen pro Regierungsbezirk.
50 Niedersächsisches Kultusministerium, *Kultusminister startet Schulversuch Islamischen Religionsunterricht – Bundesweite Pionierrolle*, Presseinformation vom 30.05.2003.
51 Niedersächsische Staatskanzlei, *Presseinformation* vom 14. Januar 2006, unter: http://www.stk.niedersachsen.de/master/C15710864_L20_D0_I484.html (14.05.2006).
52 Ministerium für Kultus, Jugend und Sport Baden-Württemberg, *Pressemitteilung* vom 15. März 2005, unter: http://www.km-bw.de/servlet/PB/ -s/18hhe1f1xay4aedby8k9fajjju1xb1v1t/menu/1161704_l1/index.html (20.03.2005).
53 Ministerium für Kultus, Jugend und Sport Baden-Württemberg, *Pressemitteilung* vom 5. September 2006, unter: http://www.km-bw.de/servlet/ PB/-s/rms30avvjn061blp4wwy57kjm1anc026/menu/1188850/ index.html?ROOT=1075594 (06.11.2006).
54 F. Doedens, „Dialogisch orientierter Religionsunterricht für alle in Hamburg", in: Beauftragte der Bundesregierung für Ausländerfragen (Hg.), *Vom Dialog zur Kooperation – Die Integration von Muslimen in den Kommunen.* Berlin [u.a.] 2002, 39. Und: F. Doedens, *Gemeinsame Grundsätze der Religionsgemeinschaften für einen interreligiösen Religionsunterricht? Der Hamburger Weg: Religionsunterricht für alle*, unter: http://lbs.hh.schule.de/relphil/pti/downloads/ rufalle.doc (15.09.2004).
55 Aufgrund dieses Sachverhalts bezeichnen muslimische Kritiker das Hamburger Modell als offenen evangelischen Religionsunterricht. Vgl. A. Köhler/A. Köhler, *Ordentlicher Religionsunterricht oder „Religionsunterricht für alle" an öffentlichen Schulen in Hamburg?* unter: http://www.islamic-centre-hamburg.de/al-fadschr/nr101_110/nr104/af104_27.htm (15.09.2004).
56 J. Harms, Ethik *des Islam im Ethikunterricht. Sachstandsbericht vom 9. September 2004.* Erstellt im Auftrag des Hessischen Landesinstituts für Pädagogik (HeLP) in Frankfurt a. M.

Anmerkung zu den Seiten 207–214
Maria Widl: Kirchliche Erwachsenenbildung vor neuen Herausforderungen

1 Deutscher Bildungsrat (Hg.), *Empfehlungen der Bildungskommission, Strukturplan für das Bildungswesen*, Stuttgart 1970; zitiert nach C. Ehmann, *Bildungsfinanzierung und soziale Gerechtigkeit. Vom Kindergarten bis zur Weiterbildung*, Bielefeld 2001, 94.
2 Vgl. D.W. Livingstone, „Informelles Lernen in der Wissensgesellschaft. Erste kanadische Erhebung über informelles Lernverhalten", in: *QUEM-Report 60: Kompetenz für Europa. Wandel durch Lernen – Lernen durch Wandel.*

Referate auf dem internationalen Fachkongress 21.–23. April 1999 in Berlin, 65–91.
3   Deutscher Bildungsrat (Hg.): *Empfehlungen der Bildungskommission, Strukturplan für das Bildungswesen*, Stuttgart 1970, 199 [fett v.A.].
4   Vgl. G. Orth, „Erwachsenenbildung", in: N. Mette/F. Rickers (Hg.), *Lexikon der Religionspädagogik*. Bd. 1, Neukirchen 2001, 429–435.
5   Hier kommt primär die katholische Perspektive in den Blick.
6   Diese Wahrnehmung trifft vor allem auf den Westen zu. Im Osten Deutschlands bricht die Nachfrage teilweise völlig ein.
7   Vgl. R. Englert/S. Leimgruber (Hg.), *Erwachsenenbildung stellt sich religiöser Pluralität*, Freiburg [u.a.] 2005 (Religionspädagogik in pluraler Gesellschaft 6).
8   Vgl. M. Widl, „Die Erwachsenenbildung vor der Herausforderung einer Weltentheologie", in: ebd., 126–135.
9   Vgl. R. Polak (Hg.), *Megatrend Religion? Neue Religiositäten in Europa*, Ostfildern 2002.
10 Sekretariat der Deutschen Bischofskonferenz (Hg.), *Missionarisch Kirche sein. Offene Kirchen – Brennende Kerzen – Deutende Worte*. Bonn 2003 (Die deutschen Bischöfe 72.
11 R. M. Scheule/J. E. Hafner (Hg.), *Himmel – Heilige – [Hyperlinks]. Die barocke Bilderwelt – entschlüsselt in der Basilika Ottobeuren*, Haus der Deutschen Geschichte 2003. CD-Rom
12 Vgl. *So geht katholisch. Orte, Symbole und Rituale im Kirchenraum*. Agentur einfallsreich 2006, DVD.

Anmerkung zu den Seiten 215–226
Peter Arlt: Christusbilder – Menschenbilder in der Kunst

1   Joh. v. Damaskus, „Drei Verteidigungsschriften gegen diejenigen, welche die Heiligenbilder verwerfen", hg. von G. Feige, übersetzt v. W. Hradsky. Leipzig 1994.
2   Ebd. 105.
3   Ebd. 106.
4   Ebd. 104.
5   Ebd. 33.
6   Ebd. 105.
7   Ebd. 32.
8   Ebd. 108.
9   Vgl. H. Löhr, „Mensch und Legende". Interview in: *Thüringer Allgemeine*. 23.12.2006.

10 H. Sachs/B. Badstübner/H. Neumann, *Christliche Ikonographie in Stichworten*, Leipzig 1973, 77.
11 Ebd., 77f.
12 H. Löhr, „Mensch und Legende", a. a. O.
13 G. v. Graevenitz, *Mythos. Zur Geschichte einer Denkgewohnheit*, Stuttgart 1987.
14 Ebd., 237.
15 Vgl. H. Wölfflin, *Kunstgeschichtliche Grundbegriffe. Das Problem der Stilentwicklung in der neueren Kunst,* Dresden 1984 (Fundus-Bücher 87/88).
16 Ebd., 124.
17 H. Sakulowski, *Verstrickungen*, Zwickau 2006.

Die Autorinnen und Autoren

Prof. Dr. Christian Albrecht, Professor für Praktische Theologie (Evangelisch-Theologische Fakultät, Ludwig-Maximilians-Universität München)

Prof. Dr. Peter Arlt, Professor für Kunstgeschichte und Kunsttheorie (Erziehungswissenschaftliche Fakultät – Kunst, Universität Erfurt)

Prof. Dr. Christoph Bultmann, Professor für Bibelwissenschaft (Erziehungswissenschaftliche Fakultät – Evangelische Theologie; Martin-Luther-Institut, Universität Erfurt)

Prof. Dr. Manfred Eckert, Professor für Berufspädagogik und berufliche Weiterbildung (Erziehungswissenschaftliche Fakultät – Berufspädagogik und berufliche Weiterbildung/Erwachsenenbildung, Universität Erfurt)

Prof. Dr. Andreas Gotzmann, Professor für Judaistik (Philosophische Fakultät – Religionswissenschaft, Universität Erfurt)

Dr. Michael Kiefer, Wissenschaftlicher Mitarbeiter im Forschungsverbundprojekt „Mobilisierung von Religion in Europa" der Universität Erfurt

Prof. Dr. Jürgen Manemann, Professor für Christliche Weltanschauung, Religions- und Kulturtheorie sowie Christliche Sozialwissenschaften (Katholisch-Theologische Fakultät, Universität Erfurt)

Prof. Dr. Josef Pilvousek, Professor für Kirchengeschichte des Mittelalters und der Neuzeit (Katholisch-Theologische Fakultät, Universität Erfurt)

Prof. Dr. Jörg Rüpke, Professor für Vergleichende Religionswissenschaft (Philosophische Fakultät – Religionswissenschaft, Universität Erfurt)

Hellmut Seemann, Präsident der Klassik Stiftung Weimar

Prof. Dr. Maria Widl, Professorin für Pastoraltheologie und Religionspädagogik (Katholisch-Theologische Fakultät, Universität Erfurt)

Prof. Dr. Myriam Wijlens, Professorin für Kirchenrecht (Katholisch-Theologische Fakultät, Universität Erfurt)

PD Dr. Detlef Zöllner, Privatdozent am Lehrstuhl für Allgemeine Didaktik, Schul- und Unterrichtsforschung (Erziehungswissenschaftliche Fakultät – Schulpädagogik, Universität Erfurt)

Die Herausgeber

Prof. Dr. Benedikt Kranemann, Professor für Liturgiewissenschaft (Katholisch-Theologische Fakultät, Universität Erfurt)

Prof. Dr. Vasilios N. Makrides, Professor für Orthodoxes Christentum (Philosophische Fakultät – Religionswissenschaft, Universität Erfurt)

Prof. Dr. Andrea Schulte, Professorin für Religionspädagogik (Erziehungswissenschaftliche Fakultät – Evangelische Theologie; Martin-Luther-Institut, Universität Erfurt)

Interdisziplinäres Forum Religion an der Universität Erfurt

Das Interdisziplinäre Forum Religion (IFR) ist eine fakultätsübergreifende Einrichtung der Universität Erfurt, die Forschung zu Fragen der Religion an der jungen Thüringer Universität organisiert und bündelt. Evangelische und Katholische Theologen, Religionswissenschaftler, Geschichts-, Literatur- und Sozialwissenschaftler forschen seit einigen Jahren gemeinsam über die Bedeutung von Religionen und ihre Entwicklung in einer historisch fundierten und europäisch orientierten Perspektive. Die Universität Erfurt, die als Reformuniversität neue Wege in Forschung und Lehre geht, bietet für den Forschungsschwerpunkt Religion günstige Voraussetzung: Zahlreiche Wissenschaftlerinnen und Wissenschaftler aus Religionswissenschaft und Theologie forschen auf dem Campus; aber auch in vielen anderen Disziplinen wird mit fachspezifischem Interesse an religionsbezogenen Themen gearbeitet; herausragende Sammlungen alter Bücher in Erfurt und Gotha und eine sehr gut ausgestattete Universitätsbibliothek bieten exzellente Arbeitsbedingungen; die kulturwissenschaftlich ausgerichtete Universität fördert den Themenschwerpunkt Religion und fordert die beteiligten Disziplinen zur Entwicklung neuer interdisziplinär relevanter Fragestellungen heraus.

Im Forschungsverbundprojekt „Mobilisierung von Religion in Europa" untersuchen Wissenschaftlerinnen und Wissenschaftler des IFR die Bedeutung von Religion als kulturelle Ressource in Europa. Arbeitsgruppen des IFR befassen sich mit „Religion in Nachbarschaft", näherhin mit Besonderheiten des lokalen Nebeneinanders und Zusammenlebens von Religionen sowie mit Kommunikations- und Zeichenverwendung z.B. in Texten. Ringvorlesungen zu aktuellen Diskussionen um Religion und Gewalt oder das Verhältnis von Religionen und Medien, Gastvorträge und Kolloquien zu den unterschiedlichen Forschungsschwerpunkten bieten vielfältige Möglichkeiten zum wissenschaftlichen Austausch.

Ein besonderes Anliegen des IFR ist die Förderung des wissenschaftlichen Nachwuchses. Seit 2005 existiert ein Promotionszentrum, zu dem ein eigenes Forschungsseminar und regelmäßige Forschungskolloquien gehören. Die Stipendiatinnen und Stipendiaten kommen aus dem In- und Ausland. Regelmäßige Studientage zur Präsentation und Diskussion von Promotions- und Habilitationsprojekten stehen allen Mitgliedern des IFR offen.

Seit 2004 vergibt des IFR den Erfurter Promotionspreis „Religion und Ethik". Ausgezeichnet werden Dissertationen aus dem In- und Ausland, die auf aktuelle Konflikte, bedeutende historische Ereignisse und grundlegende Texttraditionen der Weltreligionen Bezug nehmen.

Weitere Informationen: http://www.uni-erfurt.de/forum_religion/

VIFR
Vorlesungen des Interdisziplinären **Forums Religion der Universität Erfurt**

Band 1 *(ohne Reihenvermerk)*

Religion, Gewalt, Gewaltlosigkeit
Probleme – Positionen – Perspektiven

Herausgegeben von Christoph Bultmann, Benedikt Kranemann und Jörg Rüpke. 2004. Aschendorff Paperbacks, 303 Seiten
ISBN 978-3-402-03434-7, 14,80 EUR

Die Diskussion um das Verhältnis von Religion und Gewalt hat nicht erst mit dem 11. September 2001 begonnen. Nahostkonflikt, die Situation in Nordirland und der Balkankrieg sind nur einige weitere Beispiele aus jüngerer Zeit. Doch Unverständnis und Aggression zwischen Juden und Muslimen, Katholiken und Protestanten allein sind nicht Grund und Motivation für diese Gewaltexzesse. Sind religiöse Konflikte Ursache für die Gewalt? Was lässt eine Religion gewalttätig werden? Welche Rolle spielt für ihr Gewinnpotenzial das soziale, kulturelle und wirtschaftliche Umfeld? Oder werden Religionen nur benutzt bzw. lassen sie sich benutzen, um Gewalt zu rechtfertigen? Wie gehen die verschiede-nen Religionen selbst mit der eigenen Widersprüchlichkeit um, die ja nicht nur ein historisches Faktum, sondern auch eine philosophisch-theologische Herausforderung der Gegenwart ist?

Diesen und anderen Fragen gehen die Beiträge dieses Bandes, die aus der Sicht von Theologen, Religionswissenschaftlern und Historikern unterschiedlichste Religionen und Konfessionen darstellen, nach.

Beiträge von Christian Albrecht, Christoph Bultmann, Josef Freitag, Georg Hentschel, Benedikt Kranemann, Claus-Peter März, Vasilios N. Makrides, Jamal Malik, Josef Pilvousek, Josef Römelt, Jörg Rüpke, Eberhard Tiefensee, Christian Wiese, Reinhard Zöllner.

VIFR
Vorlesungen des Interdisziplinären Forums Religion der Universität Erfurt

Band 2 *(ohne Reihenvermerk)*

Heilige Schriften
Ursprung, Geltung und Gebrauch

Herausgegeben von Christoph Bultmann, Claus-Peter März und Vasilios N. Makrides. 2005. Aschendorff Paperbacks, 255 Seiten
ISBN 978-3-402-03415-6, 14,80 EUR

Heilige Schriften sind Texte mit Autorität, doch werden sie in unterschiedlicher Weise erschlossen. Einige Gründe dafür lassen sich klar benennen: Heilige Schriften haben ihren Ursprung in längst vergangenen Zeiten und Kulturen. Theoretische Annahmen über ihre Geltung und praktische Verfahren für ihre Auslegung sind Gegenstand gelehrter Diskussion. Der Gebrauch, den einzelne Religionsgemeinschaften von ihren Heiligen Schriften machen, ist einem ständigen Wandel unterworfen. Wie lässt sich ein rechter Gebrauch von Missbrauch unterscheiden? In was für einem Verhältnis stehen Autorität und Akzeptanz, Fremdheit und Vertrautheit? Welchen Stellenwert haben Heilige Schriften im Vergleich zu Liturgie und Ritus?

Die Beiträge dieses Bandes sind aus theologischer und religionswissenschaftlicher Sicht geschrieben. Sie gelten der Entstehung der Bibel, dem Verhältnis von Text und Auslegung, der Praxis des Umgangs mit der Bibel und der Kontroverse über die Bedeutung von Schriftlichkeit in einer Religion. Der wichtige religionswissenschaftliche Vergleich wird durch Beiträge zum Islam und zum klassischen griechisch-römischen Kulturraum vertreten. Eine Analyse aus literaturwissenschaftlicher Sicht gilt dem Verhältnis zwischen dem Medium Buch und dem Medium Bild.

Beiträge von Andreas Bendlin, Christoph Bultmann, Josef Freitag, Albrecht Fuess, Michael Gabel, Georg Hentschel, Benedikt Kranemann, Claus-Peter März, Vasilios N. Makrides, Holt Meyer, Josef Pilvousek, Jörg Rüpke, Rupert Schaab.

Vorlesungen des Interdisziplinären Forums Religion der Universität Erfurt

Band 3

Mahnung und Warnung
Die Lehre der Religionen über das rechte Leben

Herausgegeben von Christoph Bultmann, Claus-Peter März und Jamal Malik. 2006. Aschendorff Paperbacks, 254 Seiten
ISBN 978-3-402-00400-5, 14,80 EUR

Das Zusammenleben der Menschen muss gestaltet werden. Es wächst nicht von allein. Welche Rolle spielen in diesem Prozess die Religionen? Verwalten sie wichtige ethische Ressourcen oder vertreten sie eine Sonderethik? Auch wenn alle Religionen sich um ein spezielles religiöses Anliegen gruppieren, tragen sie doch zugleich Ideale weiter, die auf Lebenserfahrung und vernünftige Reflexion zurückgehen. Sie stellen insofern eine Art moralisches Gedächtnis der Menschheit dar. Doch wie lässt sich die Lehre der Religionen auf eine frucht-bare Weise in die Gesellschaft einbringen? Mit welchen Argumenten können problematische Aspekte einer Lehrtradition überwunden werden? Im Gegensatz zu einer einseitigen Betonung autoritativer Gebote wollen die Beiträge des Bandes zu kritischer Analyse ermutigen.

Mitglieder und Gäste des Interdisziplinären Forums Religion der Universität Erfurt untersuchen für die christliche Tradition Themen der Bibelauslegung, der Theologiegeschichte, der Liturgie und der Religionspädagogik. Für die jüdische Tradition wird die ethische Bedeutung von Lehre und Praxis gemäß der Halachah erläutert, für die islamische Tradition die Funktion der Grundwerte Gerechtigkeit und Gleichheit. Einen externen Bezugspunkt der Analysen zum Christentum, Judentum und Islam bilden Darstellungen der Debatte über Religion und Ethik in der antiken griechisch-römischen Kultur.

Beiträge von Christoph Bultmann, Josef Freitag, Michael Gabel, Georg Hentschel, Moez Khalfaoui, Benedikt Kranemann, Gudrun Krämer, Claus-Peter März, Vasilios N. Makrides, Josef Pilvousek, Jörg Rüpke, Daniel Rynhold und Andrea Schulte.

VIFR

Vorlesungen des Interdisziplinären Forums Religion **der Universität Erfurt**

Band 4

Religion und Medien
Vom Kultbild zum Internetritual

Herausgegeben von Benedikt Kranemann, Vasilios N. Makrides, Andrea Schulte 2007. Aschendorff Paperbacks, 254 Seiten
ISBN 978-3-402-00441-8, 14,80 EUR

Religion ist Kommunikation: Kommunikation von Menschen mit einem transzendenten Gott oder Gottheiten, Kommunikation zwischen Menschen im Ritual, in der Seelsorge, in der religiösen Gruppe. Solche Kommunikation greift vielfach auf Medien zurück, die über das direkte Gespräch hinausgehen, nutzt die technischen Medien ihrer Zeit, von der Kultstatue bis zum Internet – und verändert diese Medien.

Religion erscheint aber in Kommunikation, die weder religiösen Institutionen noch religiösen Rollen zugerechnet wird: im Rechtsstreit, in Berichterstattung, in Literatur oder Werbung.

Mitglieder und Gäste des Interdisziplinären Forums Religion arbeiten in diesem Band beide Aspekte auf: Welches Gesicht gewinnt Religion bei der Nutzung bestimmter Medien? Welches Bild von Religion wollen die Medienproduzenten einer – je nach Medium unterschiedlichen – Öffentlichkeit vermitteln? Welche Ausschnitte und Versatzstücke religiöser Kommunikation treten so in Erscheinung und welche Öffentlichkeiten können eine besondere Affinität zu Religion herstellen? Historisch reicht das Spektrum des vorliegenden Bandes von antiken Medien wie Statuen, Münzen und Inschriften bis zum Fernsehen und Internet der Gegenwart, geographisch von West- und Osteuropa bis in die arabische Welt und Indien.

Mit Beiträgen von Grebor Ahn, Christian Albrecht, Stefan Böntert, Sebastian Debertin, Katrin Döveling, Matthias Huff, Benedikt Kranemann, Claus-Peter März, Jamal Malik, Bettine Menke, Carola Richter, Jörg Rupke, Katharina Waldner und Theresa Wobbe.